DAVID BECKHAM

日之出出版

DAVID BECKHAM by David Beckham

Copyright © 2013 Footwork Productions Limited

The right of David Beckham to be identified as the Author of the Work has been asserted by him in accordance with the Copyright, Designs and Patents Act 1988.

First published in 2013 by
HEADLINE PUBLISHING GROUP

Japanese translation published by arrangement with Headline Publishing Group Limited through The English Agency (Japan) Ltd.

Every effort has been made to fulfil requirements with regard to reproducing copyright material. The author and publisher will be glad to rectify any omissions at the earliest opportunity.

Design and art direction by Patrick Insole
Picture research by Cathie Arrington

謝 辞

僕の考えや思いを書き表すのに尽力してくれた
「The Times」のマシュー・サイド氏に感謝いたします。
この本の担当編集だった
パトリック・インソール氏、ジョナサン・テイラー氏、
そして「Headline」社の皆さんに、
この本を出版する際の多大なる貢献に深謝いたします。

妻のビクトリア、ブルックリン、
ロメオ、クルスの3人の息子、
そして愛娘のハーパーへ。家族のみんなが
僕のそばにいてくれなかったら、決して、
自分の夢を追い続けることができなかったよ。
この本は愛する家族にささげます。
あなたのデイビッド（パパ）より、
愛を込めて……。

子どもの頃、サッカーボールを蹴っていたときに、僕は、サッカーをしたいと思うことだけが、自分にとってすべてだと気づいた。何年にもわたってのすばらしい経験やその一瞬一瞬がもしかして夢だったんじゃないかと、自分の頬をつねることすらあるんだけど、やはり、大好きなサッカーを生涯の仕事にできて、なんて幸せだったのかと感じる日々さ。

2013年の5月、パリで、現役としてユニフォームを脱いだ。特別な感情が湧き上がってきたその夜に、僕は客観的に、今までサッカーで成し遂げてきたことと、プロサッカー選手として引退するまで、どんな時間を過ごしてきたかを振り返ることができた。

僕は、もう他に自伝を書こうとは思わない。その代わりに、自分自身のサッカー人生で見てきたことや、その時々に感じたことを書いておきたいと思ったんだ。

この本を書いていて本当に楽しかった。だから、読者のみんなにも同じように楽しんでほしい。

自分のサッカー人生を振り返って一つのことに気づいたんだ。一度も退屈だと思ったことはなかったってね!

現役を引退するにあたって、

お礼を言いたい人は本当にたくさんいる。おそらく、そういった人たちの名前を挙げていくだけで、まったく別の本が一冊必要になるかもしれない。

なんと言っても妻のビクトリア、3人の息子たち、まだ小さい娘の僕に対しての愛情やサポートに感謝してもしすぎることはないね。家族がいなければ、サッカー選手としてのキャリアも人生においても、何も成し遂げることはできなかったと思う。本当に家族を愛している。

さらに今の僕があるのは、もちろん、両親や祖父母、姉のリンと妹のジョアンヌのおかげだ。彼らは僕の夢をかなえるために、できることは、惜しみなく何でもやってくれた。彼らの献身的なサポートは決して忘れることができない。

ビクトリアの家族、彼女の母のジャッキー、父のトニー、弟のクリスチャン、妹のルイーズにも感謝している。

言わなくてもわかっていると思うけど、僕にとって大事な親友たちに感謝している。友人たちは僕がどんなにつらい状況にあっても、僕を笑顔にしてくれたね。ありがとう。

それから、ずっとかけがえのないアドバイスをくれたサイモン・フューラー氏にもお礼を言いたい。これからも、いつまでも一緒に働いていければと思う。

そして、今までともに戦い、すばらしい時間や栄光を分かち合ってきた選手や監督、コーチ、スタッフにも、心からありがとうと言いたい。サッカーは本当にチームスポーツだから、彼らと一緒にサッカー生活を送れたことは、僕にとって誇りなんだ。

最後になるけど、やはり、ファンのみんなへの感謝の言葉で締めくくりたい。うまくいっているときも、そうじゃないときもあったけど、みんなはいつも僕の近くにいて温かい言葉をかけてくれた。そういったファンの後押しがあったからこそ、僕は常に前に進むことができた。そのことを決して忘れない。だから僕がこれからする新しいチャレンジも応援してくれたらうれしいな。まだ始まったばかりだけどね。

ENGLAND
PART ONE

LONDON

MANCHESTER

ENGLAND
PART TWO

MADRID

LOS ANGELES

MILAN

PARIS

ENGLAND
PART ONE

イングランド代表としてデビューした試合は、
サッカー人生の中で、最も誇らしい瞬間の一つだったね。

16 ナショナルアンセム(国歌)を歌うときはいつも、感情が高ぶるし、誇らしいと感じていたよ。

18 　僕のイングランド代表での初ゴールは、
母の誕生日に挙げたんだ。ゴールの瞬間、
「息子が私のために決めてくれたの!」という
母の声が聞こえた。

　（裏面）
この瞬間がとっても好きさ。僕が12歳から
知っている仲間（ソル・キャンベル）と
喜び合っているのさ。

エミール(・ヘスキー)からの力強い抱擁。
チームだけでなくイングランドにとって
すばらしい日だった。
エミールは、大きくて優しいやつなんだ。

まるでドラムが鳴り響いている
音を聞いているようだった。世界は、その音しか鳴っていないかのようだったんだ。ちょうど一つのドラムがビートを鳴らし、音だけが直接ピッチに響いているような、そんな感じだった。それ以外は、まるでファンの一人ひとりみんなが、僕が次に蹴るフリーキックが試合を決めることがわかっていたかのように、スタジアムは静まり返っていた。

「バン、バン、バン、バン、バン、バン」

イングランド代表のチームメイト、テディ・シェリンガムはボールを拾って、その直前のプレーで自身がギリシャ代表ディフェンダーから反則をもらった地点に置こうとしていた。僕はアドレナリンがすごくあふれ出てくるのを感じた。

この試合はロスタイムに突入した後半48分になっても、イングランド代表が1－2で負けていた。ここでゴールを挙げなければ、2002年のワールドカップに出場できないという絶体絶命の状況だった。スタジアムでは誰もそのことがわかっていた。

僕はテディからボールを奪って、自分でボールを置いた。テディは、僕のそういった行動に、あまりよい顔はしなかった。だから、彼は優しくも力強く、肩を入れるようにボールと僕の間に体を入れてきて、「このフリーキック

は僕が蹴るよ、デイビッド。うまくやるから」と言ってきた。

でも、このフリーキックを、僕はどうしても蹴りたかった。自信も確信もあったし、落ち着いてもいた。だから、ゴールできると思っていた。過去に何度か失敗してきたけど、それでも自信はまったく失っていなかった。ロスタイムに入っているにもかかわらず、気力も体力もみなぎっていた。

だから僕はテディに言った。「君が狙うには遠すぎるよ。お願いだから僕を信じて、蹴らせて」とね。

10代の頃にも、まったく同じような状況があったことを覚えている。マンチェスター・ユナイテッドで、初めて公式戦に出たシーズンのトップチームでの練習試合のことだった。当時のキャプテンはブライアン・ロブソンだった。彼はケガから復帰したばかりで、僕らと一緒にトレーニングしていた。ペナルティーエリアの角からフリーキックのチャンスを得たとき、ブライアンはフリーキックを蹴ろうとやってきた。

当時、ロブソンはイングランド代表のキャプテンでもあり、世界でも最も優れたサッカー選手の一人だった。だけど、僕は彼からボールを奪って「ごめんなさい。いつも僕が蹴っているから」と言った。僕の生意気な言動を信じることができないかもしれない。ロブソンは、何年も得意とするフリーキックを任されていて、チームに勝利をもたらしてきた。だけど、僕は若気の至りもあって、自信のあるフリーキックを蹴りたかった。決める力もあると信じていたんだ。

テディは僕が引き下がらないということをわかってくれたと思う。何より僕より聡明で年上だったからかもしれない。僕にフリーキックを譲ってくれた。ゴール左上からは20m以上離れていた。

このキックはイングランドのためだけじゃなく、僕自身のためのキックでもあった。4年間にわたる誹謗中傷を払拭し、汚名を返上するためでもあった。イングランド代表サポーターのすべてからではないけど、自分が深く傷つくには十分なほどのバッシングを受け続けてきた。イングランド代表のために戦ってきたのに、そのサポーターから心ない言葉を投げかけられ続けてきた。そんな4年間を過ごしてきた僕の思いを込めたキックだった。

そう、このキックには4年分の心の痛みが凝縮されていた。

2回深呼吸をして、ゴール左上を見て、「決めてやる」という思い以外は心を無にした。イングランド代表をワールドカップの本大会に連れて行くという、たった一つのことに集中した。外してしまうかもしれないなどというネガティブな感情や疑念はなかった。自信に満ちあふれていた。

自信という言葉は興味深いね。勝つためには、たくさんの運が必要だとよく言われているけど、僕は、準備をすることによってのみ自信を持つことができると思っている。何かに打ち込めば、それは自分の糧になるし、全力を尽くせばチャンスはやってくる。決して生まれつきの才能ではなく、習慣や努力によって得られるものなんだ。

何年にもわたってフリーキックを蹴ってきた。ユナイテッドだけでなく、子どもの頃に所属していたイーストロンドンのチームでもそう。幼い頃に住んでいた家の裏庭や近所の公園で父と一緒にフリーキックを蹴っていた。こうしたキックの積み重ねの結果が、イングランドをワールドカップ本大会や、ユナイテッドをFA（フットボール・アソシエーション＝イングランドサッカー協会）カップの優勝に導いたんだ。

数え切れない数のフリーキックを蹴ってきたと思う。地元の公園でも、ボールを置いて、小屋の窓に付いていた金網を狙って蹴った。50回や100回、数えるのを忘れてしまうときもあった。あっという間で、大変なことだと思うようなことはなかったね。

父が仕事から帰宅すると、ゴールを一緒に組み立てた。父がゴールの間に立って、僕は父を避けるようにボールを曲げてゴールを狙った。この練習を見た人は、僕たちは頭がおかしいと思ったに違いないね。辺りが暗くなっても、公園の周りにある家の灯りで練習を続けていた。たとえ足が痛くなっても、父はいつも、フリーキックの練習をやり続けろ、続けることが大切だと言っていた。

僕は家に帰ってからも、練習を続けようとしていた。もちろん、家の中でサッカーをすることは許されていなかったから、妹の部屋で熊の人形の「ケアベア」を蹴って練習していたんだ。母はちょっと呆れていたと思うけど、

それくらいサッカーを愛していたし、決して飽きることはなかったんだ。もし学校に行かなくて、グラウンドに朝から夜までいさせてくれるのであれば、その機会を喜んで選んでいたと思うよ。

　20年にわたって、こうして、身を切る思いで練習してきた。想像してほしい。自信は、こういった練習によって生まれてくる副産物みたいなものなんだ。ずっと努力をし続ければ、誰でもできるようになるはずさ。オリンピックに出場している伝説的なスプリンターのマイケル・ジョンソンも、かつてこう言っていた。「これから起きる出来事に対して、できる限りのことを準備すれば、自信が生まれてくる」。彼は正しいね。

　だから、僕はギリシャ代表相手に自信を持って、フリーキックを蹴ることができた。今までずっとやってきたことは、この瞬間のためだったと思えるほどにね。

　ゆっくりと時間が流れ、僕はゴールまでの距離を測り、それから手を腰に当てた。ドラムの音はまだ鳴り続け、僕のテンションは上がりっぱなしだった。

　ボールに向かって、数歩左に歩いてから助走を始めた。ボールがシューズに当たるのを感じた。変な感じに当たることもあるけど、このキックは、すぐにボールがゴールネットを揺らすと思った。

　ボールを自分の思うように蹴ることができたとき、奇跡のようなことが起きるときがある。それはとても心地がよくて、シューズにボールが当たる、ごく小さな衝撃しか感じず、ボールが飛んでいく音も聞こえる。ボールの正しい場所を蹴ると、そのインパクトはほとんど感じないくらいさ。それはまるで羽毛を蹴っているかのような奇妙な感覚なんだ。

　ボールはギリシャ代表のゴール左上に向かって飛んでいって、ネットに突き刺さるのとほとんど同時に、僕はタッチラインに向かって走って行き、歓喜の雄叫びを上げた。静寂が支配していたスタジアムは、大きな、うなるようなサポーターの声援に包まれた。スタジアムはまるで火山が爆発したかのように、大きな盛り上がりを見せた。イングランド代表がワールドカップ本大会への出場をたぐり寄せた瞬間だった。

　試合終了のホイッスルが鳴り、イングランド代表はワールドカップの出場を決めた。

　僕は大きく空中にジャンプして、それから腕を振って、サポーターの声援に応じた。ゴールしたことが夢みたいだった。しかも、マンチェスター・ユナイテッドのホーム、いつも試合をしているオールド・トラフォードで決められたことは格別だったね。

　他にも、この試合では思うところがあった。夢中でプレーしたけど、どういうわけか、体力は尽きることはなく、最後まで走って、タックルし、前に進むことができた。それは、まるで、どんなプレーでもできるような感覚だった。今までのどの試合よりも、気力も体力も続いていたし、うまくプレーすることができた。イングランド代表のためにプレーすることが、僕にとってどのくらい重要なことか、わかってもらえたんじゃないかな。

　ゴールを挙げることができたことはうれしかったけど、それだけではなかった。僕というサッカー選手や人間に対して、サポーターの中にまだくすぶっていた疑念が消えていったように思えた。心の中は痛みやつらさ、嫌悪感、言い返したい気持ちが渦巻いていて、当時、僕は人生の中で最も困難な状況の一つに直面していたけれど、それが終わったことに気づいたんだ。

　ついに、僕は許しを得たんだ。

この時点で、もう入るとわかっていたね。

この写真を見ると、鳥肌が立つね。
この瞬間、僕はイングランドから
許しを得たと感じた。

サッカーをしていて、これ以上、うれしいことは
なかった。ユナイテッドのホームである
オールド・トラフォードで、イングランド代表の
キャプテンマークを巻いて、
後半48分、ワンチャンスを決めて、
ワールドカップ出場を決めた。

この日に挙げたゴール以上に、
サポーターから歓声を感じたことはないね。

34 このゴールがどれだけ大切かわかっていた……。
こんなにチームメイトから祝福されたことはなかったね。

35

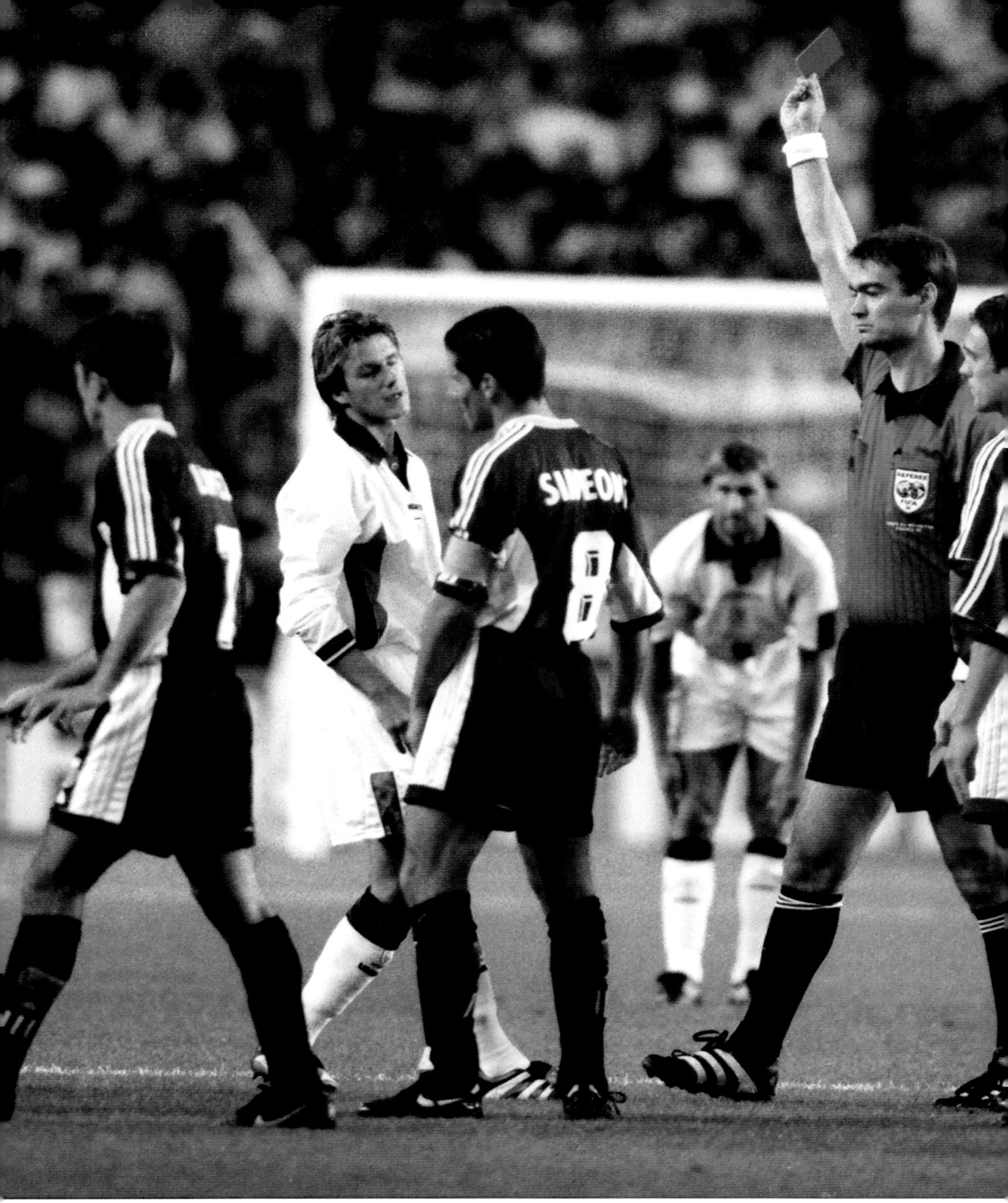
SIMEONE
8

> イングランド国民の大半が僕を
> 殺してしまいたいほど憎いと
> 思ったんじゃないかな。だけど、僕は、
> その日は心の底から落ち込んだ。

3年半前、僕を取り巻く状況は

まったく違っていた。1998年のフランスワールドカップではイングランド代表のためにプレーして、すばらしい経験をするはずだった。まだ23歳で、イングランド代表としてフランスに行って、人生の中で最もエキサイティングなスポーツの舞台に立つと思っていた。

だけど、たった3週間で、僕はイングランドで一番の、嫌われ者になってしまった。

1996年にイングランド代表にグレン・ハドル監督が就任したけど、最初の頃はよかったんだ。彼はワールドカップに向けて、チームを仕上げていくために、すべての試合で僕を起用してくれた。ハドル監督は、選手時代はパスの名手でならし、僕のパスの精度と戦術眼を高く評価してくれていた。しかし、ハドル監督はワールドカップの予選リーグ1試合目で僕を外した。彼にも相当な理由があったと思うけど、大きなショックだった。

予選リーグ3試合目になって、やっと僕は初めて先発としてプレーする機会を与えられた。イングランド代表は初戦でチュニジア代表を倒して、僕が途中出場した2試合目のルーマニア代表戦には敗戦してしまった。決勝トーナメントに進出するには、グループリーグ最終戦となる3試合目のコロンビア代表戦には絶対、勝たなければならなかった。大きなチャレンジだったし、その試合に

向けて、やる気は十分だったね。

　イングランド代表は、フランス北西部の都市ラ・ボールにベースキャンプを置いた。小さなトレーニング用のグラウンドがあり、そこで僕は自分で練習をした。コロンビア代表との試合前日、CDラジカセでアメリカのラッパー「Tupac」の曲をかけながら、ボールの入った大きな袋を持って、そのグラウンドに向かった。すごく暑かったので、短パンとランニングという姿だったけどね。ラップのリズムの中、僕は人生を通してずっとやってきたことをやった。それはもちろん練習さ。

　少なくとも2時間はやったと思う。フリーキックをゴール右上の隅に狙ったり、左上の隅に狙ったり、距離や方向、スピードを変えながら蹴った。こうした練習はコンディションを整えることにもつながった。何度も何度もボールを強く蹴っていくうちに、頭の中のすべてが整理されて、心と体と足が完全に調和されていった。

　僕の自信は徐々に大きくなっていった。

　他の選手にはない奇妙なことだけど、僕はサッカー選手としてのキャリアを通してずっと、特殊な批判を受け続けてきた。ハドル監督がそれに影響を受けたのではないかと僕は思っていたし、それがグループリーグで2試合先発から外された理由だったかもしれない。僕は勤勉にサッカーをプレーするよりも、有名になることに興味を持っているとか、練習場より鏡の前に立つことに時間を浪費しているとか、クラブが僕と契約しているのはチームの勝利に貢献するよりもレプリカユニフォームが売れるからなどと噂されてきた。

　こうした批判を受けることは、僕にとっては理解することが難しかった。ピッチの中でも外でもすべてのことに、身も心も全力で打ち込んできた。非難されるようなことがあったかもしれないけど、自分ではもちろんそんなつもりではやってなかった。クラブでは、誰よりも早く練習場にきて、他の人が帰っても練習をし続けようと心がけていた。コーチの機嫌を取るようなこともしていないし、ましてや「コーチの犬」でもなかった。こうした姿勢や態度は、僕が僕であるためには必要なことだった。イングランド代表でプレーするときも同じように臨んでいた。

　おそらく、父と母の存在こそが、僕の中にこのような貪欲な仕事観を育んでくれた。父はガスの配管工の仕事をしていて（今もまだ現役だ）、彼が朝7時に家を出て、夜遅く家に帰ってくるという、一生懸命に働く姿を僕はずっと見てきた。それでも父は、家に帰るとすぐに、僕と一緒に公園に行ってサッカーをし、暗くなるまで僕にサッカーを教えてくれる日もあった。父は僕といつもサッカーをしていたし、それを楽しんでいるように見えた。

　母もまた仕事に対して、いつも真摯であり続けた。美容師をしていて、やはり朝から夜まで働いていた。仕事から家に帰ったら、家族のために食事も作っていた。父も母も、大変なそぶりは見せなかったし、やることが多いからといって手を抜くこともなかった。両親は、そういった行動をして、僕に影響を与えてきたつもりはなかったと思う。だけど、僕は両親の背中を見て、人生について学んでいった。

　自分を成長させたり、自分の可能性を引き出したりしたいならば、あらゆる努力をしなければならない。

　そう、努力する歩みを止めてはいけないんだ。

　ワールドカップのコロンビア代表戦の日は、ちょうど母の誕生日だった。だから、僕は試合の前に電話して、誕生日を祝おうとした。すると母の方も僕のことを気にかけていてくれていた。

　「私のためにゴールを決めてね、デイビッド」と母は電話の向こうで言った。

　試合では、僕の調子はよかった。チームメイトのポジショニングも的確だったこともあるけど、僕のパスの精度も高かったね。前半29分、僕に大きなチャンスがやってきた。ポール・インスがボールをドリブルしてペナルティーエリアに向かっていったときに反則を受けた。ゴールまで約23mとそんなに近くはなかった。だけどゴール中央から見て左、フリーキックを狙うには絶好の場所だった。

　フリーキックでは完璧にボールをとらえることができた。前日まで練習に充ててきた膨大な時間と、すべての努力が報われた瞬間だった。相手のゴールキーパーもジャンプして右手を伸ばしてゴールを阻止しようとしたが、届かなかった。ボールのスピードは速く、鋭くカーブを描い

た。ボールがネットに突き刺さったとき、僕はタッチラインの方へ走り出して、サポーターと一緒にゴールを祝った。これが僕のイングランド代表としての初ゴールだった。しかもワールドカップで、母の誕生日に決めることができた。

間違いなく、僕の喜びは頂点に達していたはずさ。

イングランド代表は２−０で勝利した。次の決勝トーナメント１回戦では、僕の先発は間違いなかった。数日後、状況は、さらによい方向へと進んでいった。当時はまだ恋人だったビクトリアはそのとき、彼女の所属していたガールズグループの「スパイスガールズ」のツアーでアメリカにいた。僕たちは毎日のように電話をしていたけど、このときの電話の様子は明らかにいつもと違った。

「あなたに言わなければいけないことがあるの」とビクトリアは言った。

彼女の声から重要な、僕の人生を変えるような内容だと思った。

「早く言ってよ。お願い」と僕がせかすと、「赤ちゃんができたの」とビクトリアは言った。

息を呑んだ。心臓がドキドキするのを感じた。そして喜びで倒れてしまいそうになった。もっと若い頃から、僕は、いつも子どもがほしいと考えていた。子どもたちに僕の夢や人生を分かち合ってほしいし、サッカーの練習や試合にも連れて行きたかった。僕がサッカー選手としてどんな生活を送っているのかも知ってほしかった。興奮しすぎて、それからほとんど言葉が出なかった。それくらい僕にとっては大きなことだった。

僕は公表したかったけど、当時、「スパイスガールズ」のプライベートな情報については、絶対に漏らしてはいけないという約束だった。彼女たちはとても人気があったから、どんなことでも秘密にしなければならなかった。だから、僕はビクトリアに誰にも言わないと約束した。友達にだって、イングランド代表やユナイテッドのチームメイトにだって、もちろん、僕の両親にでさえもね。でも、いつかはばれてしまうことになる。当時は、僕とビクトリアだけの秘密だったけど、それで十分だった。

僕はサッカーに集中するために、気持ちを切り替えた。２日後には、ワールドカップでアルゼンチン代表と対戦する。ビッグマッチだった。ワールドカップの決勝トーナメント１回戦というだけでなく、二つの国の間には歴史的な因縁がある。新聞でも大げさに取り上げられていたし、キャンプ地でも、試合を前に盛り上がりを増していた。

小さい頃からテレビで見てきたワールドカップの試合を思い出していた。どの大会を見ても、イングランド代表として試合に出ることを夢見ていた。イングランド代表の「スリーライオンズ」のエンブレムを身につけて、サポーターの声援を聞きながら、そしてイングランドでは数え切れない人々がテレビの前で声援を送っていると思いながら、ピッチに出て行く自分の姿を想像していた。

試合当日、僕はコンディションもよかったし、自信がこみ上げてきていた。試合前の練習もよい雰囲気だった。少なくとも、しばらくの間は、監督については考えなくてもよかったしね。さらに理想の女性であるビクトリアが、僕たちの初めての子どもを身ごもっている。これ以上に、すばらしいことはなかった。よい兆しなのでは？と思っていたよ。

試合はイングランド代表のペースで始まった。前半４分にアルゼンチン代表のガブリエル・バティストゥータに先制されたけど、10分にアラン・シアラーが同点となるＰＫを決めた。それから数分後、僕はマイケル・オーウェンにパスをした。敵陣に入ったところで、彼はボールを受け取った。そこから、オーウェンはスキーのスラロームをしている選手のようなドリブルでアルゼンチン代表のディフェンダーたちをかわし、うまくボールをコントロールしてゴール左上へと決めた。

すばらしいゴールだったこともあり、僕らがゲームを支配していた。ハーフタイムに入る直前に、相手にずる賢いフリーキックを決められたけど、それでもイングランド代表の優勢は変わらなかった。ハーフタイムには、試合に勝つのは自分たちだと思っていたし、チーム内にも自信が満ちあふれていた。

しかし、後半２分のことだった。僕を取り巻く世界が一変してしまう出来事が起きてしまった。フィールドの中央に立っていたとき、僕は後ろからアルゼンチン代表の選手に当た

れて倒れた。そのときは、誰にやられたかわからなかった。その選手の膝が僕の背中に入った。彼が起き上がるときに、彼の手が僕の頭に向かってきて、髪の毛を引っ張ったように感じた。さらに、彼は僕の頭を軽く叩いて行った。

愚かなほどに、僕のリアクションは早かった。彼が僕の後ろの方を歩いているのがわかったから、彼の方に右足を振ったんだ。たぶん、足を数十cmくらいしか動かさなかったけど、この一連の動きは、次のワールドカップまでの４年間、何度となくニュースなどで繰り返されることになってしまった。起き上がったときに、僕に当たってきたアルゼンチン代表の選手がディエゴ・シメオネだとわかった。シメオネが、僕の足が当たったときに大げさに倒れたということも気づいた。そのときは、彼のそうした姿を見ることはできなかったけど、何でもオーバーにすることは知っていた。それでも、僕が致命的なミスを犯してしまったことには変わりなかった。

こうした過ちを取り戻すことができたならと思った。彼の挑発に対して、こういったことが起きてしまうことを予想できていたらよかったのにとも考えた。また、うまいこと試合を終わらせて、握手して、謝ることができたらいいなとも願った。しかし、それはすべて遅すぎた。取り返しのつかないことはわかっていた。レフリーが僕を手招きしたとき、彼の表情から、僕の初めてのワールドカップが終わってしまったことを悟った。

レフリーはレッドカードを空に掲げた。胃がまるで氷に漬けられたように、僕は肝を冷やした。平静を装うことなんて、とてもできなかった。世界がひっくり返ってしまったような気分になった。レフリーを責められるはずもなかった。彼の判断は仕方がなかった。僕はピッチに背を向けて、ロッカールームに戻るために歩き始めた。

ハーフウェイラインからロッカールームまでは80mもなかったはずだ。だけど、人生で最も長い距離に感じた。時間は永遠のようにも感じた。思い返してみても、そのときの記憶ははっきりしない。怖さ、罪の意識、怒り、心配、混乱などが頭の中でグルグルと渦巻いていたんだと思う。何が起きたか、受け入れることはできなかった。

僕はワールドカップの本大会でレッドカードをもらってしまった。そのせいで、イングランド代表は、決勝トーナメント１回戦で敗退という結果に終わってしまうことになるだろう。

イングランド代表チームのトレーナーのテリー・バーンが、ロッカールームに戻るときに、僕の肩に手を回してきた。ルール上、僕は試合が終わるまでロッカールームにいなければならなかった。すぐに、僕はビクトリアにメッセージを送って「何が起きたかを見ていた？」と聞いた。アメリカでテレビを見ていた彼女は、すぐに「僕がさほど悪いことをしたようには見えなかった」という返事をくれた。その言葉を見て安心したけど、率直に言って、彼女はサッカーについては詳しいわけじゃなかった。

そのときのロッカールームは、いつもと同じような感じはしなかった。僕の頭の中ではいろんな思考が駆け巡った。夢が一瞬にして悪夢に変わった衝撃だったり、試合に負ける原因を作ってしまい、未来永劫、その責任を負わないといけないという恐れだったり……。時計の秒針がチクタクと動いていく音だけが響いている。テリー・バーンだけが僕のそばにいたけれども、僕はまるで独りぼっちのような気分だったし、部屋全体が重い雰囲気に包まれていた。

とても長い間シャワーを浴び続けた。石けんとお湯で、起きたことを流してしまえれば、と思ったのだろう。その後、何とかしてシャワールームを這い出て、２－２のままで迎えた延長戦を見た。結局、試合はそのままPK戦にもつれ込んだけれど、その間は僕にとっては拷問のような時間だった。イングランド代表の５人目のキッカーであるデイビッド・バッティがペナルティーキックを外し、試合終了となった。ワールドカップ優勝という夢は潰えた。明日、帰りの飛行機に乗ることになるだろう。イングランド代表は、決勝トーナメント１回戦で敗退し、ワールドカップから去らねばならなかった。

チームメイトがロッカールームに戻ってきても、誰も僕に声をかけなかった。誰もほとんど声を漏らさなかった。沈黙が部屋を支配していた。胃が今まで以上に、締めつけられているような感じがした。僕は感情を抑えるように息を呑んだ。息を一度吸い込んで、また息を呑んだ。

ロッカールームは選手であふれていたのに、たった一

人でいるような気持ちだった。孤独だったし、怖かった。ユナイテッドのチームメイトでもあるガリー（・ネヴィル）と、スコールジー（ポール・スコールズ）だけが、僕のところへやってきて慰めの言葉をかけてくれた。僕はどういう表情をしていいかわからなかったし、どう言葉を返していいかもわからなかった。謝罪の言葉を大声で叫びたかった。決して取り返しのつかないことをやってしまったが、もうどうにもすることができない。遅すぎた。僕は罪悪感と不安にとらわれていた。

その後、まったく予想もしなかった選手の行動に元気づけられることになった。トニー・アダムスが僕の肩に手を回してきた。力強い抱擁だった。何を意味するかはわかっていた。彼は僕がどれだけ落ち込んでいるか気づいていた。彼は僕の心の痛みを取り除こうとしてくれた。

「誰だってミスはするものさ。へこたれるな。より強く、よりうまくなって戻ってくるんだ」と彼は僕に言った。

僕は彼を抱きしめたかった。少なくとも、彼のたくましい抱擁と貴い慰めの言葉が自分にとって、どれだけ意味があるかを伝えたかった。だけど、当時の僕は若かったので、どちらもできなかった。彼が、このとき取った行動はリーダーとなるための教訓になった。彼はイングランド代表のキャプテンではなかったし、特に、若い選手たちを気遣うような責任もなかった。だけど、彼はリーダーシップに優れていたし、僕の模範的存在となった。

彼の言葉や、彼の模範的な行動を決して忘れない。彼は本当に特別な人間だ。僕は、今でも彼の言動に感謝している。

チームバスに乗ろうと外に出たときに、両親の姿が目に入ってきた。両親は僕を見つめて立っていた。僕を心配している表情だと明らかにわかった。両親は子どもの頃から、僕の試合を見続けてきた。多くの犠牲を払って、僕を車でサッカーの練習や試合に連れて行ってくれた。時には自分のしたいことを我慢してまで、僕のことを優先してくれた。

両親が僕のことをどれだけ誇りに思ってくれているか、両親にとって僕がイングランド代表でプレーしていることがどれだけ大きな意味を持っているかも知っていた。だから、僕がレッドカードをもらって、両親がどれだけ傷ついているかもわかっていた。両親には僕を責める気持ちも怒りもなかった。あるのは僕に対する愛情だけだった。僕はこみ上げてくるものを感じた。父のところに行くやいなや僕はすすり泣き始めた。父が僕をしっかりと胸に抱きしめてくれたとき、僕は抑えていた感情のすべてをさらけ出してしまった。

体をほとんどコントロールできないくらい震えて泣いてしまった。23歳だったけど、父の肩にすがって、赤子のように泣き続けた。まるで、僕は荒れ狂う海で救命用具にしがみついているかのようだった。

20mほど離れたところでは、アルゼンチン代表の選手たちがバスの中で勝利を祝福していた。バスを上下に揺らしながら、叫んだり歌を歌ったりしていた。バスの窓を叩きながらシャツを頭の上で回していた選手も多かった。僕は彼らを責めるつもりはなかった。彼らは祝福するに値する、大きな試合に勝利した。

しかし、僕は取り乱したままで、そこにいた。両親から離れたくなかった。彼らの助けが必要だった。両親も僕と一緒にいたがっていたし、どれだけ彼らが僕を心配しているかも手に取るようにわかった。だけど、ホテルに戻るためにバスに乗らなければならなかった。

その夜、明け方近くまでチームメイトのスティーブ・マクマナマンと、トレーナーのテリー・バーンとスティーブ・スラッテリーとビリヤード場でスヌーカーをした。試合の傷を冷やすかのように、何杯かのビールを飲みながら手玉を撞いた。イングランドに戻ったときの、僕の行為に対する反応は想像することができた。ワールドカップでの敗戦は、僕のせいにされるだろう。イングランドでサッカーはそれだけ大きなスポーツだし、非難されることを予期しなければならなかった。

それでも、これから起きることに対して、僕はほとんど何も準備することはできなかった。

ロンドンのヒースロー空港に着いたとき、非難や批判のような雰囲気を感じた。だけど、チームが解散したら、僕はそのままアメリカに向かってビクトリアと数週間過ごす予定でいた。空港のターミナルの中に入ったとき、空港

の職員の何人かが、カメラマンが僕のことを待っていると教えてくれた。

　カメラマンたちは、チームを離れてアメリカへ向かう便に乗るために、空港のターミナルを歩いている僕を、追ってきた。僕は平静を保とうとして、前を向いて歩いていたけど、記者たちは皮肉や非難などを言い続けた。彼らは僕を刺激して、何らか反応させようとしたり、いらだたせようとしたりしていた。恐怖すら感じた。

「あなたのせいでイングランド代表が負けたけど、今の感想は？」

「家族をがっかりさせてしまったけど、どう思う？」

「チームメイトを落ち込ませて、どう思っているの？」

　目の前で起こっていることが信じられなかった。何を言うべきかもわからなかった。だから、僕はうつむいて、できるだけ早くラウンジへ行こうと歩を進めた。記者はずっと同じ質問をし続けていた。彼らは残酷だったし、楽しんでいるようにも見えた。ラウンジに着いたらすぐに、僕はシャワールームに直行して、再び泣いてしまった。彼らの行動を理解することができなかった。

　こんなことがずっと続くのか？　これからの人生がこのようになってしまうのか？

　そんな不安をよそに、アメリカでビクトリアと過ごした時間はすばらしかった。一連の出来事からの、つかの間の休息にもなった。特に、僕らにできた赤ちゃんについても話さねばならなかったしね。僕にはこういった時間が必要だったし、ビクトリアがうまく立ち回ってくれたおかげで、僕は心配事で頭を悩ますことはなかった。

　だけど、マンチェスターに戻ると、僕は、再び悪夢に悩まされることになった。殺人の脅迫さえもあった。ポストには銃弾が届けられ、僕をかたどった人形が街頭に吊されて、焼かれたりもした。まったく狂気じみているけど、こういったことは本当に起きたんだ。

　こうした出来事は、その後も続いた。

　ある新聞では僕の顔をダーツのボードに見立てていた。世界中で起きているすべての出来事の中で、その新聞では、フランスのサンテティエンヌで、レッドカードで退場になったサッカー選手が最もひどい悪人だと思ったのだろう。それは、ほんのジョークだったと思うけど、さらに、その後も他の悪夢が襲ってきた。

　それは容赦なかった。ガソリンスタンドに立ち寄ると、そこにいた人々が僕に嫌みを言う。信号待ちをしているときですら、卑劣なジェスチャーをされる。ユナイテッドに戻ってきて、初のアウェイゲームだったウェストハムのホーム、アップトンパークで行われた試合では、僕は警備員に守られながら入場したほどだった。

　試合後、僕が2mもの長身の警官とともにスタジアムに入場してくるときの、悪態をついている人々の写真を見た。彼らの怒りに困惑するばかりだった。彼らの顔は赤く、ゆがんでいて、まるで血管が首から浮き出ているような表情だった。

　好意のあるからかいでもなければ、害のない冷やかしでもなかった。憎悪に満ちていた。だから僕は怖かった。ポストに送られてくる暴力的な脅迫も、本当に僕を怯えさせた。

　僕は、このシーズンを通して、アウェイのファンからブーイングを受け続けた。ボールを取りに行くたびにいつも、数千人の人々が叫んだり、金切り声を上げたり、僕の家族についての卑猥な歌を歌い始めたりした。あるスタジアムでは、耳が聞こえなくなるくらいうるさかった。成熟した大人が、時には子どもを連れている人もいるけど、一度も会ったことのない人に対して、ののしったり、悪態をついたりしていた。それは正常な判断ができるような状態ではなかったと思う。

　ある夜、マンチェスターの自宅にいるとき、大きな騒音で目が覚めた。2匹のロットワイラーの子犬が狂ったように鳴いていた。2匹の犬は庭にある犬小屋に住んでいた。だから、僕は1階に降りていって、窓から庭を見た。外には、僕のことをじっと見つめている男がいた。家からの灯りが彼を照らしていたが、彼は隠れようとはしなかった。私にその姿を見てほしかったようだし、彼も私を見たがっていた。彼は脅かして僕から血の気を引かせたかったのだろう。

　彼の目はじっと、僕を見つめ続けていた。僕も、まるで催眠術にかけられたように1分くらい立っていたと思う。

しばらくしたら、彼は去るに違いないと思っていた。しかし、彼は5分間ほど、瞬きもせず、身動きしないで、そこに立っていた。僕は警察を呼んだけど、警察が着いたときには彼はいなくなっていた。警察は彼を見つけることはできなかった。

こういった悪夢はいつ終わるのか？　僕は、それだけが知りたかった。

家族に対してのいやがらせは、最悪だった。祖父が誰かが近づいてきて汚い言葉をかけられると電話で言った。祖父は見知らぬ人との口論でも悩まされていた。道で出会った人にもいろいろ言われていて、きりがないというのだ。新聞記者が僕を追いかけるのはいいが、祖父や両親といった僕に近しい人たちを追い回すことは非難されるべきだったし、こういったことは僕が最も苦痛を感じる出来事だった。サンテティエンヌでの、あの出来事が、僕だけでなく、僕の大切な人々の人生まで台なしにしようとしていた。

それでも、ワールドカップでの出来事から、ポジティブになることもあった。一筋の光明が見えたと言えよう。僕がサッカーを頑張り続けることと、そして、いつの日かこういった状況も切り抜けることができると十分に信じるに足ることだった。

それはマンチェスター・ユナイテッドというクラブの反応だった。監督、チームメイトはもとより、何よりファンの存在が大きかった。彼らは全力で、僕を支援してくれた。世間の憎しみが大きくなればなるほど、徹底的に対抗し続けてくれた。僕に悪態をつく人が多くなればなるほど、オールド・トラフォードのスタンドから僕の名前を叫んでくれた。「ユナイテッド」というクラブ名の通り、徹底的に団結してくれた。

だからこそ、ユナイテッドは世界一のクラブなんだ。

ワールドカップでのアルゼンチン代表戦の翌朝から、僕への批判が始まっていた。そんなとき、ユナイテッドの監督であるアレックス・ファーガソンから一本の電話があった。彼は、見事に要点を突いた話をしてくれた。「心配することはない、息子よ」と冒頭に言い、こう続けた。「事件は起きてしまったが、今はもう終わった。君はマンチェスター・ユナイテッドのプレーヤーだ。私たちが面倒を見る。数週間の休暇を取った後、マンチェスターに戻ってきたら、みんなが君をサポートする。約束するよ」。

これがユナイテッドというクラブの物事の進め方なんだ。クラブの外で起きたどんなことも、親身になってくれるし、クラブ関係者はみんな守ってくれる。クラブの外で起きたとしても中で起きたとしても、それは関係ない。もし選手が悪い状況に置かれてしまっても、ファーガソン監督は手を差し伸べてくれるし、彼はユナイテッドの選手が悪く言われることも許さない。ファーガソン監督は面と向かっていろいろ言うときもあるけど、決してクラブ外ではユナイテッドの選手の批判はしない。

イングランド代表（グレン・）ハドル監督は違った。あの試合から時間を置かずに、彼と、試合に関しての面談があった。ハドル監督のことは評価していたし、尊敬もしていた。だけど、この面談は受け入れがたいものだった。彼は僕を責めることはしなかったものの、僕の犯した過ちのせいでイングランド代表が負けたと思っていることをハッキリと述べていた。僕に対する怒りといらだちもあらわにしながらね。明らかに、僕という個人を攻撃していた。

一方、ユナイテッドでは、僕は、まるで毛布にくるまれているかのような存在だったね。当時の練習場である「クリフ」では、カメラマンを僕に近づけさせなかったし、チームメイトが僕を撮らせまいと壁にもなってくれた。またファンも本当にすばらしかった。シーズン最初の試合で、僕に声援を送ってくれて、愛情を示してくれた。僕に対する態度が変わった人がほとんどだったけど、数千ものユナイテッドファンはそれでも僕を応援してくれた。信じられないくらいうれしかったよ。彼らが僕のよりどころだった。

フランスワールドカップが終わった直後の1998-99シーズンは僕のサッカー人生の中で最もすばらしい一年間だった。そのことは、この本の後半で触れることにする。このシーズンはリーグ戦、FAカップ、チャンピオンズリーグの「トレブル（3冠）」を達成した。今では「カンプ・ノウの奇跡」として知られるチャンピオンズリーグの決勝で優勝したり、FAカップの準々決勝でアーセナルに対して再試合の末に勝利したりと思い出深いシーズンだ。だ

けど、僕にとっては、それ以上のことがあった。このシーズンは、夢と悪夢を同時に見たシーズンとなった。2つの物語が同時に起きたかのように感じていた。でも、最後には夢が勝ったんだ。

今でも質問されることがある。「どうして、血に飢えた猟犬が獲物に吠えるように、人々があなたを非難する中で、トップレベルのプレーができたのか？」「すべての人があなたを批判する中で、どうしてあなたのキャリアの中で一番のシーズンともいえる一年間を過ごすことができたのか？」。それは、やはりクラブの手厚いサポートが大きかった。クラブの存在は大きく、今でも献身的なサポートを振り返ると、それを誇りに思えるね。ファーガソン監督とチームメイトも信じられないほど助けてくれた。グラウンドでもロッカールームでも、どこででもね。僕らには誰にも壊せないほどの絆があった。

こういったサポートがあったにもかかわらず、それでも困難な状況や胸が苦しいときがあった。レスター・シティーとの開幕戦だった。僕たちが2－1でリードして迎えたロスタイム、僕はフリーキックを蹴る機会があり、緊張で胃が締めつけられているかのような気持ちになった。試合中はずっとアウェイのファンからブーイングを受け続けていたけど、ユナイテッドファンがその音をかき消してくれていた。コーナーに行ったときに「レッズ」と呼ばれるユナイテッドのファンたちが立ち上がって、僕の名前の入ったチャントを歌ってくれたんだ。

フリーキックを蹴ろうと歩き出したとき、僕は気合がみなぎっていると感じた。ネガティブなことを考えたり、結果について心配したりすることは簡単だ。だけど僕の心の中は、まるで鋼鉄にでもなったかのように強い気持ちになっていた。多くの人からすばらしいサポートを受けたこともそうだし、また数年間にわたっての練習、例えば雨の中でも、みぞれの中でも、雪の中でも数え切れないほどフリーキックを蹴ってきたということが自信につながっていた。

僕のシューズからボールが放たれたとき、入ると思った。完璧なキックではなかったが、ゴールするには十分なものだった。ボールはキーパーの下を通ってゴールした。熱狂的なユナイテッドのファンたちは立ち上がって叫んだ。僕は安堵感でいっぱいだった。このゴールは僕が必要としていたカンフル剤のようなものになった。僕への疑念は消えたかのようだった。幸せだった。

試合が終わった後、テレビでも試合の映像を見た。ファーガソン監督を見ると、彼が誇りに満ちた表情だったことを今でも覚えている。まるで自分の子どもがゴールを挙げたようにね。興奮もしていた。そういったことがクラブの団結を示すものだったから、僕にとっては大きな意味を持つものになった。クラブのボスはそういった態度を取ることが、いかに僕に自信を与えるか知っていたのさ。

他にも覚えていることがある。チームメイトのロイ・キーンの反応だった。彼はタフな選手で、めったに自分の感情を出さなかった。けれど、僕が得点を挙げたとき涙を流していた。彼は走っていってしまったが、彼の目を見ると、この得点が彼にとっても、いかに重要なものだったかということがわかった。ある意味、キーンの反応は僕にとってはゴール以上のものになった。今でも、彼の涙を見た記憶は僕の宝物になっている。

すばらしいシーズンが終わると、ユナイテッドはイングランドのクラブとして史上初めて「3冠」に輝いた。僕はほとんどの試合に出場して、何度か決定的なゴールも奪った。代表チームの監督やキャプテンによって選ばれる、FIFA（国際サッカー連盟）の世界最優秀選手賞の投票で、ブラジル代表でバルセロナに所属するリバウドに次いで2番にランキングされた。アンドリー・シェフチェンコ、ガブリエル・バティストゥータ、ファン・セバスチャン・ベロン、ロイ・キーンやラウル・ゴンサレスよりも僕は上だった。

僕にとっては、こういったすばらしい選手たちと一緒にランキング入りしたことだけでも名誉なことだったね。

自分の犯した過ちから得た教訓は痛みをともなったけれど、このシーズンは多くのことを学ぶことができた。公衆の面前にさらされてしまうと、たちまち、気が動転してしまうほど状況がコントロールできなくなるものだということをね。また、多くの人の憎しみの中心に身を置いてしまうと、ユナイテッドというクラブやファン、家族、そして妻であるビクトリアからの、親身になったサポートがどうして

も必要だったということも。

さらに、人生において悪い状況に陥ったときに、どんなにそこから立ち直ろうともがいていても、その状況が長く続いてしまうこともあるが、決して負けてはいけない。強くなって、その場に立ち続けて、自らの内面を見つめて、困難な状況にめげないで、続けていく気持ちを持たなければならない。こうしたことは決して簡単ではないし、僕はそういったふりをしてもいけないと思う。サッカーなんて、取るに足らないものに思えてしまうような困難な環境に直面することもある。しかし、僕らは自分を過小評価すべきではない。心というのは、きっかけさえあれば、信じられないくらい強くなるものさ。

僕にとって、サンテティエンヌの小さな長方形をした芝生の上でディエゴ・シメオネを蹴ってから始まった悪夢が、3年半後、オールド・トラフォードで行われた2002年ワールドカップの欧州最終予選のギリシャ代表戦でやっと終わりを迎えた。その間、僕はいくつものトロフィーを獲得し、賞賛を受けてきたにもかかわらず、イングランド代表サポーターの中のあるグループからは、ずっと憎しみを抱かれていた。僕が代表チームのためにプレーしても、サポーターの中には僕が代表にふさわしくないという疑念を持ち続ける人がいた。そういった雰囲気があったことは間違いなかった。

僕が監督代行のピーター・テイラーによってキャプテンに任命されても、状況はまったく変わらなかった。キャプテンになったことは大きな栄誉だったし、僕がずっと望んでいたものでもあった。だけど、僕に対する非難や悪態はなくならなかった。2001年スヴェン・ゴラン・エリクソンが監督に就任し、キャプテンマークを巻き続けてほしいと言われたときも、同様だった。僕がキャプテンにふさわしくないと考えていた、少数だけれども影響力を持ったイングランド代表のサポーターを納得させるようなプレーをしなければいけないと思っていた。

ギリシャ代表との一戦の朝、僕はこの試合が簡単ではないということを感じていた。イングランド代表が勝つという予想もあったけれども、タフな、激しいファイトが必要になるということはわかっていた。太陽の日差しが照り続けていたので、信じられないほど暑かった。僕らがバスに乗ろうと外に出たとき、周りを見ると、選手だけでなく、監督やスタッフもみんなが不安な顔をしていたことに気づいた。

試合が始まると、ギリシャ代表が優勢に試合を進めた。彼らからは自信が垣間見えていた。ギリシャ代表が前半36分に先制し、ホームのイングランド代表サポーターを沈黙させた。すこし不気味な感じがしていた。僕らが試合前にプレーしようと思っていたエリアやリズムで、まったくゲーム運びができていなかった。後半23分になって、やっと1－1の同点に追いついた。スタジアムではホッとしたため息を聞くことができただろう。僕は途中出場のテディ・シェリンガムへチップキックでパスを通すと、彼はビシッとゴールを決めた。

しかし、悪夢の中に入ってしまうかのように、ギリシャ代表が再び得点を決め、イングランド代表サポーターは、もう一度、沈黙してしまった。

時計の針は容赦なく進んでいき、イングランド代表にとっては絶望的に思えた。僕たちのテンポはよくなかった。オールド・トラフォードでは、いつも試合前にスプリンクラーで水をまいていた。しかし、気温が高く、ピッチはカラカラに乾いてしまった。ボールの転がりは想定したよりも速くならなかったし、試合を通してよくなかったリズムも、ずっと変わらなかった。

しかし、試合に負ける寸前のロスタイム、テディがペナルティーエリアの外でファウルを受けた。それが僕らのラストチャンスだった。引き分けに持ち込んでワールドカップに出場できるかどうかは、1本のフリーキックにかかっていた。僕が得点を決めるチャンスがやってきた。それはまた1998年からのすべての苦しみに、キッパリと決別する絶好の機会でもあった。そうして僕はテディからボールをもらって、ゴールを決めて、観衆に向かって喜びを表した。

僕は、その試合で何キロも走っていて、くたくたに疲れているはずだった。人生の中で一番の長い距離を走って、スタミナが底をついたはずだ。だけど、その時、うれしさのあまりピッチの端から端まで走ることができた。

僕の悪夢はついに消え去ったんだ。

僕は相手を蹴った瞬間、しまったと思った。
僕は疲れていたんだ。

47

48

49

アラン（・シアラー）の態度にはがっかりしたよ。
だけど（ポール・）スコールズの表情は、
まるで家族の一員のようなものだった。

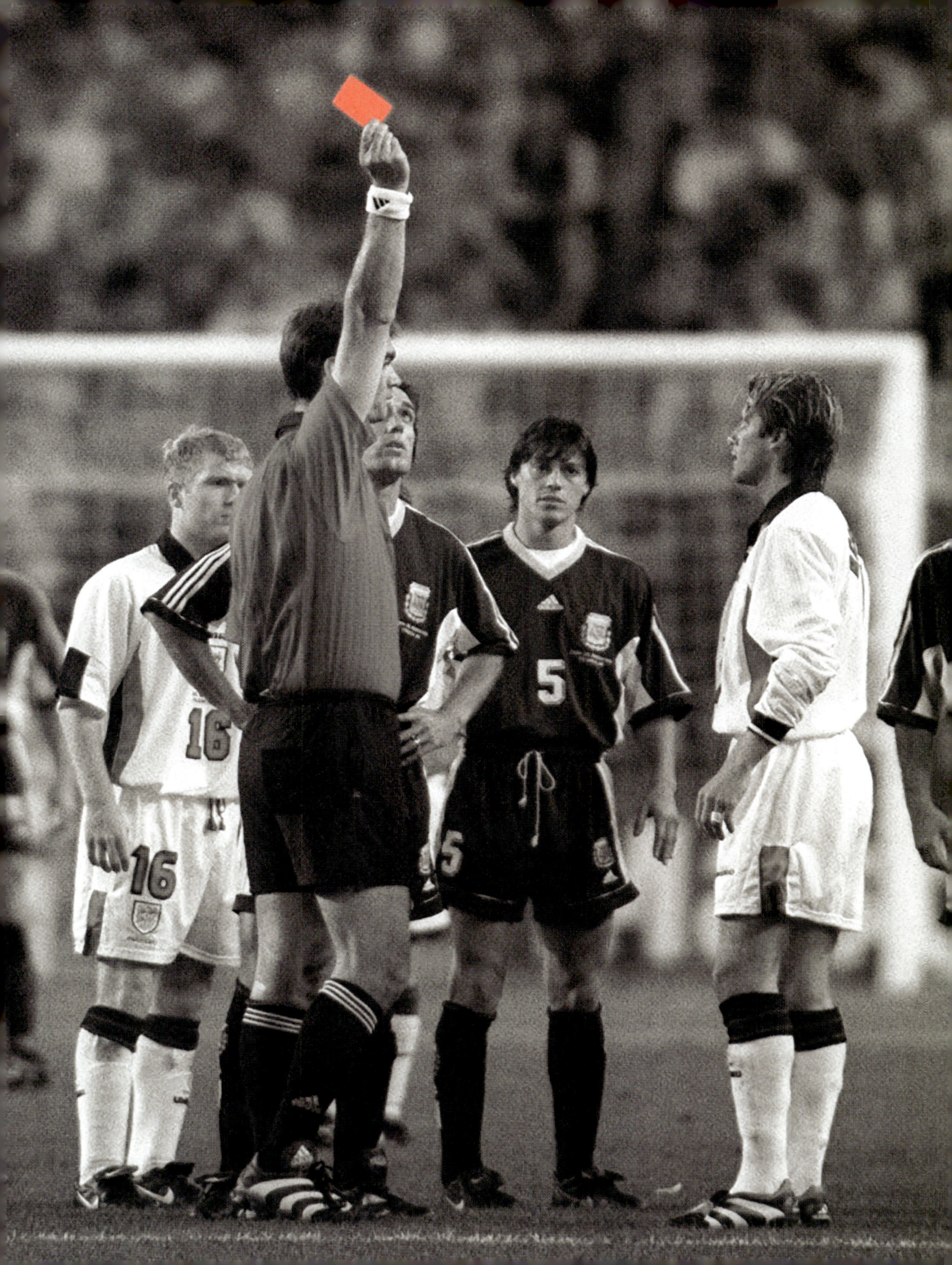

あの夜、感じた気持ちを決して
忘れることはないだろう。
ロッカールームまで歩いた時間は、
人生で一番長く感じた。

53

RIDGEWAY ROVERS UNDER 11 1985-1986

STEVE KIRBY (COACH), STUART UNDERWOOD (MANAGER), TED BECKHAM (ASST. COACH)
CHRIS DAY, DANNY FIELDER, GLEN SUTTON, ELIOT WYKES, NICKY LOCKWOOD, CRAIG LLOYD, JOEL SWAIN, JASSON BRISSET.
RITCHIE SUTTON, ROBERT UNDERWOOD, RYAN KIRBY, MATTHEW BARHAM, DAVE BECKHAM.

LONDON

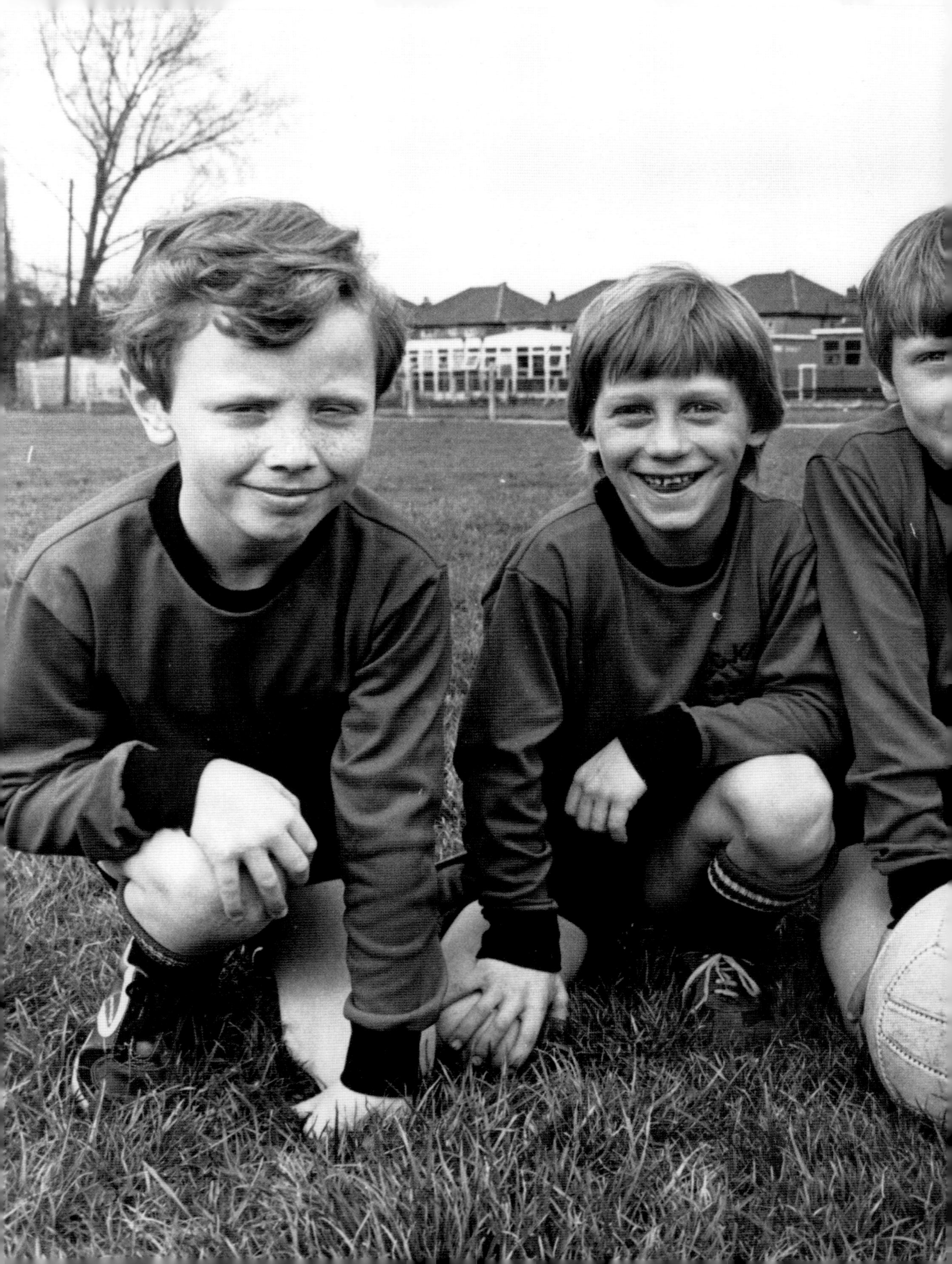

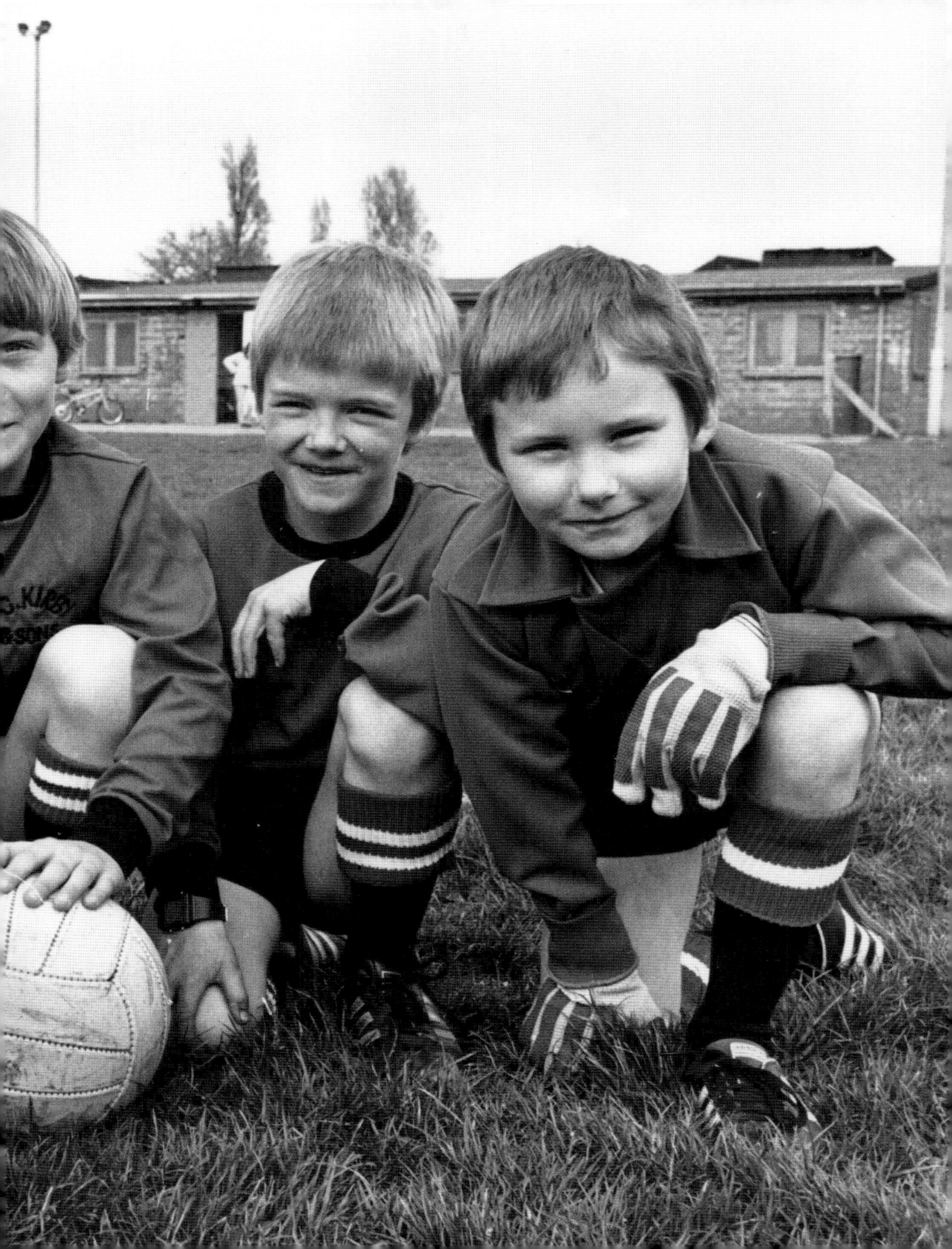

58

（前ページ）
実家の裏庭で僕は練習を重ねて
キックの精度を高めたんだ。
小屋の窓枠あたりを狙っていた。

僕のサッカー人生の始まり。

60

父が口ひげを生やしたことはあったかな……。

62

姉や妹と一緒に過ごした子供時代は、いつも楽しいことばかりだった。

父のヒーローだったボビー・チャールトン。
もちろん、僕にとってもね。

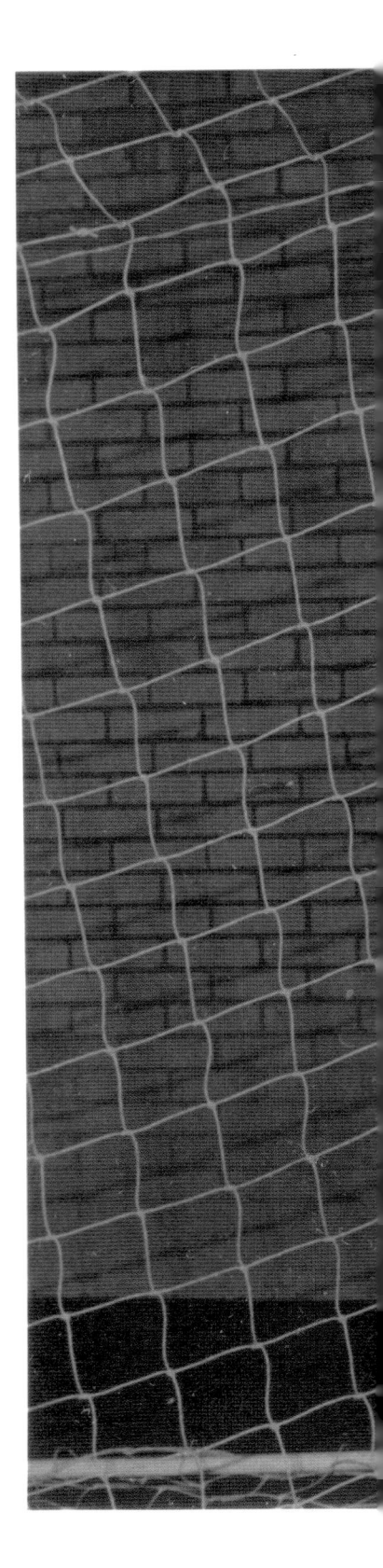

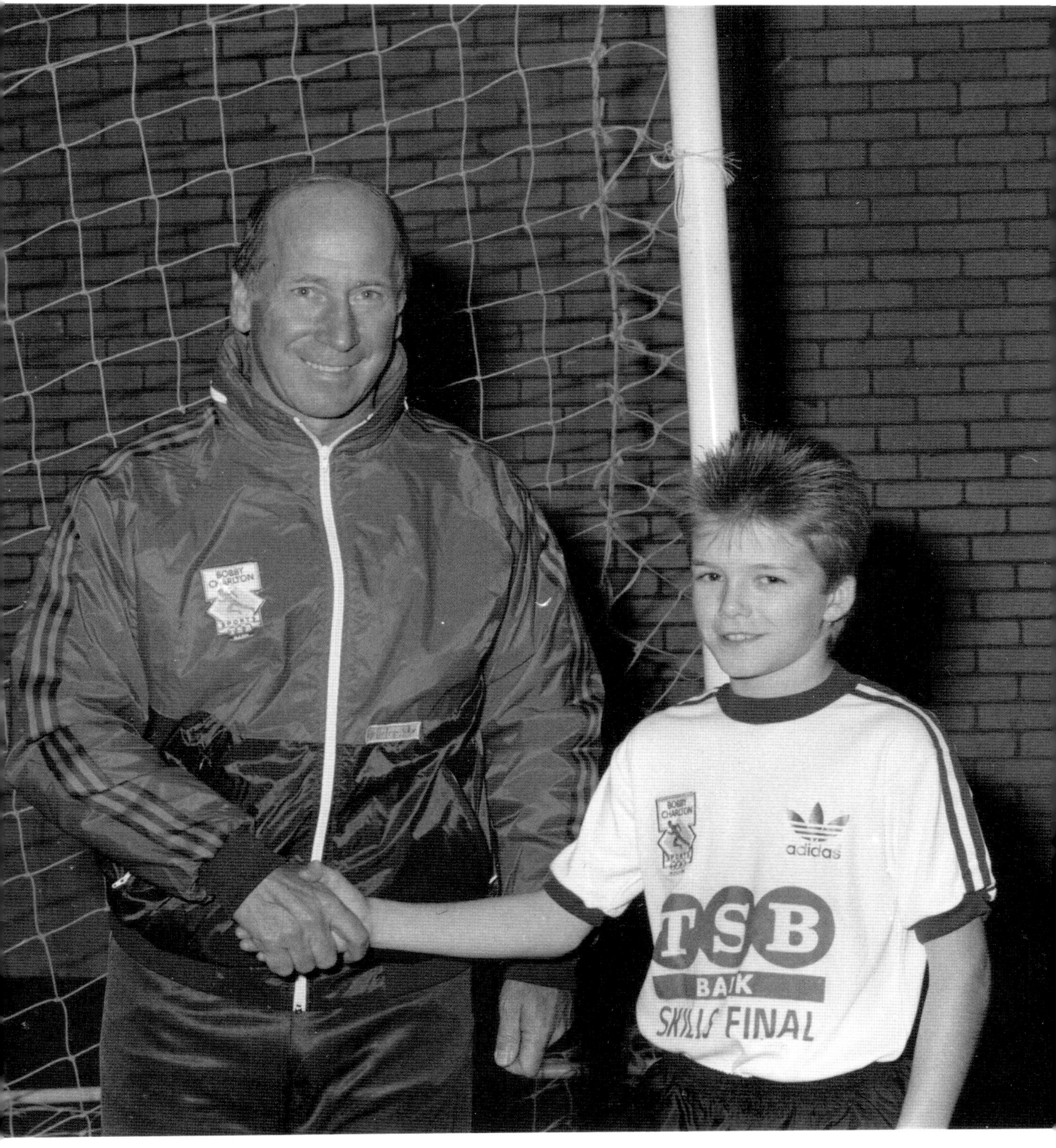
BOBBY CHARLTON
adidas
TSB
FINAL

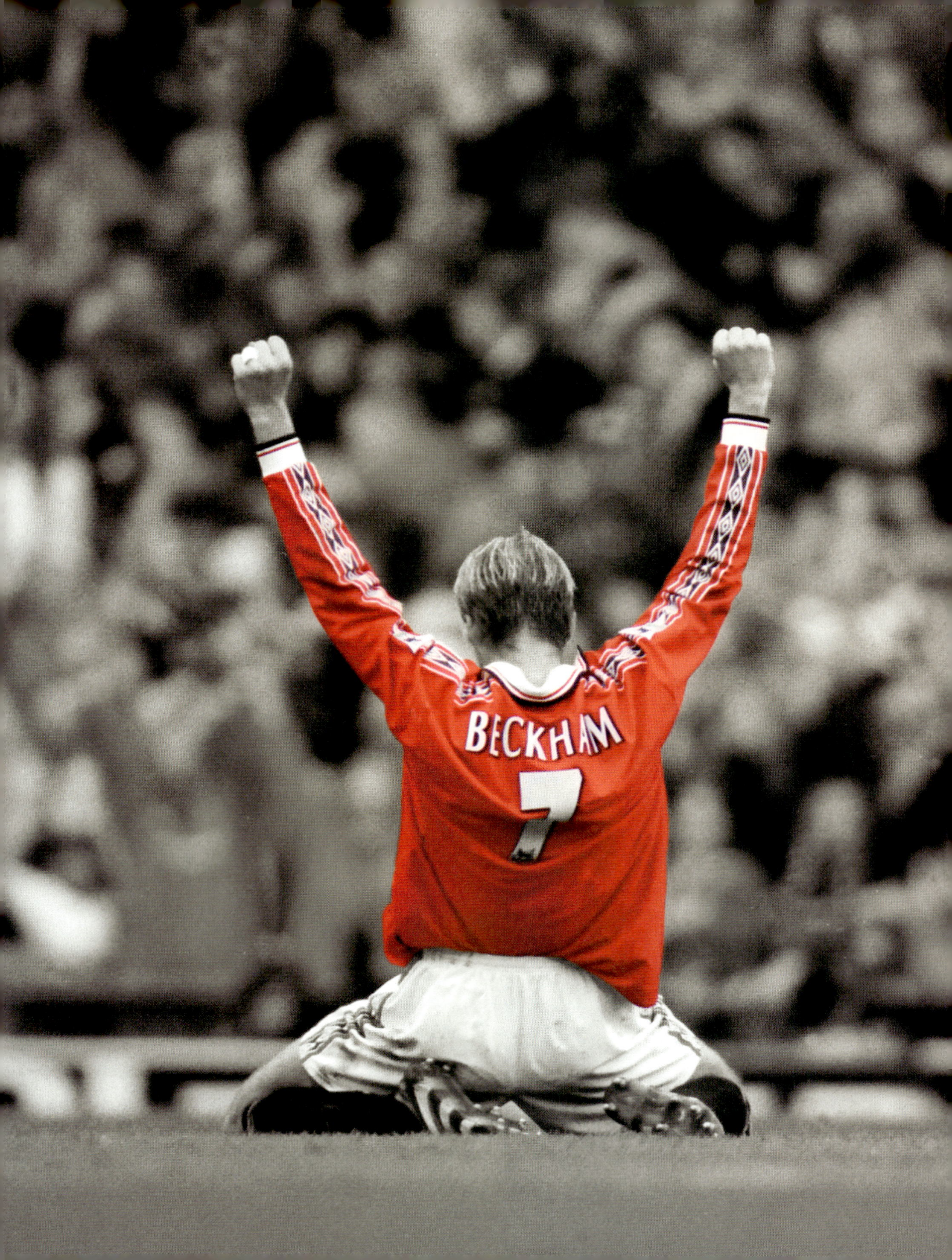
BECKHAM
7

MANCHESTER

父と僕とサー・マット・バスビーと一緒に。
マンチェスター・ユナイテッドでの最初の頃の
記憶には、オフィスの前を通ったときの、
彼のパイプの匂いが刻まれている。

ロッカールームで母と。

69

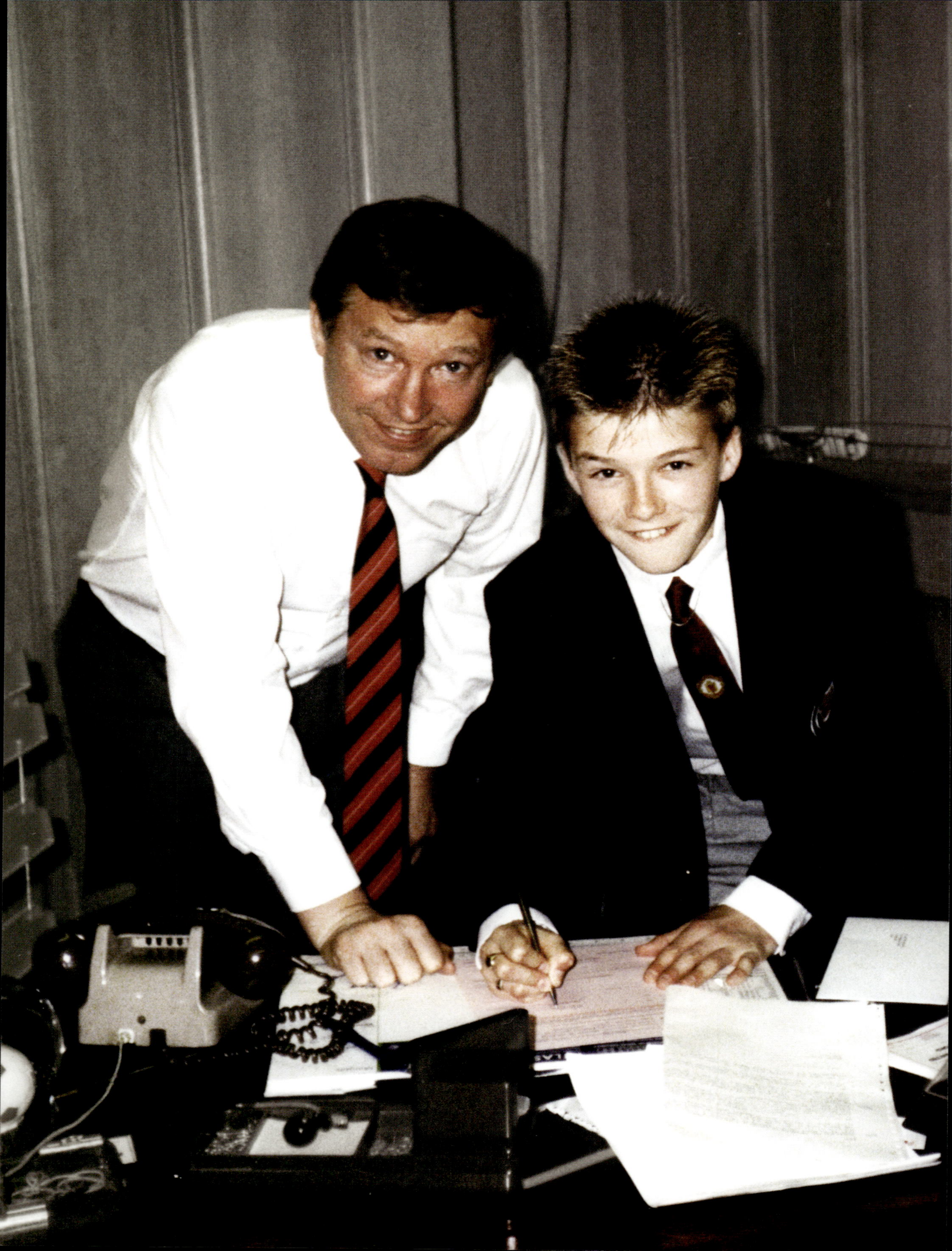

父は厳格だが公正な人だった。

僕がまだ幼かった頃、マンチェスター・ユナイテッドの応援に連れて行ってくれた。父はユナイテッドを愛していた。ほとんど崇拝に近いくらいにね。だから僕がサッカーに興味を持ち始める年齢になると、もちろん、選択肢は一つしかなかった。自分でもはっきりと覚えていないうちに、僕はユナイテッドと恋に落ちていた。

僕はユナイテッドが大好きだったし、サッカーも同じように愛していた。毎日練習をし、裏庭の壁にボールを当てて、フェンスに向かって力いっぱいシュートしていた。父が帰宅すると、一緒に裏庭の片隅で練習をするのが日常となり、本当の努力を積み重ね始めた。

一緒に練習をしているとき、父はとても厳しかった。両足を使って、ファーストタッチにおける注意点や、僕の足が痛くなるまでフリーキックの蹴り方を教えてくれた。父は若い頃、ある程度のレベルのサッカー選手だった。かつてレイトン・オリエントというクラブの入団テストを受けたこともあって、基本的な技術についてはよく知っていた。僕に派手なスキルは教えたくないと思っていて、トラップの技術や左足のキック、パスのコントロールなどの基本を徹底した。

僕がミスをしたり、怠けたりしたなと思ったときは、父は声を張り上げるときもあったし、時には声を荒らげることも

あった。しかし、これは僕を心から思いやってのことだった。僕のためには何でもしてくれたと思う。僕もそれをわかっていたから、父の粘り強い指導に反抗したことはなかった。

僕たちはとても仲のよい家族だった。父と母の役割分担も完璧だったと思う。母は優しくて世話好きで、父はどこか職人の親方気質だった。母は、父よりもとても穏やかな性格だった。もちろん父と同じように勤勉で、父とは違った形で、子どもたちのために多くの犠牲を払って愛情を示してくれた。父も母も僕に対する接し方こそ違ったが、昔も今もすばらしい両親さ。

僕のすべてを変えた、あの試合の日に車で連れて行ってくれたのは母だった。12歳の頃は、僕は住んでいた地区にあったウォルサム・フォレストというチームに所属していて、その日はレッドブリッジとの対戦だった。僕はすごくよいプレーができて、ほとんどの時間、ボールを触っていたし、得点にも絡んだ。試合後、僕らが車に戻るために歩いていると、母は僕に笑顔で言った。

「今日の試合はよいプレーができてラッキーだったわね」と母が言った。

「何で?」と僕が尋ねた。

「マンチェスター・ユナイテッドのスカウトが向こうに来ていたわよ。彼があなたのプレーを見続けていたわ。きっと彼に好印象を与えられたわ」と母は続けた。

それを聞いた僕は泣き出してしまった。物心つく前から、ユナイテッドでプレーすることが夢だった。実はユナイテッドからロンドン郊外まで僕のプレーを見に来る人がいるかどうか心配だった。遥か遠くまでスカウトが来るなんて思ってもいなかった。僕は毎日のように、やきもきしながら寝ていた。ポスターやベッドカバーなど僕の周りにはユナイテッドグッズばかりあったけど、そんなユナイテッドがイーストロンドンにいる、オールド・トラフォードでプレーを夢見る少年を見つけてくれるかどうか、ということを気にかけながら……。

子どもの頃からユナイテッドが大好きだったから、10歳と11歳のときに、家族は僕のためにわざわざマンチェスターで行われていたボビー・チャールトンのサッカースクールに入れてくれた。二度目に、このスクールに参加したとき、僕はスキルを競い合う大会で勝利し、オールド・トラフォードで賞をもらった。父は僕がこの賞をもらったことを誇りにしていたようだったね。僕が、ボビー・チャールトン自身が集めたトロフィーの飾ってある部屋に行ったときは、父は誇らしげに笑っていた。

とにかく、あのレッドブリッジとの試合がすべてを変えるきっかけになった。それから、僕は何度かユナイテッドの入団テストを受けさせてもらって、スタッフの目に留まるようなプレーをしようと最大限の力を振り絞った。少しホームシックになったこともあったけど、マンチェスターにいることはうれしかった。コーチたちは僕のプレーぶりや、僕の練習に対する態度にも好印象を受けているようだった。ロンドンに戻ってから数週間後、アレックス・ファーガソン監督が僕らの家に電話をしてきた。父は電話の受話器を落としそうになったほどだったね。

「私たちは、デイビッドくんには多くの才能があって、性格もすばらしいと思う。ユナイテッドと契約をしてほしい」とファーガソン監督が言ったんだ。

僕はその日、興奮して眠ることができなかった。まるで新しい人生の敷居をまたいだような気持ちになった。最初の2年間はまだロンドンの学校に通いながら、年に2～3回、学校が休みのときに、それから夏休みには6週間ほどユナイテッドに行ってトレーニングした。僕らはマンチェスター近郊のサルフォードにある合宿所に滞在して、リトルトンロードにあるユナイテッドの第2のグラウンドで練習した。残りの時間は、ロンドンで練習をしたり、試合に出たりした。

15歳になって半年が過ぎたとき、ついに、ユースチームの練習生になることが許可され、マンチェスターに引っ越す、記念すべき日がやってきた。母は涙を流していたけど、僕も一緒に少し泣いてしまった。

マンチェスターに行く途中、僕は目を皿のようにして野望に燃えていた。宿舎に滞在しながら、ユースチームの選手の一人になろうと考えていた。両親は毎週末マンチェスターに来て、どんな試合でも見ると約束してくれた。彼らは本当にそうすると思った。両親の僕に対する献身的な態度は決して変わることはなかった。

最初の数カ月は、本当に実家が恋しくてしょうがなかった。家族からは離れているし、一人で過ごすという環境に慣れるにはしばらくかかったよ。だけど、練習場である「クリフ」の入り口まで数mしか離れていない、トミーとアニー夫妻の家に下宿するようになってからは、僕はやっと落ち着いて暮らすことができるようになった。そこは、まるで自分の家のようだった。彼らは僕をすぐに受け入れてくれた。世話好きで、義理堅く、礼儀正しくて、多くの面ですばらしかった。彼らにはとてもかわいい幼い娘がいて、ベッドに座って、彼女と一緒によくテレビを見ていたね。家庭料理もまた本当に美味しかった。

　「クリフ」の練習は厳しいものだった。コーチのエリック・ハリソンは、何でも率直に言う、ヨークシャー出身の怖い人だった。怒鳴ることが多くて、ユースの選手たちは彼のことを怖がっていた。だけど、僕らは彼が正直で、まっすぐな人で、ユナイテッドというクラブに献身的なこともわかっていた。彼がサッカーや人生について話をしても、彼の言葉を熱心に聞いた。シンプルな理由から、エリックも僕らのことが好きだったと思う。それは、僕らはどんなにたくさんトレーニングしても、もっと練習をしたいという心構えができていたからなんだ。本当にどんなにたくさんの練習をした後でもね。

　1991年に僕と一緒にユースチームに入った同世代の少年たちは、僕が今までにしたことのないくらいハードな練習に取り組んでいた。僕らはそれでも満足しなかった。おそらく家族のバックグラウンドが影響していると思う。ガリー（・ネヴィル）とフィル・ネヴィルの父の家訓は「すべてを犠牲にしないと、報いは受けられない」というものだった。練習後、自分たちより年上の選手たちのほとんどが食堂で座っている間も、ガリーは壁に向かってボールを蹴っていた。

　ガリーは決して疲れを見せなかったし、モチベーションも下がることはなかった。疲れ果てたときに、僕らの足はまるで鋼鉄の塊のようになっていたけど、彼の目はトップチームに上がろうとする意欲に燃えていた。「クリフ」での練習をした最初の週に、エリックは僕らにユースチームの中から1%しかトップチームに上がることができないと言った。それは厳しいけれど、重要な警告だった。彼は僕らにわかってほしかったんだと思う。僕らはユナイテッドのユースチームに入ったけれど、それはトップチームへの小さいステップに過ぎなかったということを。

　ガリーはエリックの言葉を受け入れた。彼はどんなことをするにも常にサッカーを優先した。いつ寝るのかということや、練習のためにどんな準備をするのか、練習外のトレーニングのメニューも詳細に決まっていた。ポール・スコールズやライアン・ギグス、ニッキー・バットといった他の選手も同様だった。僕は本当に彼らに影響を受けた。

　僕も家族の影響で、確固たる仕事観を持っていた。そのため、練習をすることが習慣のようになっていた。だけど、こういった選手たちと競うことで、僕はギアを上げて、もう一段上のレベルで練習をしないとチャンスはないと思うようになっていた。僕らはユナイテッドのファーストチームに入るためには、今までにないような献身的な態度でトレーニングしなければならなかったし、実際、そういったことをやり続けた。

　夕方、練習から戻ってくると、U-15の選手たちと一緒にまた練習をした。昼休み中も練習をしたし、当時は、これ以上走れないというくらい走っていた。年長の選手たちは僕らのことを「ガリ勉」や「コーチの犬」と罵ることもあった。だけど僕らはそういった言葉で悩まされたりはしなかった。練習すればするほどうまくなっていく。僕らは年上の選手たちをすぐに抜いていった。彼らは楽観視しすぎていて、自分たちの置かれている状況に気がついたのは少し遅かったかもしれないけどね。僕ら自身はそうは思っていなかったけど、これは今まで努力してきたことの報いのようなものだった。僕らは自分たちのやるべきことを続けただけさ。

　練習外のトレーニングは量だけではなかった。ガリーは特に、ものすごく集中して質を高めていた。よりうまくなろうとして、クロスの練習をしたり、キックの精度を高めたり、すべてのボールが正確に当たるまで壁にボールを蹴ったりしていた。彼の集中力は本当にすごかった。僕らは、心からサッカーだけに熱中したかったから、進ん

でトレーニングを行った。僕らはまさにサッカーが人生そのものだった。ハリソンは僕らのそういった態度が好きだった。僕らは彼が笑っているところを何度か見たこともあったね。

こういった経験には、僕はサッカーだけにとどまらない大切な要素があったと思っている。多くの状況で当てはまると思うけど、それは、人生に対してどういう態度を取るかが重要だ。人生は、自分次第だ。もし、自分を信じ、心から行動することができれば、夢をかなえるために、いかなることでもできるだろう。これは、必ずしも望んだものをすべて手に入れられるということではないし、困難な状況に決して陥らないということでもない。しかし、人生に対して自分が取る行動次第では、チャンスや可能性をいくらでも広げられる。こう思うことは、すばらしいことなのではないか？　自分自身の可能性は、時には自分が思っている以上にあるものだから。

ユナイテッドでの最初のシーズンが終わる頃、僕らの所属していた「92年組（Class of 92）」は、とても成長が早かったため、サポーターたちも僕らの試合に注目するようになった。僕らがFAユースカップを勝ち進むと、報道陣も注目するようになった。若い選手たちが、サー・マット・バスビーが伝統の礎を築いたクラブに大きな出来事をもたらした。「バスビー・ベイブス」と「ミュンヘンの悲劇」については、当時も「クリフ」で話題になっていた。ファンの中には若い世代のチームが、ファーストチームさえも打ち負かすほどの実力を持っているのではないかと思い始めていた。僕らはそういった高い評価を聞いても、あまり信じることができなかった。

ファーストチーム！　それもあのユナイテッドのファーストチームなんだ！

そんなことが起きる可能性なんてあるのか？

アレックス・ファーガソンは、いつも練習場で目を光らせていた。彼はいつも、クラブの中心にいた。彼がグラウンドにいることはすぐにわかったし、他の場所にいたとしてもその影響力は変わらなかった。僕らは彼のことが怖かったけど、同じくらい尊敬もしていた。彼は残酷な一面も持っていたけど、若い才能を育てることが大事だという感覚にも優れていた。僕らが成果を出したならば、ファーガソン監督は僕らの背中を押してくれると確信していた。

1992年5月15日、僕らはFAユースカップの決勝でクリスタル・パレスと対戦して、優勝した。数年間、ユナイテッドが手にしていないタイトルだったから、言葉にならないほどうれしかった。しかも、ユナイテッドのホームであるオールド・トラフォードで優勝したから、その優勝は、よりすばらしいものになった。未来は明るいと思った。エリック（・ハリソンコーチ）でさえそう言っていた。ファーストチームへの入り口が、地平線の向こうに見えていた。

そう、僕らはまさに大きなステップを踏み出した。

ギグスと同じチームでプレーし、FAユースカップで優勝したことは運命的なことだった。
僕らが一生懸命練習した結果、
ようやく、たどり着いた場所だった。

75

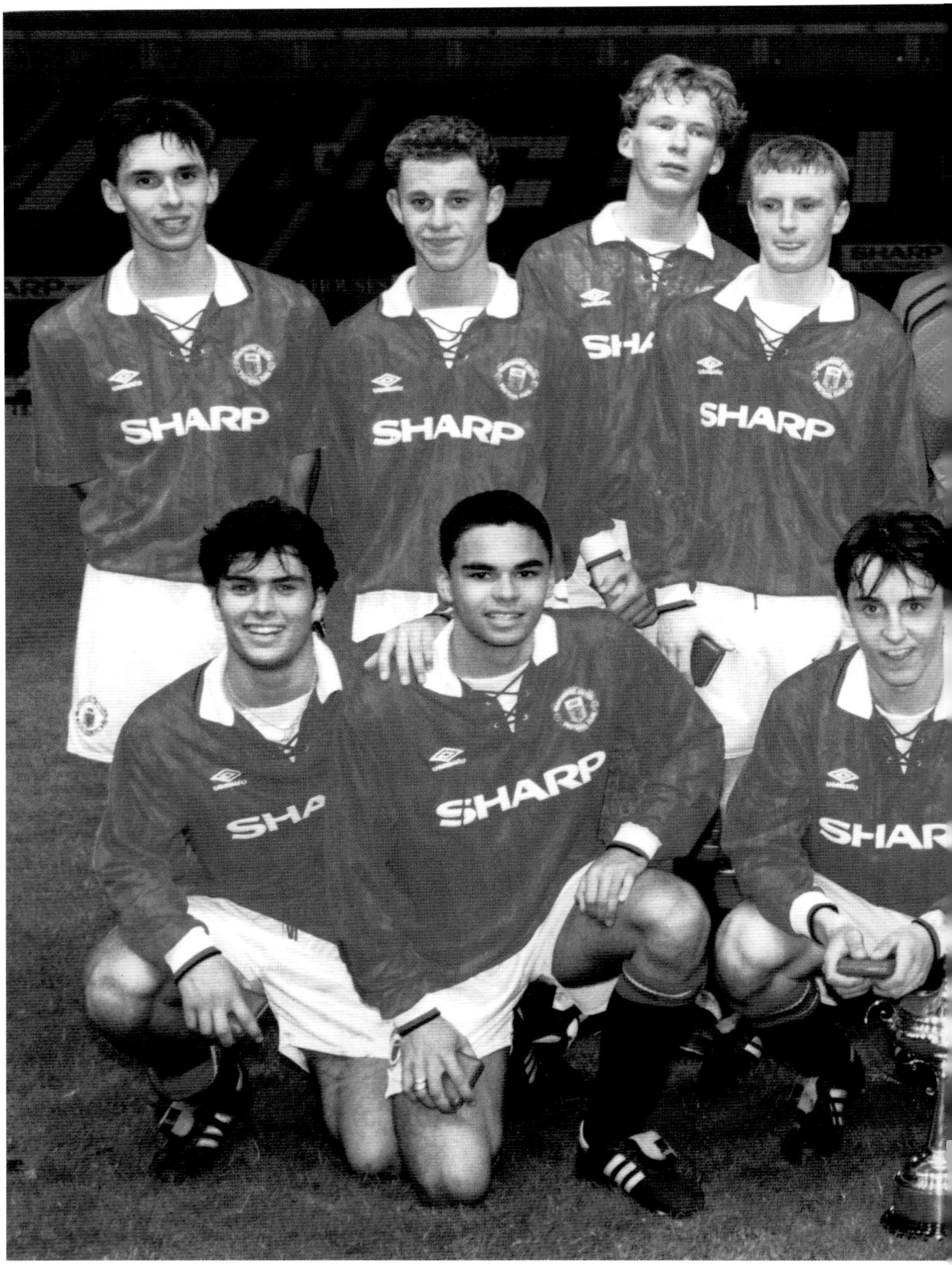
SHARP
SHARP
SHARP
SHARP

ユナイテッドでの最もすばらしい思い出の一つさ。

432

マンチェスターのブレザーを着ることは
とても誇らしかった。

80　　　エリック・ハリソンと
　　　　「92年組」

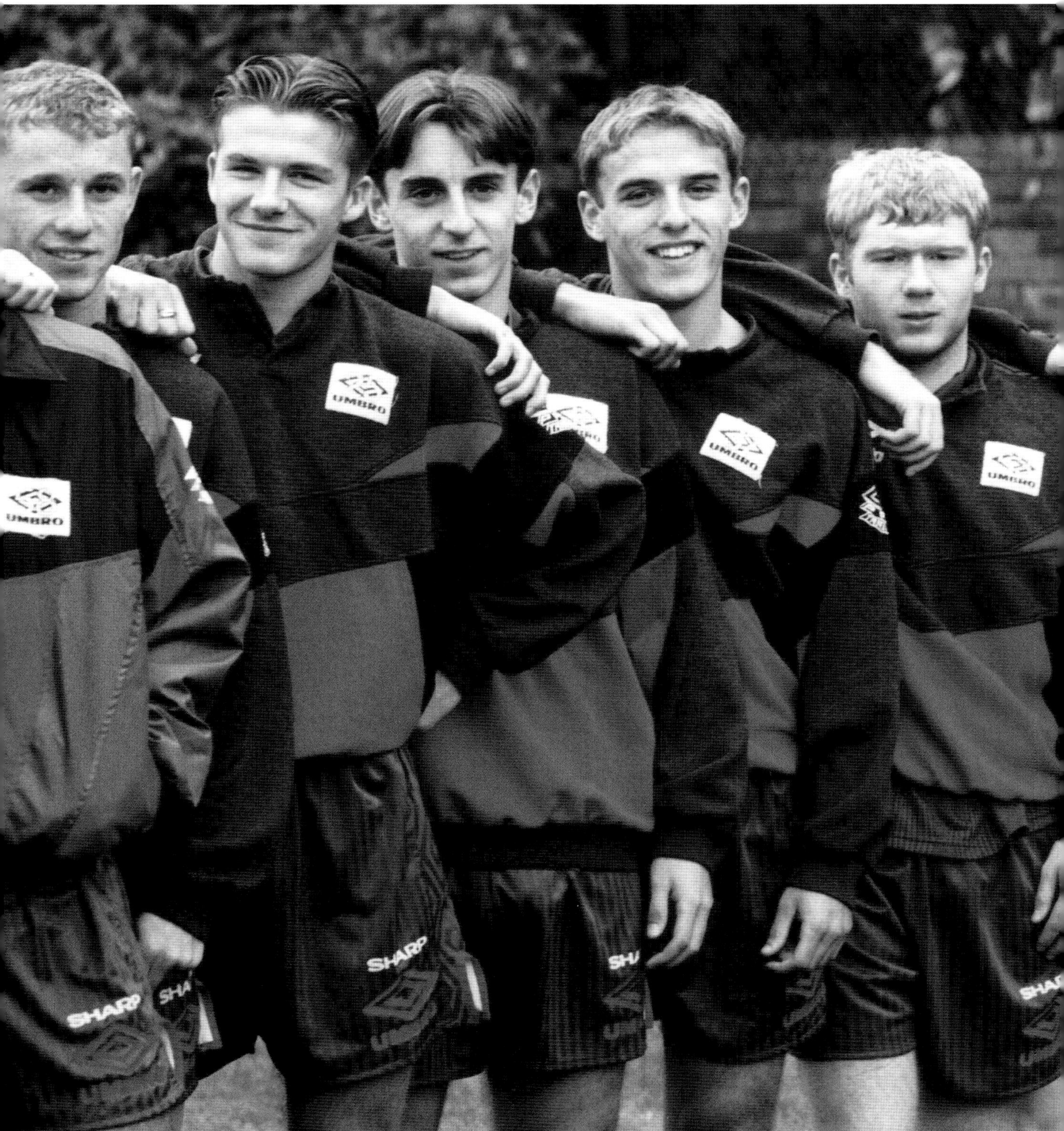
UMBRO
SHARP

「デイビッド、おまえは
ピッチでも、ピッチ外でも、
いつもついているな」

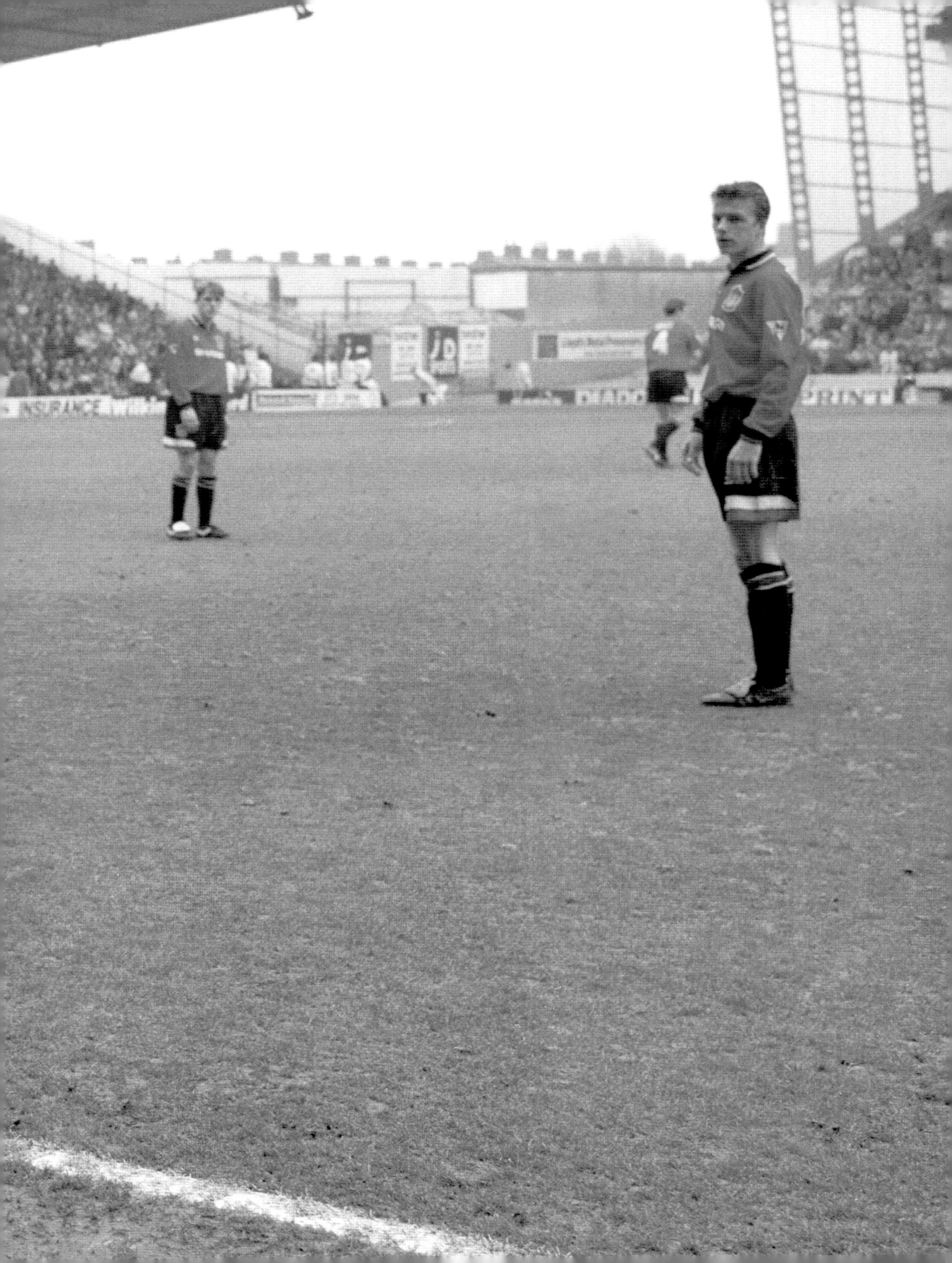
INSURANCE
JD

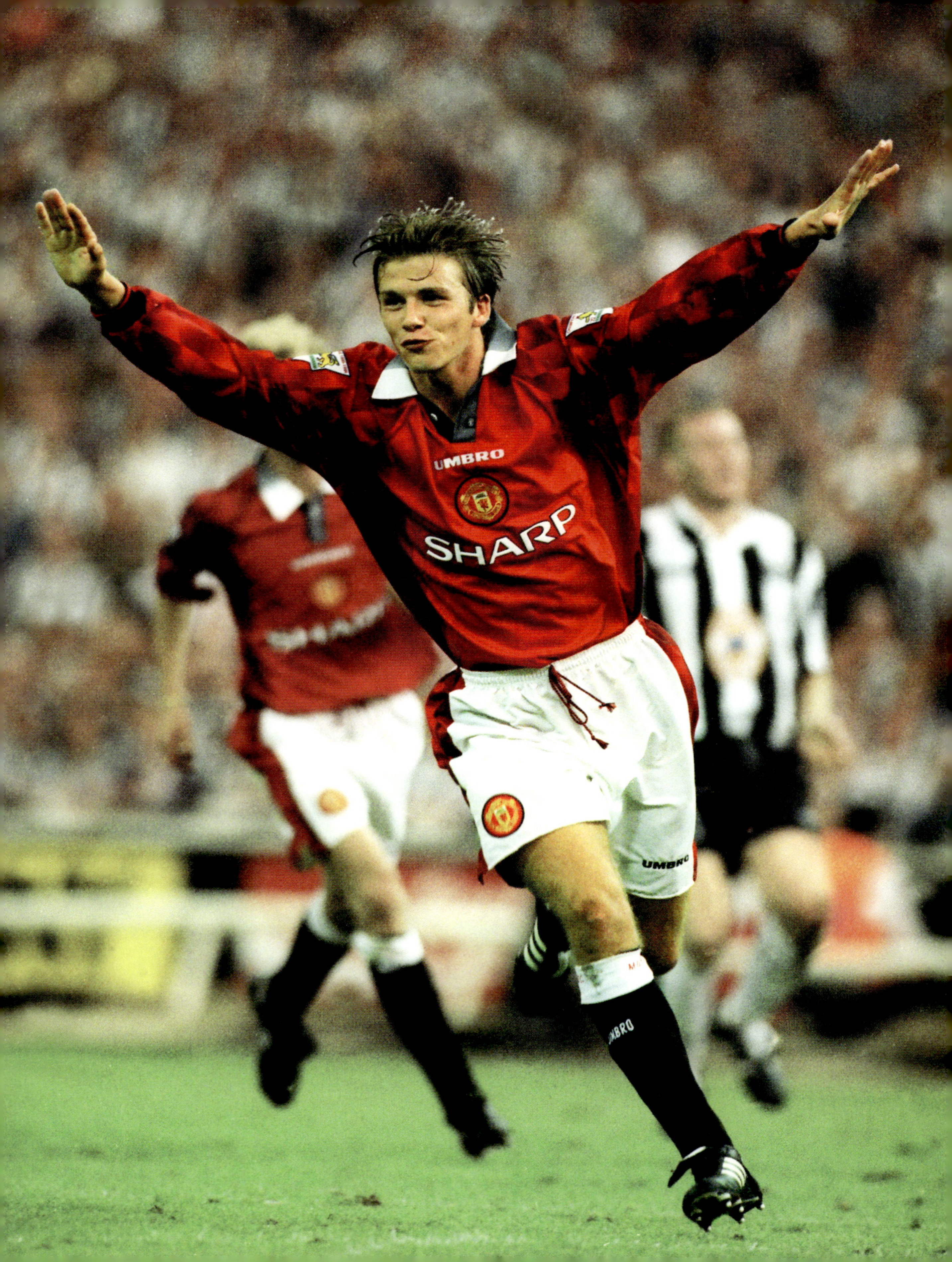
UMBRO
SHARP
UMBRO
UMBRO

ファンと一緒に祝福するために走った。
今まで、そんなになかったことだけど、
得点が取れてよかった。

僕らはみんな新聞の見出しを

見ていた。その見出しを見逃すような人はいなかったのではないだろうか？　新聞はどこにでも置いてあった。その内容はこうだった。「ファーガソン監督はチームとしての構想を見失っていた。ユナイテッドの魂とも言える中心選手を放出してしまった。そこで彼は、まだ純朴な若造たちをファーストチームの先発で出場させることを決めた。もちろんFAユースカップで戦うにはすばらしい選手たちだったが、世界中で最もタフで、競争の激しいイングランドのトップリーグに入り込む余地なんてないはずだ」。

　このユース選手登用に関する記事については、ラジオでは議論の的となり、新聞上では世論調査が行われた。すでにファーガソン監督が、ポール・インスとアンドレイ・カンチェルスキスを放出したことに批判が集まっていた。僕ですら、ずっと尊敬していたユナイテッドのユース出身選手のマーク・ヒューズを手放したことは、狂気じみているのではと思ったほどだった。このシーズンの開幕戦で、僕、ガリー（・ネヴィル）、ポール（・スコールズ）の3人がメンバー入りを果たしたことには、サポーターの中でも疑問を抱いた者もいた。

　リヴァプールなどで活躍したアラン・ハンセンは、サッカー情報番組で知られる「マッチ・オブ・ザ・デイ」で次のようにまとめていた。「子どもたちでは一つも勝てるわ

けがない」とね。

1995年8月19日、アストン・ヴィラのホームスタジアムであるヴィラ・パークで行われた試合から戻ってきた夜、「マッチ・オブ・ザ・デイ」を僕は見ていた。まさしく僕らの目の前から、夢が消えてなくなったような気持ちになった。ユナイテッドのアカデミー出身の若い選手たちは、ファーストチームでプレーすることをずっと夢見てきた。急場しのぎの選択肢という選手ではなく、ともに大きくなっていったクラブにトロフィーをもたらす選手になろうと僕らは思っていたんだ。

ガリー・ネヴィル、ポール・スコールズ、フィリップ・ネヴィル、ライアン・ギグス、ニッキー・バットとは、単なるチームメイトを超えた存在だった。僕らは親友だ。まるで戦友のような間柄だった。

僕らのうちの3人がいきなり、このシーズンの開幕戦にメンバー入りしたときは、興奮しすぎて言葉にならなかったね。監督が僕らを信用してくれていることがわかったし、僕らは監督の期待に応える仕事ができ、ユナイテッドがタイトルを獲得する力になれると感じていた。とたんにすべてのことが必然のことだと思えるようになった。カンチェルスキスが出されたのは、監督が僕を右サイドで使おうと思ったからだと考えた。他の中心選手を放出したことも、同じ理論が当てはまっていた。このことは僕らの気持ちを高揚させた。僕らはスターダムへの階段を上ろうとしていた。

僕らは開幕戦が行われるヴィラ・パークへと向かった。僕は後半途中から出場した。試合は1－3で負けたけど、僕自身は39分過ぎにはゴールも決めたし、よいプレーができたと思っていた。だけど試合が終わってロッカールームで、監督から、ポジションを無視して走り回りすぎだと、一言文句を言われた。傷ついたね。監督の方がおそらく正しいと思ったけどね。帰りのバスの中で、僕ら若手選手の気持ちは下がっていく一方だった。

まだ早すぎたのか？　僕らは本当にやり遂げることができるのか？

しかし、僕らは次の試合が行われるウェストハムに着くまでには、気持ちを切り替えていた。僕らはみんな鋼鉄のような強い心を持っていた。一方で、一生懸命プレーするあまり、せっかく始まった冒険を中断させてしまうのではないかという不安もあった。僕らの周りにはすばらしい才能を持った、ずっとチームのために献身的なプレーをしてきた年上の選手たちがいた。例えばスティーブ・ブルース、ガリー・パリスター、ピーター・シュマイケルのような選手たちだ。彼らは冷静さと自信を備えていたし、存在だけでも心強かった。ロッカールームは静かだったが、勝つという決意に満ちあふれていた。

僕らは、そのシーズンの2試合目だったウェストハム戦に出場し、2－1で勝利した。さらに、そこから5連勝を達成した。そうすると、最初の頃に多くの人が僕らに抱いていた疑念は消し去られていった。それがまるで杞憂だったのでは、とも言われた。僕は4試合目のブラックバーン戦では得点を入れて勝利に貢献し、続くエバートン、ボルトンにも勝った。僕らは絶好調だった。

マンチェスター・ユナイテッドは、他に類を見ないほどのクラブだ。クラブの歴史、ファン、スタジアムが、クラブをすばらしいものにしている。サー・マット・バスビーとサー・アレックス・ファーガソンというサッカー史に燦然と輝く希代の2人の監督の存在も大きい。また、クラブを取り巻くすべてが、魔法のような魅力に包まれている特別なクラブでもあり、サッカーの世界の中心にいるかのような気分さえ味わえる。

1994－95シーズンは、まるで魔法にかかったような1年間だった。今思い出しても、夢のような時間の連続だった。僕は多くの試合に先発して、勝利に貢献することができた。ロッカールームでは、クラブの伝説的な選手たちの横に座ることもできたし、アレックス・ファーガソンのチームトークも聞くことができた。ユースチームで3年間一緒に過ごした親友たちとも、一緒にトップチームでプレーすることができた。マンチェスター郊外のウォースリーに家も買った。隣にはライアン・ギグスが住んでいたんだ。自分の車も買った。

もっと、もっと上を目指せるのではないか？

シーズンが進むにつれて、僕らには自信も芽生えてきた。思い通りの試合をして、時には簡単に勝つこともでき

たが、僕らはそれだけでは満足できなかった。一生懸命トレーニングして、それを結果に、そして新聞を賑わす見出しにつなげるようにしたかった。リーグ戦では僕らはニュー・キャッスルを追いかけていた。シーズンが深まるにつれて、徐々に視界に捉えてきたし、追いつくことができると思っていた。さらに、FAカップでは準々決勝に進出していた。

開幕戦でアストン・ヴィラに1－3で負けるという衝撃的なスタートから一転、僕らはリーグ戦とFAカップという「2冠」の可能性すら見えてきた。チームが勝利するたびに、僕はスタンドを見て、両親に手を振った。二人は僕の試合を見るために、どこへでもやってきた。両親にサッカーで恩返しできることは格別の気持ちだったし、彼らにとっても、息子がユナイテッドのトップチームの公式戦に出ることを見るのはこの上ない喜びだったと思う。

他にも特別な出来事があった。僕はエリック・カントナと一緒にプレーできた。それ自体に興奮したね。彼はクリスタル・パレスのホーム、セルハースト・パークで、ファンにキックを浴びせたとして7カ月の試合出場停止処分を経て、1995年10月にチームに戻ってきた。彼はファンを蹴った処分として、地域貢献活動もしていた。カントナは出場停止期間中、僕らと一緒にトレーニングもしていた。10月6日、ついに彼は戻ってきて、あの独創的なプレースタイルで得点を挙げた。

カントナは本当にすばらしいプレーヤーで、ユナイテッドに戻ってきてからは、本当に欠かせない選手だった。練習量も驚異的で、単調な基本練習を何度も何度も繰り返していた。そして彼は小さくて質素な車で家に帰っていた。それは、生まれながらの天才と思われていた人が、実は、驚くべき真面目な仕事観を持っていたことをよくあらわしていた。

ピッチの上での彼の存在感は抜群だった。カントナは何でもできた。試合の土壇場でもすばらしいパフォーマンスをすることができて、勝敗を分ける決定的な仕事をやってのけた。彼と一緒にプレーすることで、サッカーにおける芸術性を向上させ、自分のポテンシャルを上げるためには何をしなければいけないかということに気づかされた。個人としてだけでなく、同時にチームのために何をしなければいけないかという訓練にもなった。僕はファーガソン監督でさえ、彼というお手本から多くのことを学んでいたと思う。

シーズン終盤になるにつれて、エリックを中心としたチームは止めることができないほど強くなっていた。リーグ最終戦の前の試合で、ノッティング・フォレストと対戦し、僕は2得点を挙げた。スコールジー（スコールズ）もギグシー（ギグス）も得点を挙げたし、エリックも決めた。5－0で勝ったけど、もっとゴールが取れるはずだったね。最終戦ではミドルスブラに3－0で勝って、僕らはリーグ戦のチャンピオンになった。僕らはよくやったと思う。ユナイテッドがプレミアリーグで優勝した。〝子どもたち〟のチームでね。

しかし、優勝の余韻に浸る間もなく、すぐにビッグゲームが控えていた。6日後にはFAカップの決勝戦が待ち受けていた。僕らみんなが出たいと思いながら切磋琢磨してきた試合で、マンチェスター・ユナイテッドのファーストチームとして公式戦に出場している最初のシーズンに、2つの塔がそびえるウェンブリー・スタジアム（当時）で試合をすることができた。ユナイテッドは世界で一番の、そして今シーズンはリーグ戦王者にも輝いているクラブだ。

いったい誰がこんなシナリオを書いたのか知りたかったくらいさ。

決勝の相手はリヴァプールだった。試合の前日の伝統で、彼らはウェンブリー・スタジアムの周りをアルマーニのクリーム色のスーツを着て、グッチの靴を履いて歩いた。この試合は、僕が今まで経験した中でも最も記憶に残る試合の一つとなった。動きは少し硬くて、後半の中盤になっても、互い得点を挙げられるようには思えなかった。僕らはコーナーキックのチャンスを得て、僕は走ってコーナーに行き、得点に結びつくキックを蹴るために自分を落ち着かせた。僕はコーナーキックを、ゴールエリアよりも1mくらい外に蹴った。そのキックを相手GKのデイビッド・ジェームズがハンブルし、ボールがエリック・カントナの方へ落ちた。彼のボレーシュートはすばらしかった。

カントナのシュートが決定的なゴールとなった。僕らはリーグ戦とFAカップの「2冠」を達成した。

　僕は今まで、サッカーのピッチ上では経験したことがないほどの、圧倒的で、衝撃的な感情に見舞われた。それはあまりにも大きすぎて自分にとって受け入れられないほどだった。僕らがスタジアムの階段を上って、メダル授与式に参加しようとするとき、ガリー・ネヴィルに「こんなことが起きるなんて信じられないね？」と話しかけたことを覚えている。彼は僕と同じくらい茫然としていた。開幕戦から、多くの人が僕らの起用を疑問視した。それでも、ジェットコースターに乗っていたかのようにシーズンを駆け抜け、僕らは世界のトップに立った。

　僕らはロッカールームで狂喜乱舞し、優勝を祝った。クラブはマンチェスターで祝勝会も開いてくれた。チームメイトや、ずっと今までそばにいてくれた両親と、こうした時間を過ごすのはすばらしかった。しかし、ただ喜んでばかりいてはいけないという雰囲気があった。僕らが所属しているのは、数々の栄誉を築き上げてきたユナイテッドだった。

　僕らは、すぐにまた次のシーズンに向けて準備をしなければならなかった。

　ユナイテッドに関して、もう一つ、不思議なことがある。それは成功に対して飽くなき欲求があることだ。監督だけでなく、クラブに関わるすべての人が、まるでクラブの株主のように振る舞う。クラブが結果を残すことは期待ではなく要求だ。選手は今までのどの試合よりもよいパフォーマンスをし、今までで一番のシーズンを過ごし、それから、前のシーズンを超えるようにしなければならない。このように、いつも次の目標を見続けている。

　僕らは「2冠」を達成したばかりだ。

　だけど、僕らは、それ以上の結果を挙げることができるのだろうか？

チャンピオンズリーグで
初めて90分間出場した試合だ。
4-0で勝ったすばらしい夜だった。
だけど僕は入れなければいけない
シュートを外してしまった。
エリックと一緒に祝福した中で
一番覚えているシーンだ。この夜、彼は
僕らと一緒にプレーしたことを
誇りに思っていると感じた。

今でも鮮明に覚えているよ。試合前の
食事で、豆の乗ったトーストを食べる
エリックらと一緒に座っていた日のことをね。

89

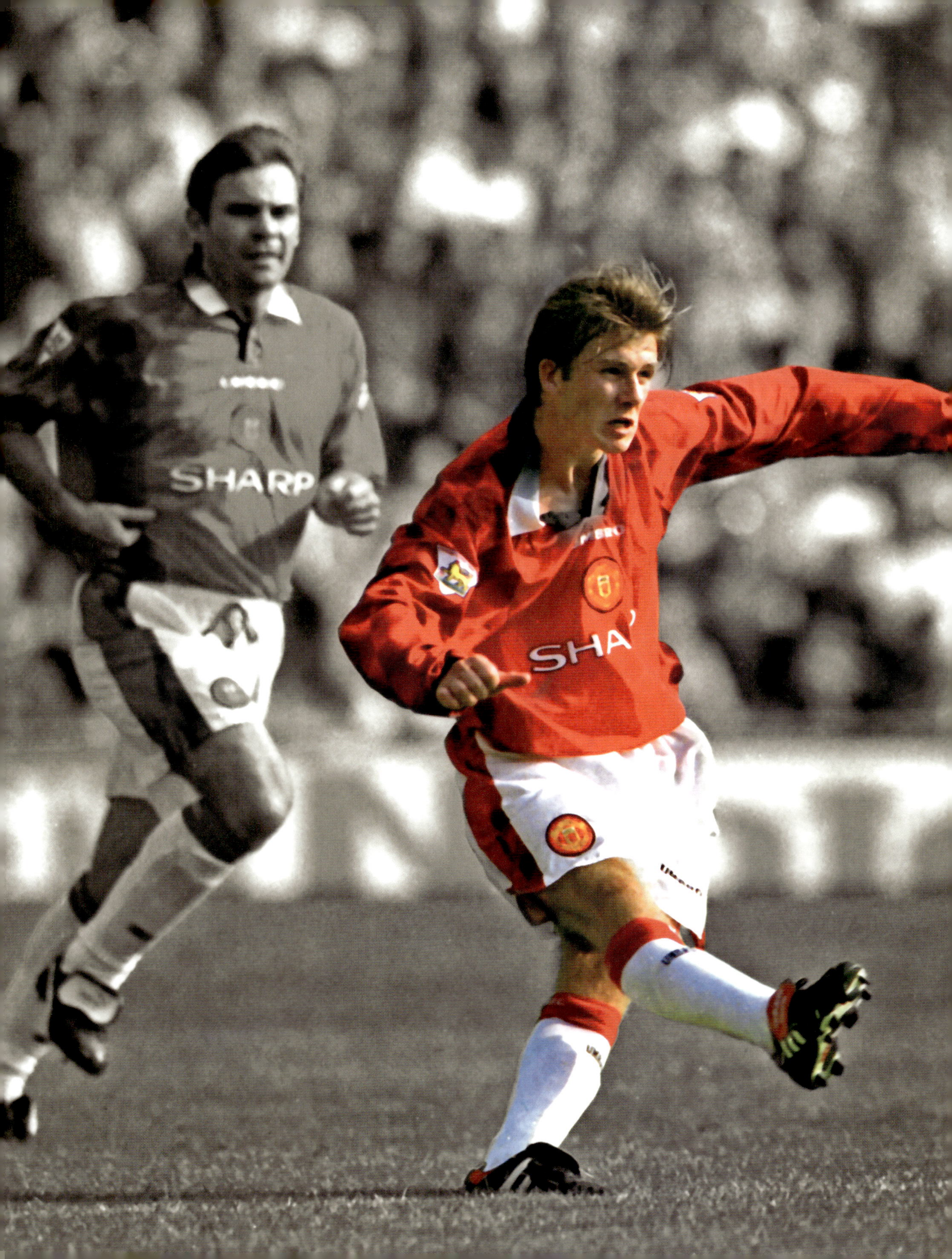
SHARP

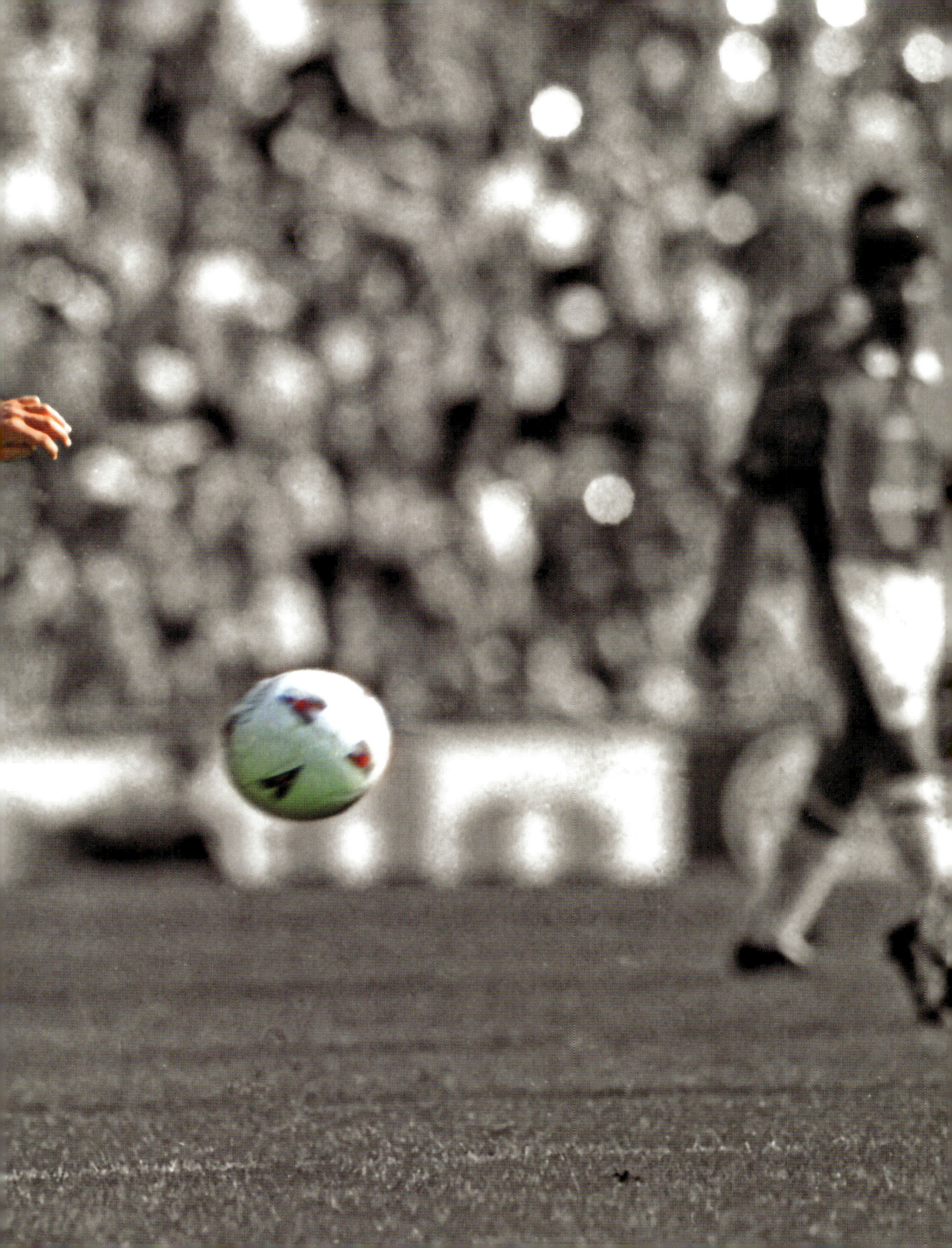

カントナに「すばらしいゴールだ!」と言われたことは、ゴールを挙げた以上にうれしかった。

93

94　エリック（・カントナ）と監督からの言葉によって、
　　このゴールは僕にとって特別なものになった。

95

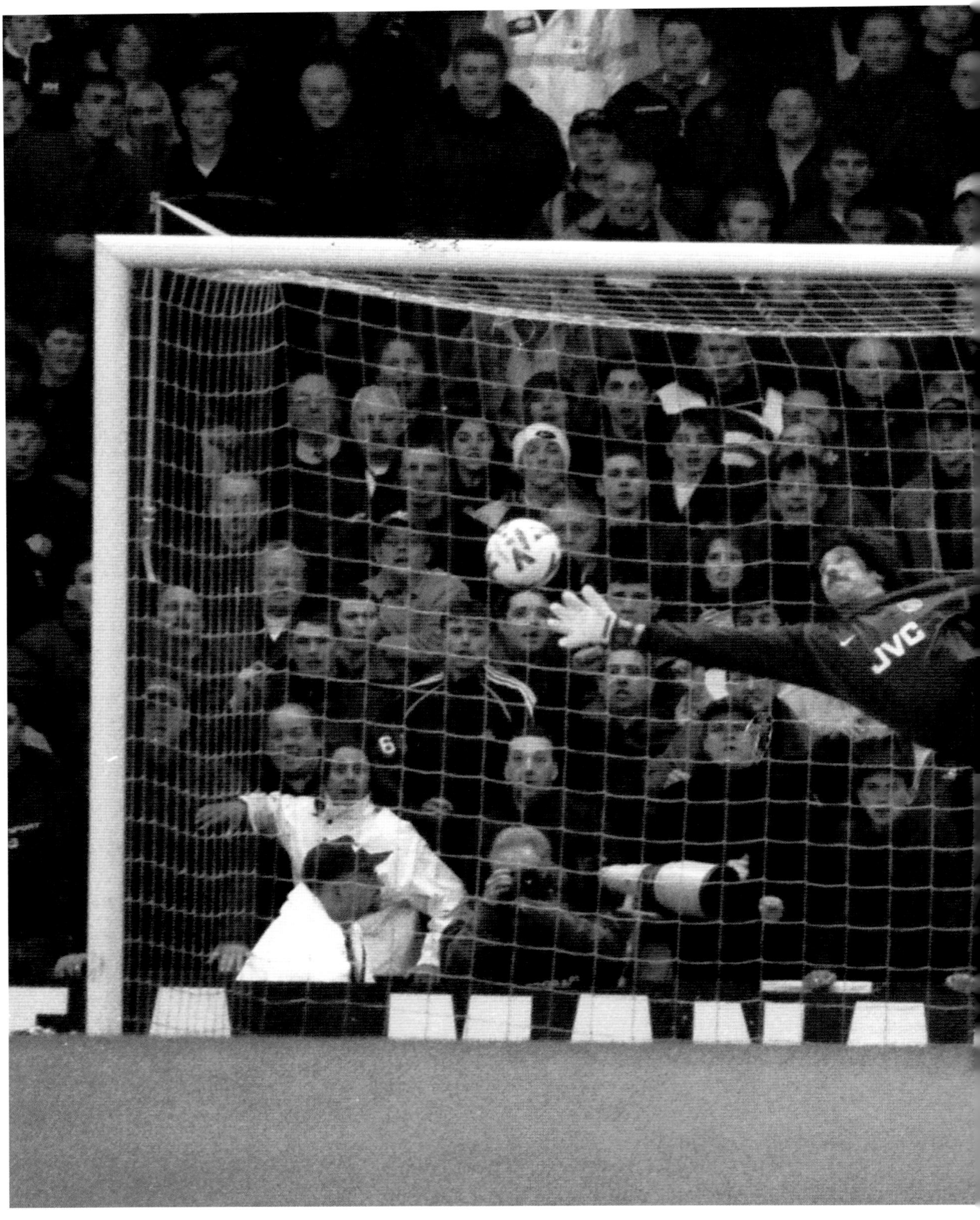
JVC

アーセナルの偉大なGKデーブ・シーマンと僕との対決はファンの注目を集めていた。

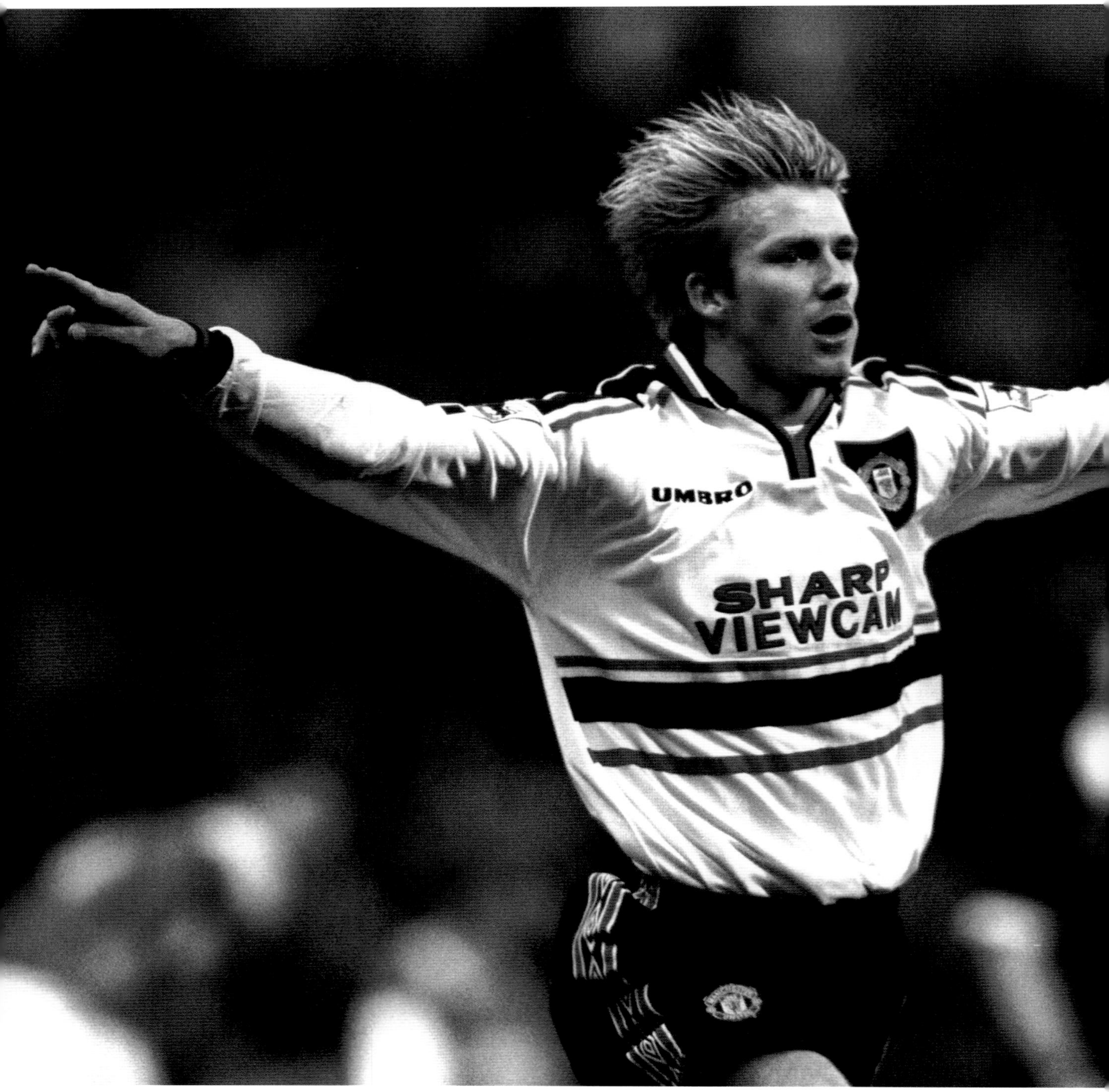
UMBRO
SHARP
VIEWCAM

ごめん、デーブ。
だけど、アーセナル相手に
得点を取ることはたまらなかった。

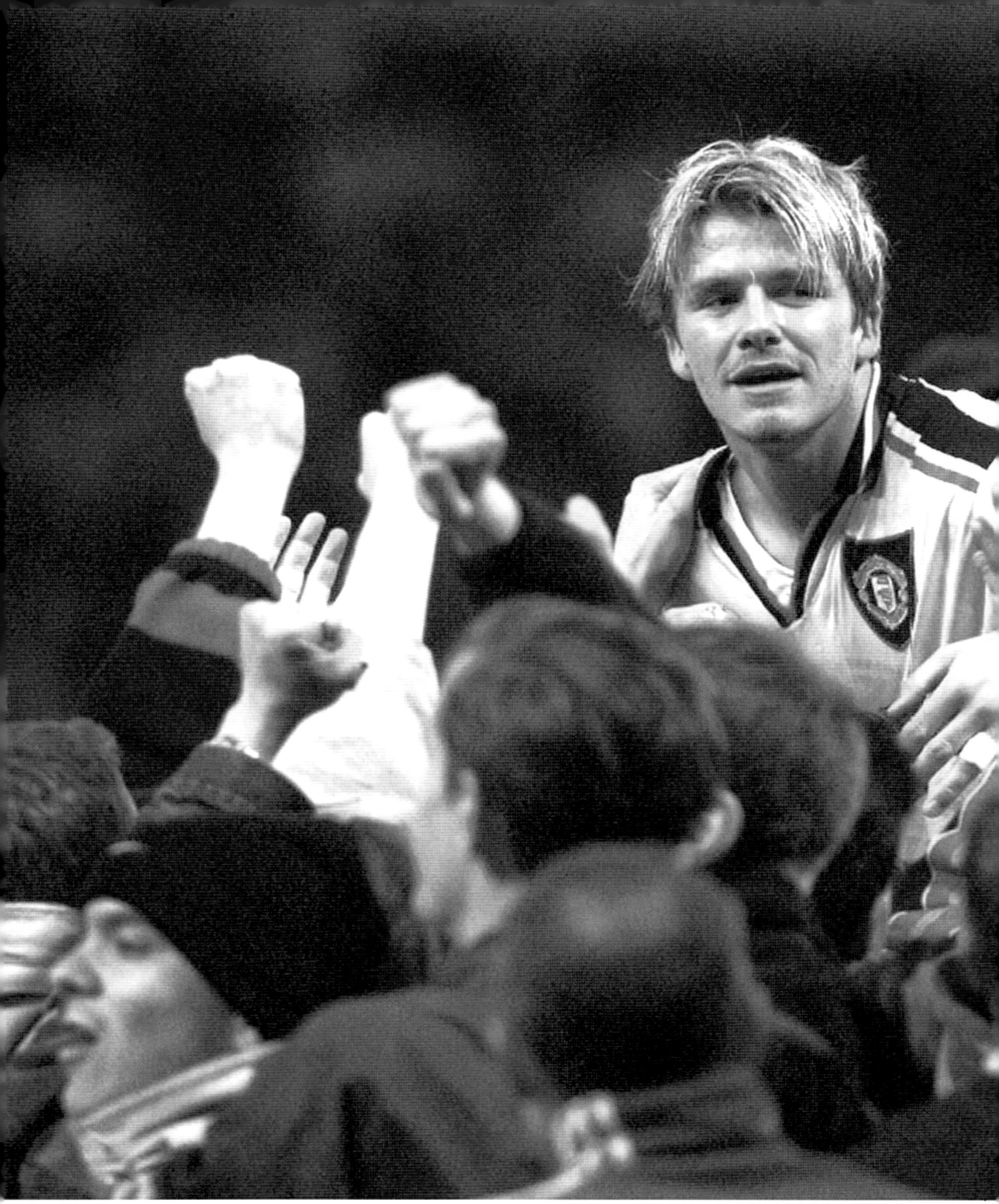

ギグシー（ライアン・ギグス）の
すばらしいゴールで
アーセナルを倒した後、
ピッチの外にファンに
運ばれた。僕も、その試合で
得点を取ったんだけどね。

誰かが僕のシューズを
脱がそうとしたことも
覚えているよ。

シメオネがいたインテルと
対戦したとき、チームみんなで
一丸となった。僕はこの写真の
ヤープ（・スタム／一番左）の顔が
お気に入りさ。

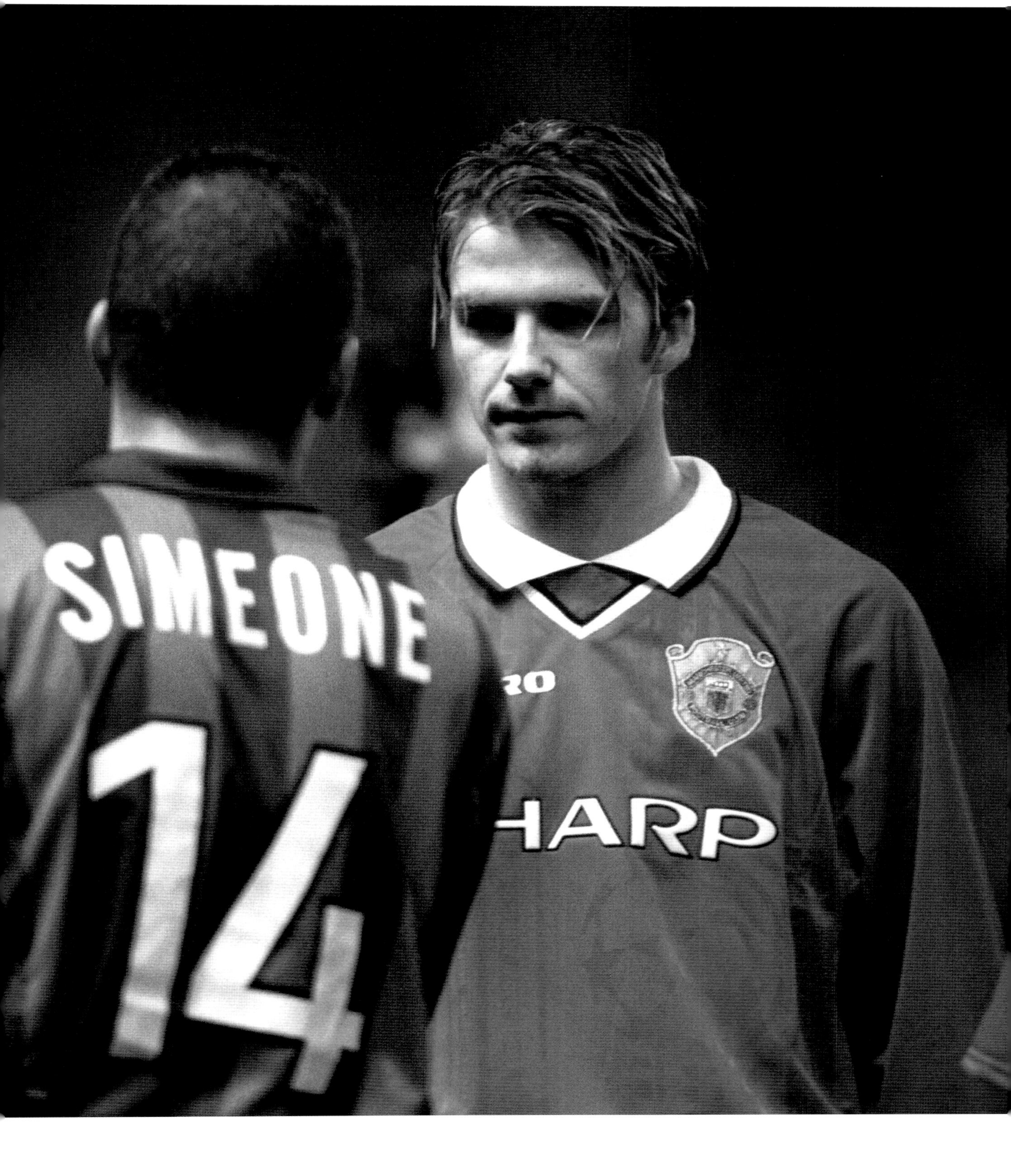
SIMEONE
14
RO
HARP

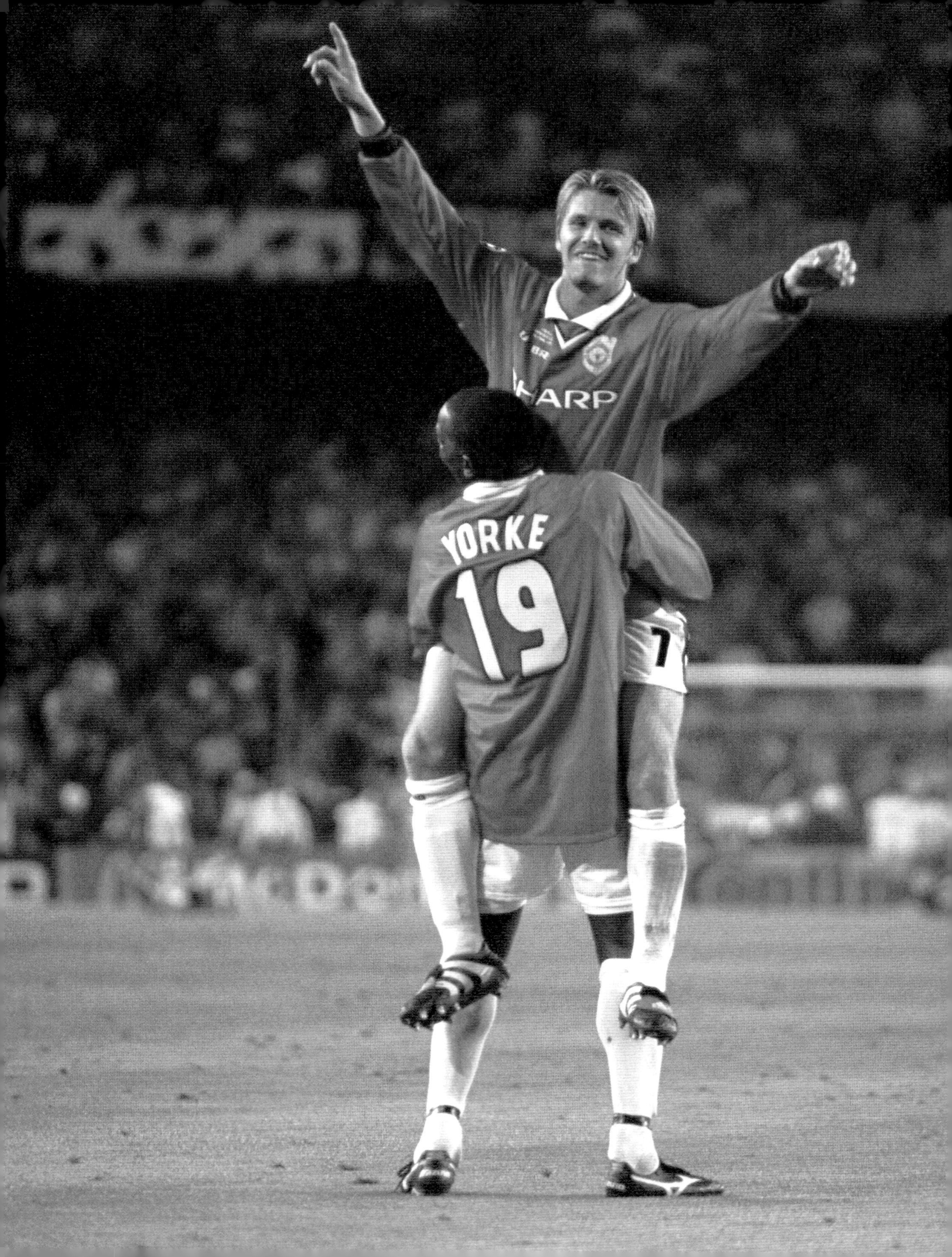
YORKE
19

僕ら2人にとってはすばらしいシーズンだった。
ヨーキー（ドフイト・ヨーク）はプレー中、
笑顔を絶やすことがなかったよ。

僕 は 、ユ ナ イ テ ッ ド が う ま く 行 く

ことを願いながら、コーナーキックを蹴るためにグラウンドを走った。正直、僕は楽観的には思ってなかった。試合は徐々に終わりに近づいていたけど、僕らは最後まで自分たちのリズムで試合を運べていなかった。バイエルン・ミュンヘンの方が、勝利すべき価値のある試合をしていた。

しかし、僕らはまだあきらめていなかった。後半のアディショナルタイムに突入しても、奇跡を起こせると信じていた。ピッチを見渡すとバッティー（ニッキー・バット）、ライアン（・ギグス）、ガズ（ガリー・ネヴィル）らがいた。彼らもまた、同じことを信じていた。この不屈の精神で、僕らは歴史に名前を残すことに成功した。

僕らはロスタイムに入っても0－1で負けていた。得点を取らなければ、「3冠」は成し遂げられない状況だった。

1998－99シーズンは、僕がサッカー選手としてプレーした中でも最も鮮烈で、記憶に残る、すばらしいシーズンになった。おそらく、イングランドサッカー史上でも最も特筆すべきシーズンだったと言っても言い過ぎではないと思う。

それは、僕らがチャンピオンズリーグの決勝のためにバルセロナに行って、イングランドのクラブ史上初めてとなる「3冠」を取ろうとしているからだけではなかっ

た。またユナイテッドとファーガソン監督が、（マット・）バスビーの功績に続いて、ヨーロッパのカップ戦のタイトルを手に入れようとしていたからだけでもなかった。何よりも、僕らは「3冠」を達成することができたが、その取り方が衝撃的だった。つまり、このシーズン、僕たちはタイトルを取るために、多くの試合で劇的な勝利を収めたんだ。

もちろん、僕には違う次元の話もつきまとっていた。ワールドカップのアルゼンチン戦でレッドカードをもらって以来、僕に対する誹謗や中傷が続いていたけど、一方でユナイテッドファンの僕に対するサポートも依然として変わらなかった。だから僕の感情は、このシーズン、たとえどんなことが起きようとも高揚していたはずさ。だけど、「3冠」を獲得できたことは、僕の予想を超えていた。シーズンの終盤は、どの試合でも劇的な勝利を挙げた。

まずはアーセナルとヴィラ・パークで対戦したFAカップの準決勝の再試合が思い出される。ユナイテッドは1人レッドカードで退場になって10人になっても、決してあきらめなかった。ギグスがハーフウェイラインからスピードに乗ったドリブルで4人をかわして、ゴールネット上にシュートを突き刺して2－1とした。その後、GKのピーター・シュマイケルが試合終了間際のデニス・ベルカンプのPKをセーブして勝った。時が経った今でも、この試合は、僕がプレーしてきた中でも最もすばらしい試合の一つとして記憶に残っている。

それからチャンピオンズリーグの準決勝、イタリアのユヴェントス戦もよく覚えている。僕らはアウェイで0－2と負けていて、そのまま敗退してしまう運命にあるかのように思えた。でも、僕らはホームで信じられないような反撃をした。（ロビー・）キーンがヘディングで決めて、（ドワイト・）ヨークが同点弾をたたき込み、後半39分にはアンディー・コールが決めて逆転し、決勝に進出した。ただ、その試合後、僕たちは勝利に浮かれるような気分にはなれなかった。あまりにも薄氷を踏むような勝利だったからね。

このシーズンの最後の数週間は、どの試合もカップ戦の決勝のようだった。1つの試合を勝つごとに、僕らは、ほとんどの人が不可能だと思っていた夢の階段を一歩ずつ上がっていった。もし1試合でも負ければ、その夢が消滅するかもしれない状況だった。そんな中で僕らは、足が動かなくなるまでプレーし、勝ち続けた。それは、練習や練習後のトレーニングやフィットネストレーニングの3つを同時にやっているかのような気分だったね。

このシーズンのプレミアリーグの最終戦は、優勝するためには勝利が絶対条件で、予想よりもずっとタフな試合になった。対する「スパーズ」ことトットナム・ホットスパーもやる気は十分だった（スパーズはノースロンドンのライバル、アーセナルの優勝を阻止するために、負けると予想されていたにもかかわらず）。レス・ファーディナンドが僕らアウェイチームに対して得点を挙げたけど、僕はアーセナル戦で20m以上離れた場所からGKデイビッド・シーマンの壁を破って得点を挙げて以来調子を上げていて、この試合でもゴールを挙げた。僕が喜びを示すと、チームメイトが一緒になって拳を突き上げて喜んだ。それは、みんながいかに得点を欲しがっていたかをよくあらわしていた。途中から交替出場したアンディー・コールが、後半に得点を入れて、僕らはそのまま2－1で勝利した。僕らはリーグ戦のタイトルを獲得した。

普通のシーズンだったら、リーグ戦に優勝したら、盛大に祝勝会をやったと思う。トロフィーを掲げて、この1年間のすべてのハードワークに報いたはずさ。しかし、僕らはしばらくの間、リーグ戦の優勝を祝うことができなかった。

というのも、すぐ数日後、ウェンブリー・スタジアムでもう一つの欠かせない一戦である、FAカップの決勝戦が控えていた。僕らはトーナメントを根気強く、勝ち上がってきた。そして決勝戦ではテディ・シェリンガムとスコールズが、すばらしいプレーからゴールを挙げて、ニューカッスルに2－0で勝利した。だが、再び祝勝会はほとんど行われることはなかった。リーグ戦とFAカップの2冠を達成したこと以上に、次に待ち受けている試合に対するプレッシャーが大きいという現実があった。長く厳しい、精神的にも消耗したシーズンだったけど、最も大きなチャレンジが最後に待っていた。

それがバルセロナにあるカンプ・ノウでのチャンピオンズリーグ決勝だった。
　FAカップの決勝から、チャンピオンズリーグの決勝までは長く感じた。まるで、時間がゆっくり進んでいるかのようだった。僕らは誰も直面したことがない機会に際して、チームが積み上げてきた歴史を感じていた。でも、腰が引けているような選手はいなかった。チャンピオンズリーグの決勝前に、ファーガソン監督はいつものように言葉を慎重に選んで、選手に語りかけた。「試合後にトロフィーを掲げたくないと思う者はいないはずだ。もしそれができなければ、世界中で最悪の気分を味わってしまうだろう。接戦に持ち込み、ヨーロッパ王者のカップを掲げる機会を逃さないよう、今までやってきたことを全力で出し切ろう」。
　けれど、ファーガソン監督の力強い言葉にもかかわらず、決勝戦で僕らは普段のプレーをすることができなかった。ロビー・キーンとポール・スコールズが出場停止だったため、僕は中盤の真ん中で試合に出場しなければならなかった。ギグシー（ライアン・ギグス）が中盤の右サイドで、（イェスパー・）ブロンクヴィストが左サイド。ガリー・ネヴィル、ヤープ・スタム、デニス・アーウィン、ロニー・ヨンセンが4バックで、ピーター・シュマイケルがゴールマウスを守った。そしてドワイト・ヨークとアンディー・コールが、ツートップとして、前線に張った。
　バイエルンが前半5分過ぎにフリーキックから得点を決めた。その得点によって僕らは出端をくじかれてしまい、いつものようにプレーすることができなかった。後半に入ると、バイエルンはまるでホームで試合をしているかのように攻勢をかけてきた。ボールはゴールポストやクロスバーに当たった。ある意味、僕らが冷静にプレーできていることが奇跡に近かった。テディ・シェリンガムとオーレ・グンナー・スールシャールがブロンクヴィストとコールに代わってピッチに入ってきた。時間はだんだんなくなってきたが、僕らは、どうにか、まだ勝利する可能性を残していた。夢はまだ終わっていなかった。
　コーナーキックのチャンスを得た。すでにロスタイムは3分というサインが出ていた。ユナイテッドは、ゴールキーパー以外がゴール前に上がった。これが僕らの最後のチャンスだった。カンプ・ノウは大きいスタジアムだったけど、コーナーキックの周りも立錐の余地もないほどファンで埋めつくされていた。僕は少し自分を落ち着かせてから、ファーサイドに正確にボールを蹴ろうと思った。熱心なユナイテッドファンは、まだ大きな声で応援を続けていた。そのシーズン、ファンはユナイテッドの奇跡的なタイトル奪取を見てきたけれど、彼らは、もう一つの奇跡を信じてここに来ているはずだった。
　僕はコーナーキックで、意図通り、ゴールエリア周辺にボールを蹴った。相手がボールをヘディングでうまくヒットできなくて効果的なクリアにならず、ギグシーが頭にボールを当てたが、そのボールはテディの方へと飛んでいった。一瞬の出来事だった。テディは反転してシュートした。これが、彼のこの試合のファーストタッチだったけど、見事にゴールネットを揺らした。僕はハッとして見直したけれど、確かにゴールだった。試合は1－1の振り出しに戻った。「3冠」の可能性はまだ残されていた。延長戦が近づいていた。だが、僕は最後まで全力でプレーしようとしていたし、ファーガソン監督も選手に対して自陣へ戻れと怒ったように合図しているのが見えた。
　ファーガソン監督は残り少ない時間でも、僕らが勝てると感じていたと思う。監督は時間内で勝負を決めることを望んでいた。
　どうしてファーガソン監督はそれがわかっていたのか？　彼が楽観主義者だったからか、それとも監督には敵が弱っているのが見えたのか？　一つ確かなことは、ファーガソンは僕らに前からプレスをかけるように指示した。チャンピオンズリーグのトロフィーは彼がどのトロフィーよりも欲しがっていたもので、監督になって以来、どうしても獲得したかったタイトルだ。彼はクラブの歴史をよく知っていた。ミュンヘンの悲劇も、バスビー・ベイブスも、悲劇からクラブを再建して1968年に初めてヨーロッパのカップ戦のタイトルを獲得したこともね。だから彼は、この試合が新たな歴史を作るチャンスだとわかっていたし、優勝すればファンの心と頭の中に、新たな忘れられない記憶を刻むことができることも知っていた。それは僕らも同

じだった。だが、僕らの足は疲れ切っていたし、チーム全体が消耗していた。アドレナリンのみが、僕らを突き動かしていた。

バイエルンがボールをリスタートしたが、僕らは走ってボールを取り返し、左サイドのオーレ（・グンナー・スールシャール）にボールが渡った。彼はターゲットを決めてクロスを上げた。だが、ボールは相手ディフェンスの選手に当たって、同点になったときと同じ左サイドからのコーナーキックとなった。この時間でも、ファンの応援はより大きくなっていた。スタジアムにはゴールへの期待感だけでなく、誰しも、バイエルンのファンと選手の恐れを感じ取ることができた。ユナイテッドは後半45分までほとんどチャンスというチャンスは作れなかったが、ここ数分で2度目の得点のチャンスが到来した。チャンピオンズリーグの優勝カップが目と鼻の先にあった。

僕はコーナーフラッグが立っている場所まで走っていって、観客から戻ってきたボールを受け取った。そして柔らかいタッチでコーナーを蹴った。ディフェンダーが見守る中、ペナルティーアーク付近にカーブをかけてボールをコントロールした。今、思い返してみると、おそらく、現役生活で一番のコーナーキックだったね。テディがボールを受けて、ボールをゴールに向かって蹴り、そのボールをオーレがつま先で方向を変えてゴールを挙げた。スタジアムはまるで、火山が爆発したかのように興奮のるつぼと化していた。僕は感情が高ぶりすぎて、ピッチに倒れそうになるほどだった。

ロスタイムで2得点を挙げた。この2得点で、チャンピオンズリーグの優勝を手に入れた。この2得点で、ついに僕らは「3冠」を達成したんだ。

ユナイテッドの選手がベンチから全員出てきて、オーレの周りに集まっていた僕らのところに駆け寄ってきた。僕らは肉体的にも、精神的にも極限状態で、あまり状況を理解できていなかった。互いに抱き合って踊っていたけど、少しして、やっと、まだ少し時間が残っているので、自陣に戻らないといけないということに気づいた。僕らは相手の攻撃と、そこから生まれるドラマティックな展開の可能性を跳ね返さなければならなかった。僕の足はとても疲れていたが、幸いなことに、ほんの少しだけ走る気力が残っていた。

幸い、リスタートの後、僕らはボールを追ってクリアーすることができた。ドイツのチームの最後のチャンスはなくなった。ついに試合終了のホイッスルが鳴り響いた。アドレナリンが湧き出てきて、僕はサポーターに向かって走っていった。疲れ果てて、グラウンドに倒れ込む選手もいたほどだった。本当に優勝したのか？ 奇跡が続いたシーズンは、チャンピオンズリーグも制するという、最もすばらしいクライマックスを迎えて終わることができたのか？ サッカーをやっていて、僕らは二度と同じような状況には巡り合わないだろう。僕らは誰しもが、決して忘れない偉業をやってのけた。

試合後、僕は父と母と抱き合った。父は感情が高ぶって、ほとんど話すことができなかった。僕は父が泣いていると思ったし、僕もまた涙を抑えることはできなかった。父はユナイテッドのファンで、僕が生まれる前からずっと応援してきた。そして、今、自分の息子がクラブの歴史上、最も記念すべきシーズンの、最もすばらしい夜に、ユナイテッドの一員としてプレーしていた。

ビクトリアは、他のサポーターと同様に、カンプ・ノウのスタンドで立ち上がっていた。彼女はサッカーには詳しくなかったが、要点を得た言葉をかけてくれた。「本当に信じられない。私の人生の中で、とにかく、こんな瞬間には出合ったことなかったわ」と彼女は言った。

このチャンピオンズリーグのトロフィーを持ち上げた選手はそんなに多くないはずさ。こうして僕のサッカー人生で、最もすばらしいシーズンの幕が閉じた。

109

110

歴史が作られた。

112　もし一つだけキスできるトロフィーがあるというなら、
　　もちろん、これしかない。

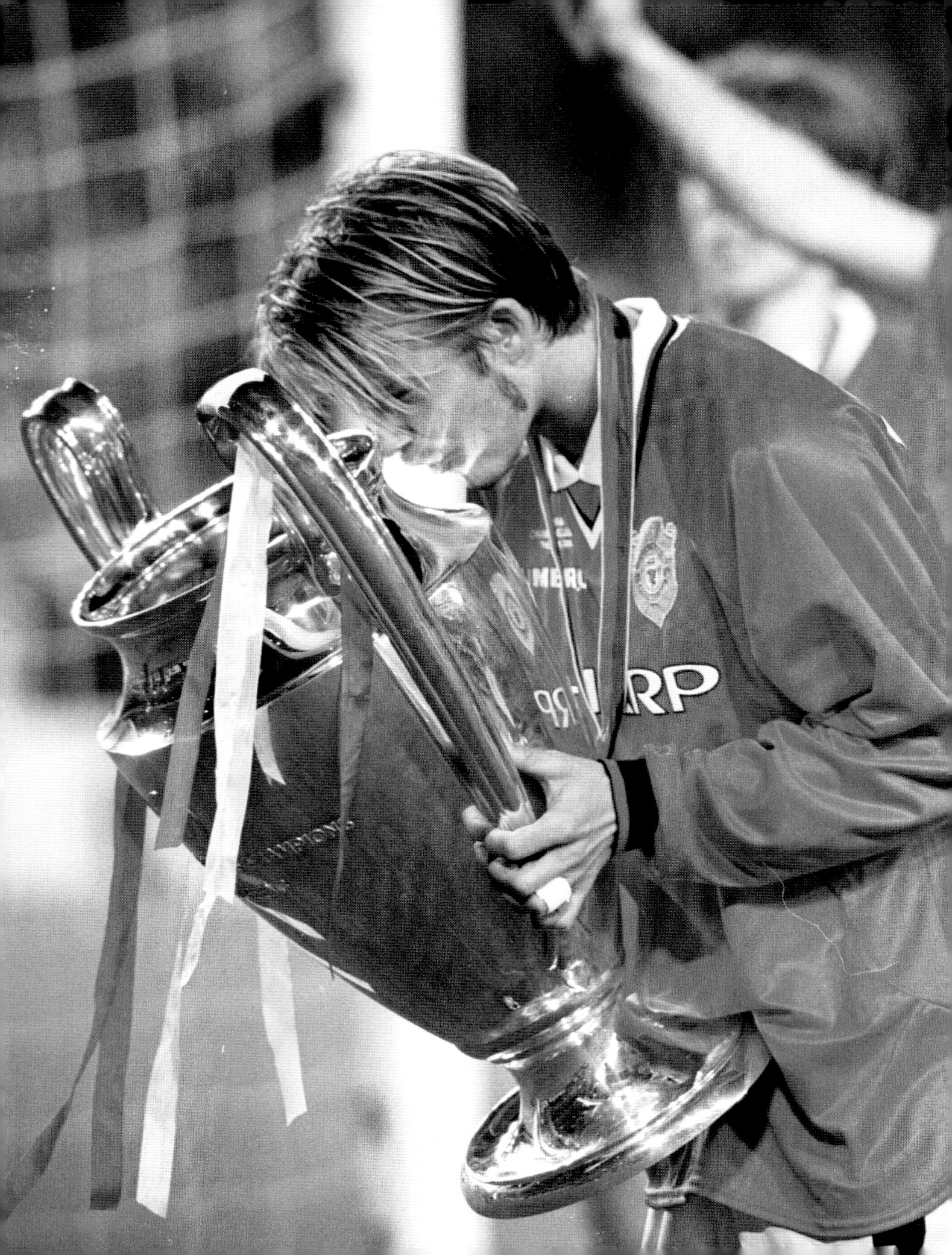

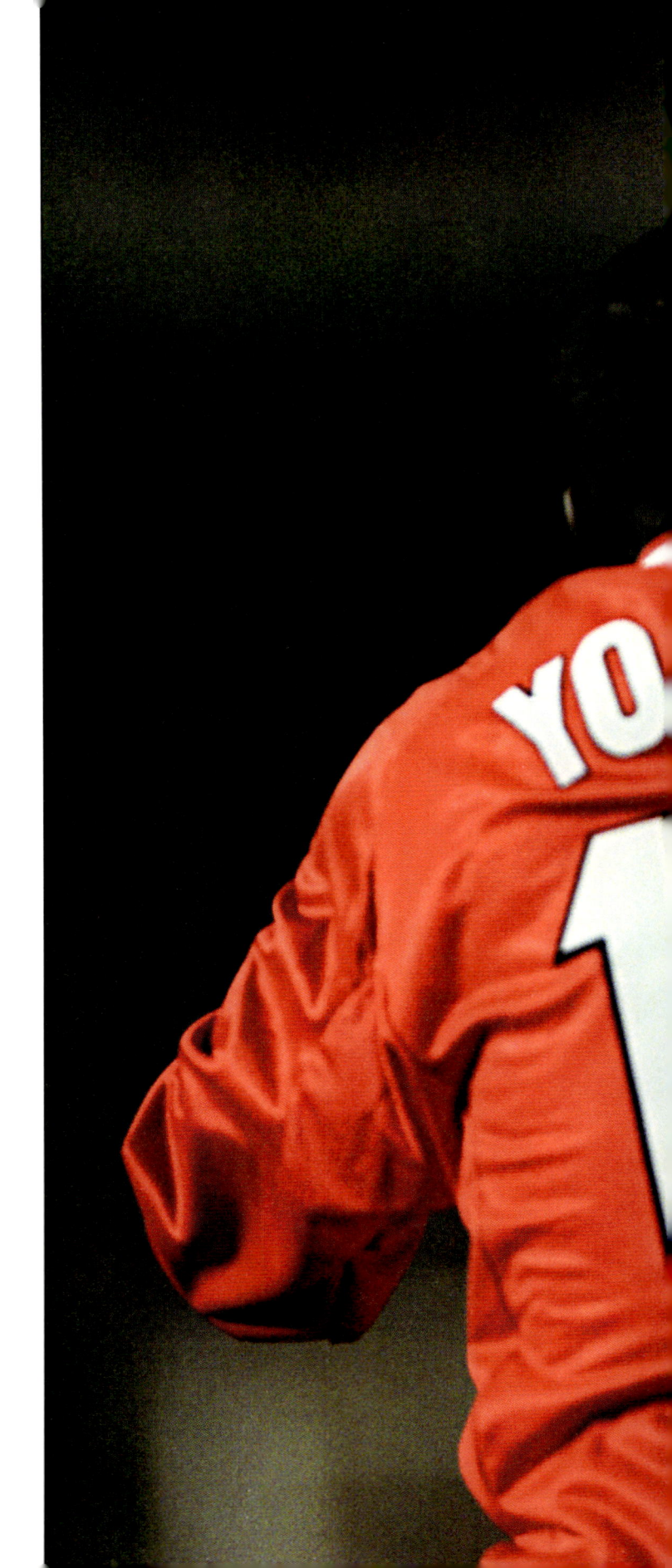

チームメイトと喜びを分かち合いたい
という純粋な思いさ。

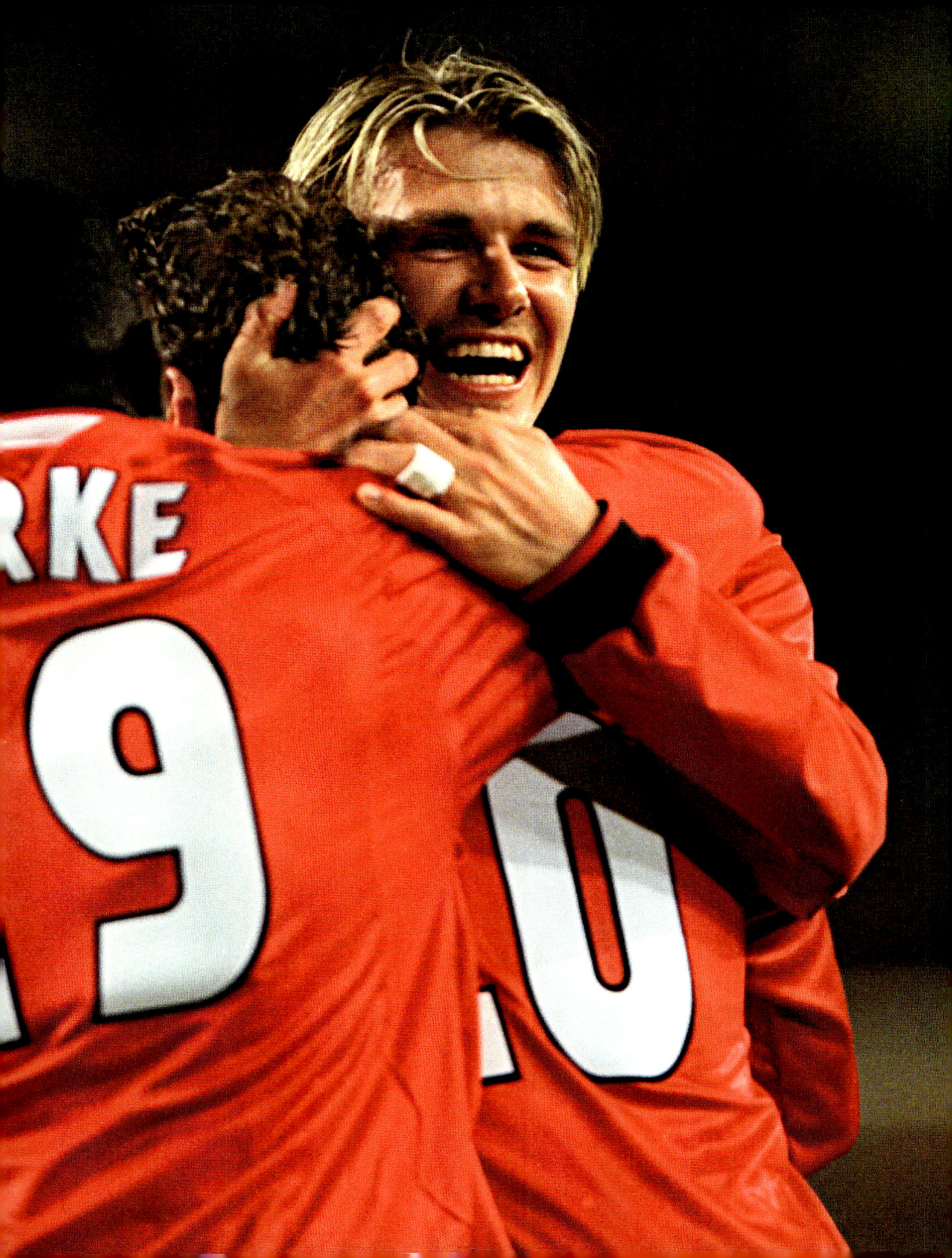

ユナイテッドで、最も幸せな瞬間だった。

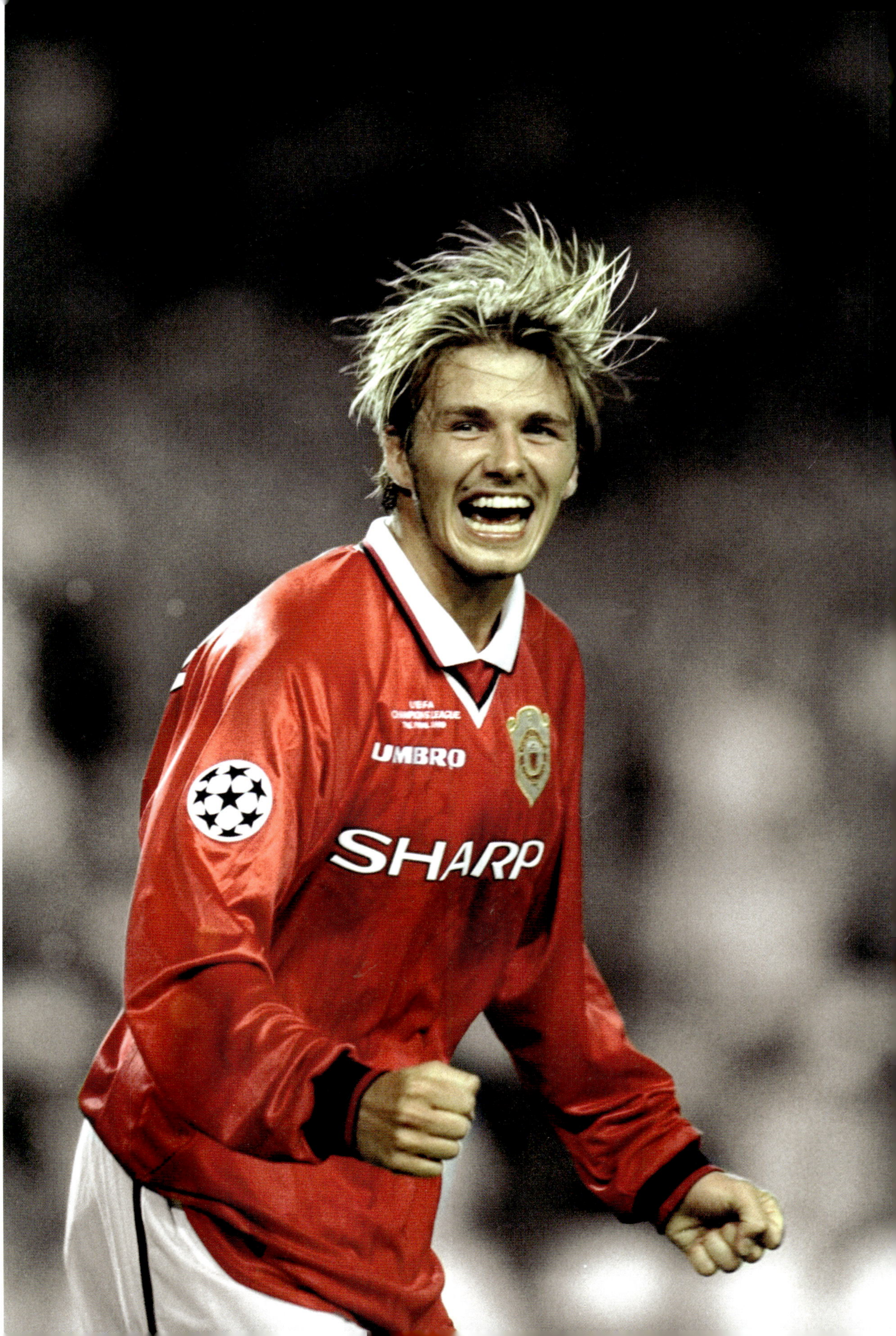
UMBRO
SHARP

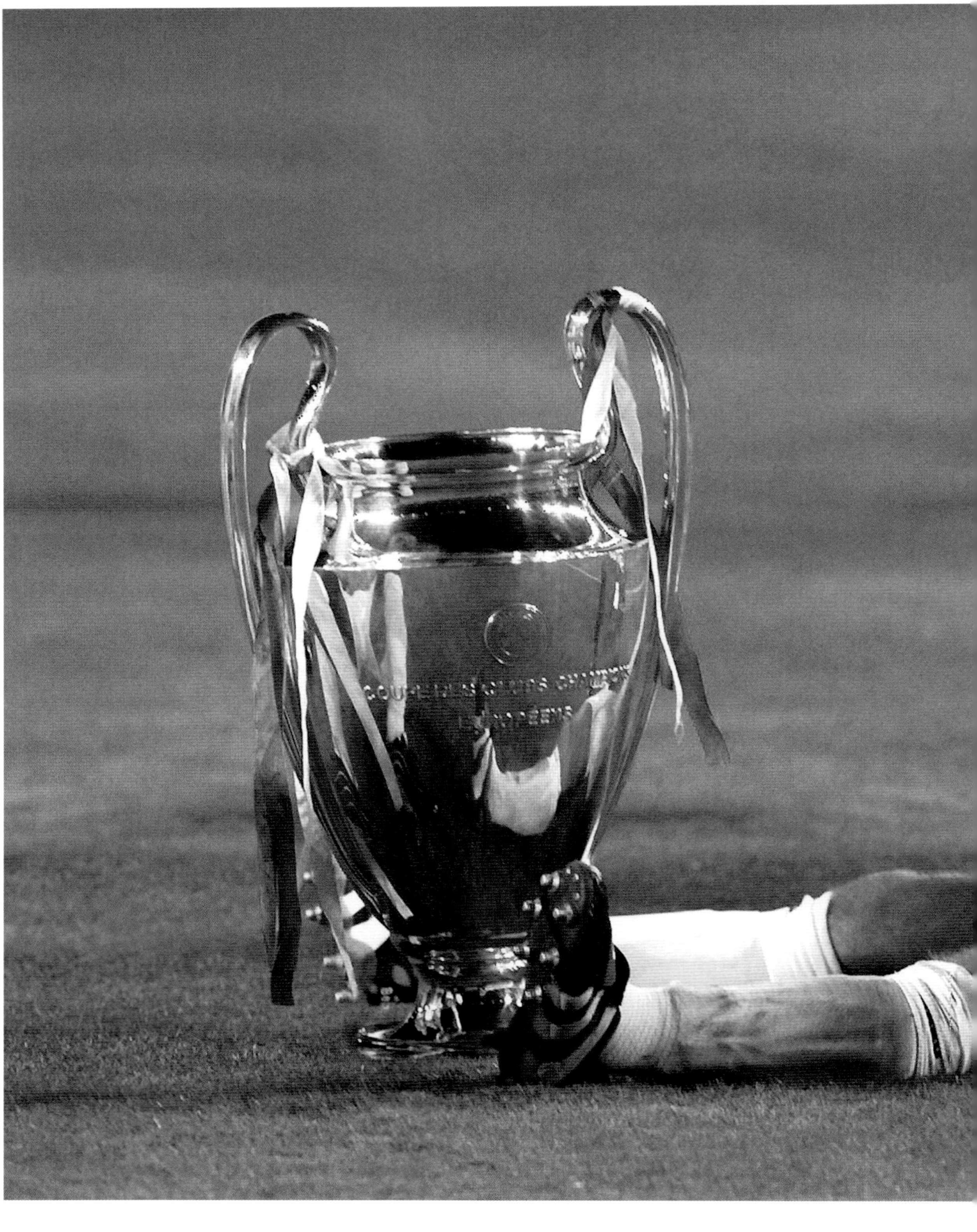

カンプ・ノウでチャンピオンズリーグのカップを見ていたときは、
僕らが成し遂げたことの大きさをまだ実感できていなかったね。

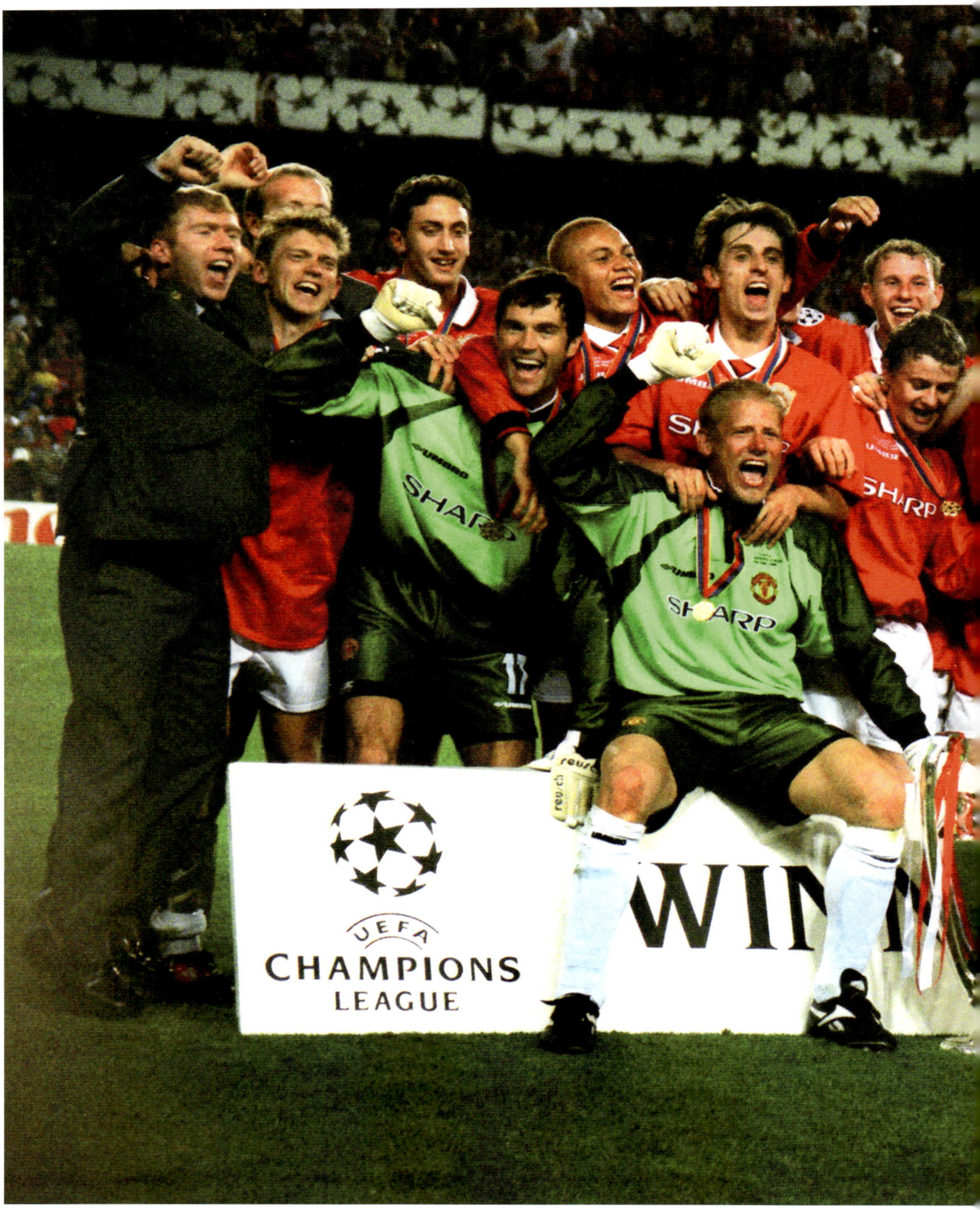
SHARP
SHARP
SHARP
UEFA
CHAMPIONS
LEAGUE
WIN

この写真を見ると、すばらしいシーズン、すばらしい夜を思い出すよ。

オールド・トラフォードで
得点を挙げることは大好きだった。

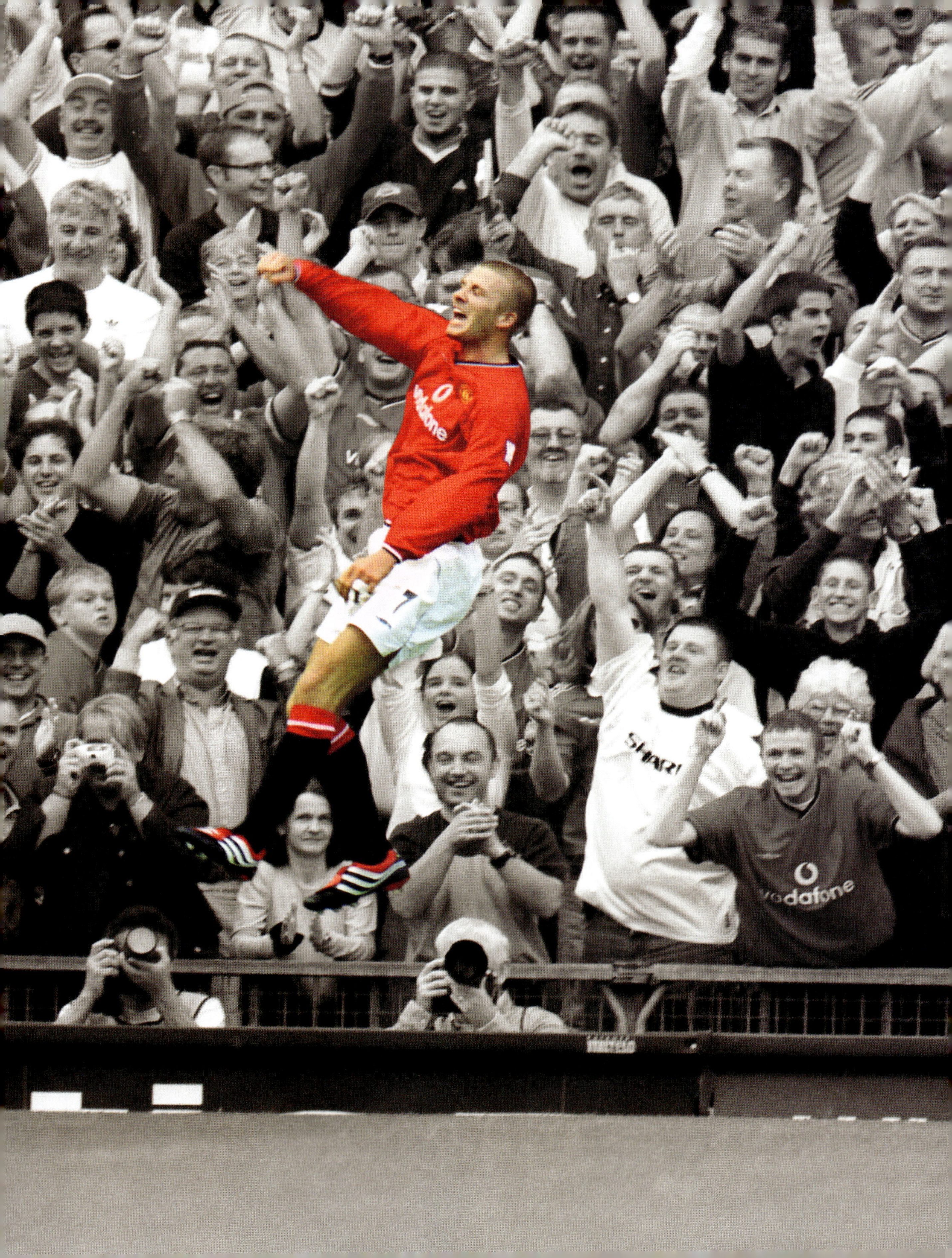
vodafone

僕とテディ・シェリンガム、2人のロンドンっ子。

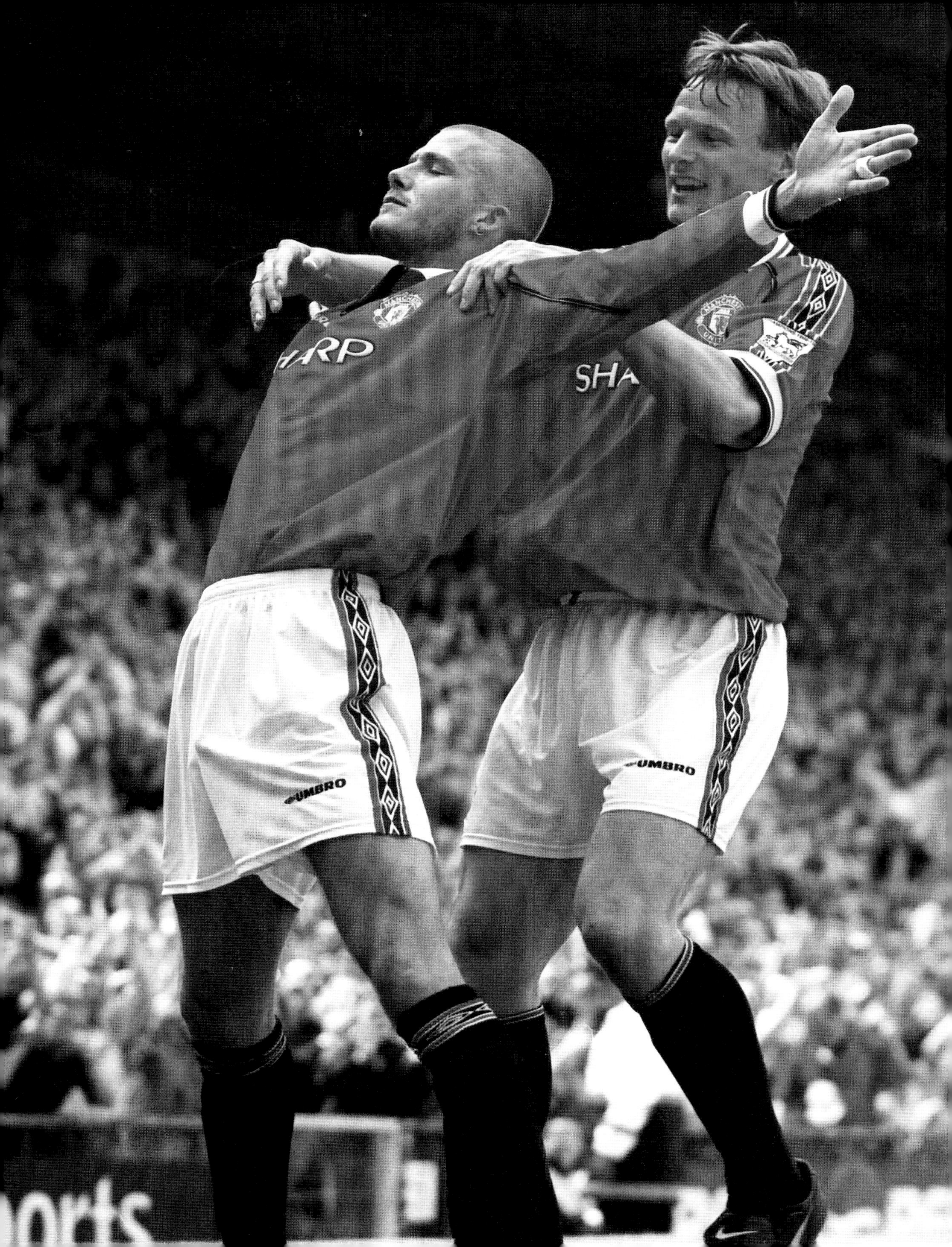

HARP
SHA
UMBRO
UMBRO
orts

126 僕の小さな息子さ—今はもうずいぶん大きくなったけどね。

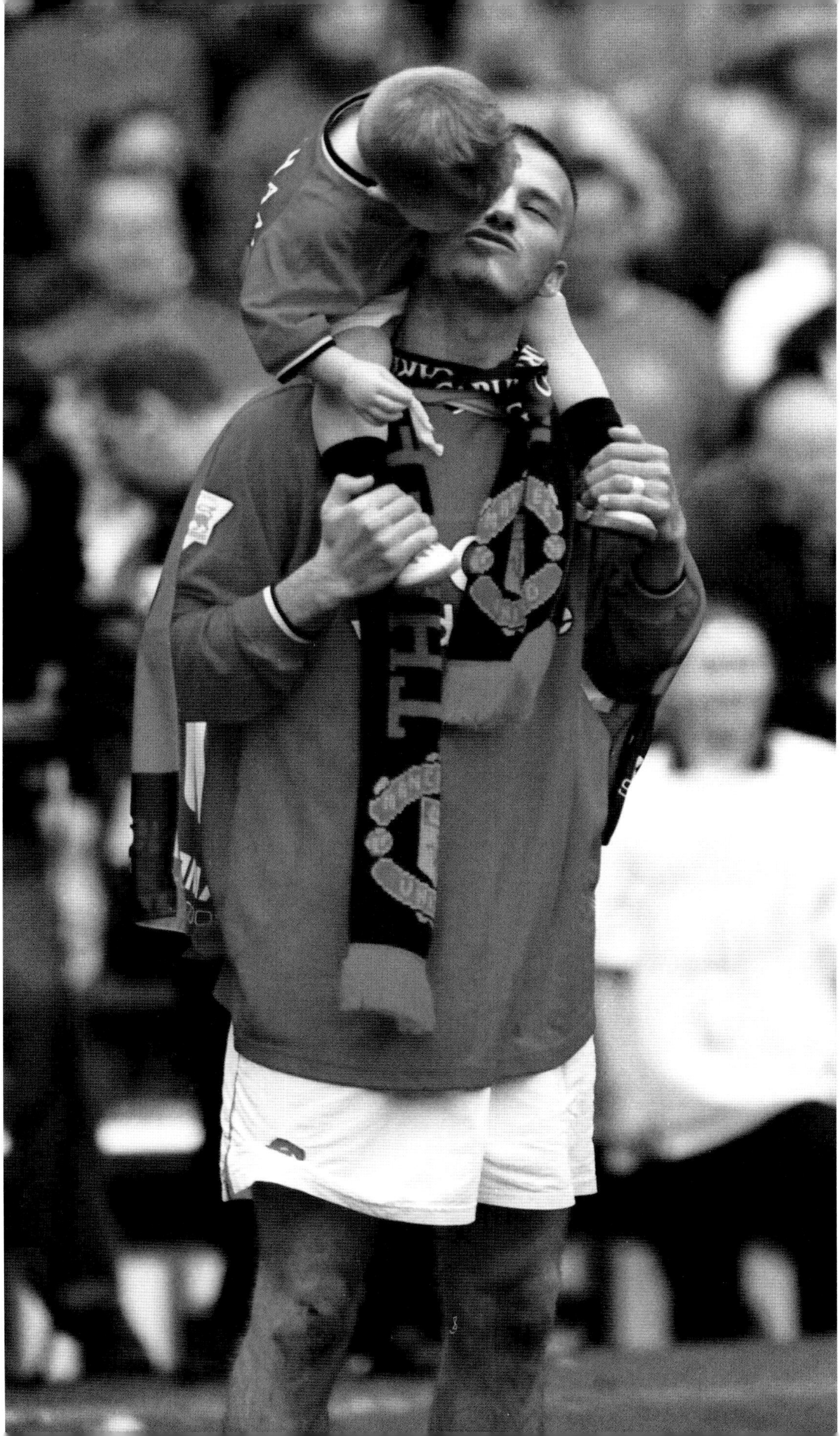

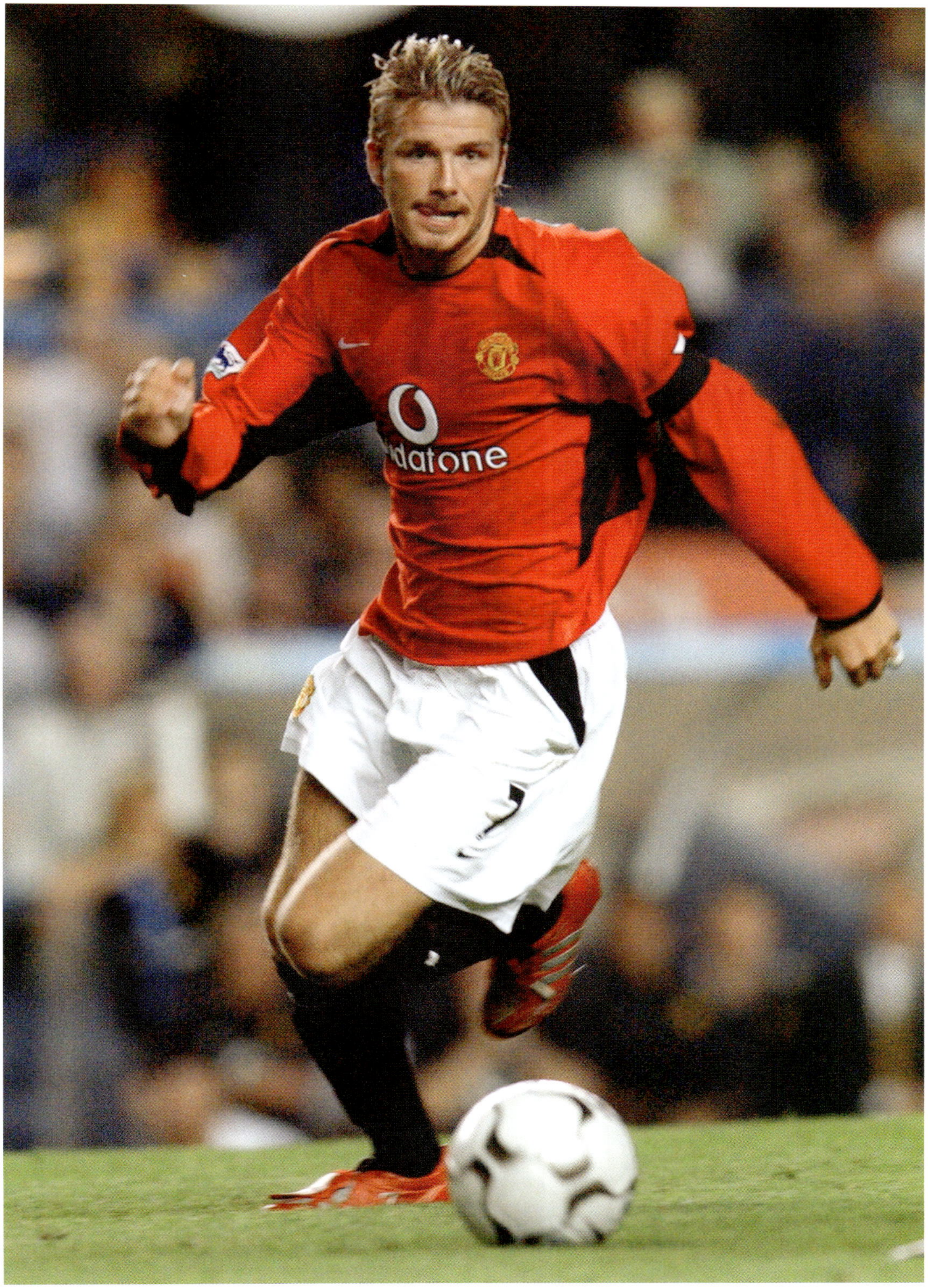

odafone

僕のヒーローであり、対戦し一緒にプレーした中で最もすばらしい選手とユニフォームを交換した。彼がユニフォームを交換してくれないかと言ってきたときは、本当にびっくりしたよ。

131

132 「ミスター・ユナイテッド」のガリー・ネヴィルと
一緒に過ごした、最高の夜。

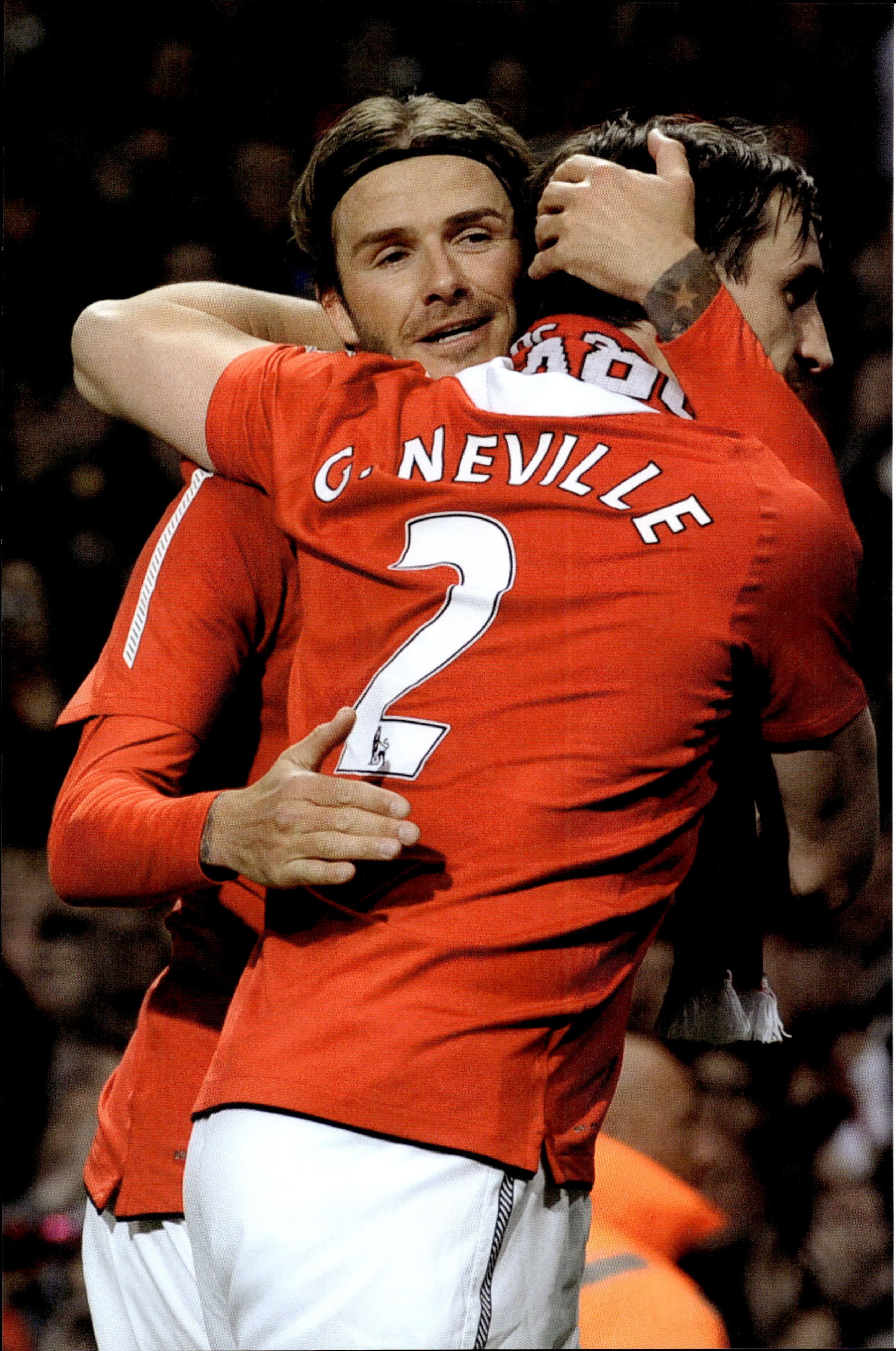
G. NEVILLE
2

ロイ・キーンは僕が今まで一緒に
プレーした中で一番のキャプテンだよ。
芸術的なプレーだけでなく、
強固な意志の持ち主でもあった。

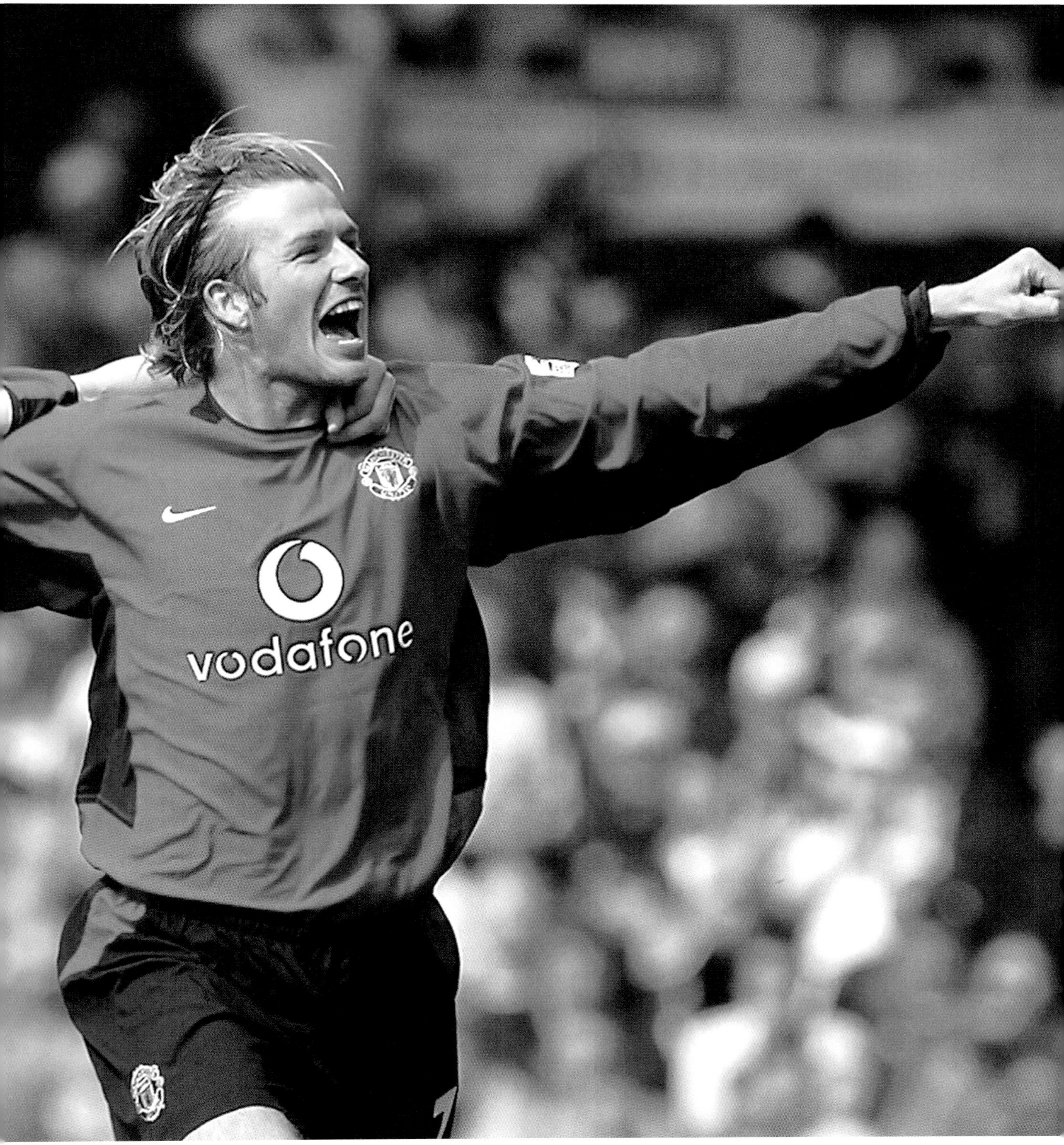
vodafone

これがユナイテッドのユニフォームを着て掲げた、
最後のトロフィーになるなんて、そのときは思いもしなかった。

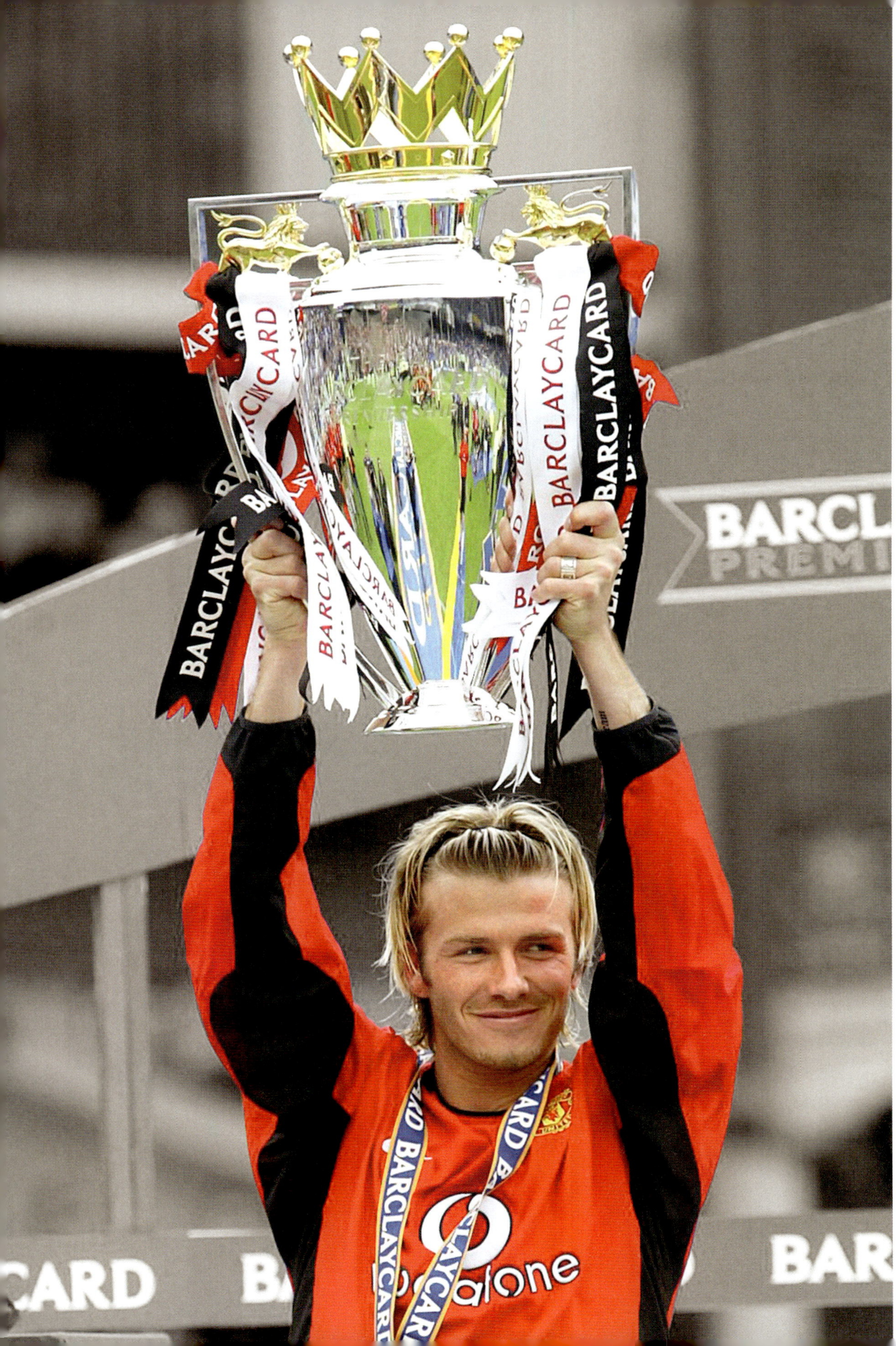
BARCLAYCARD

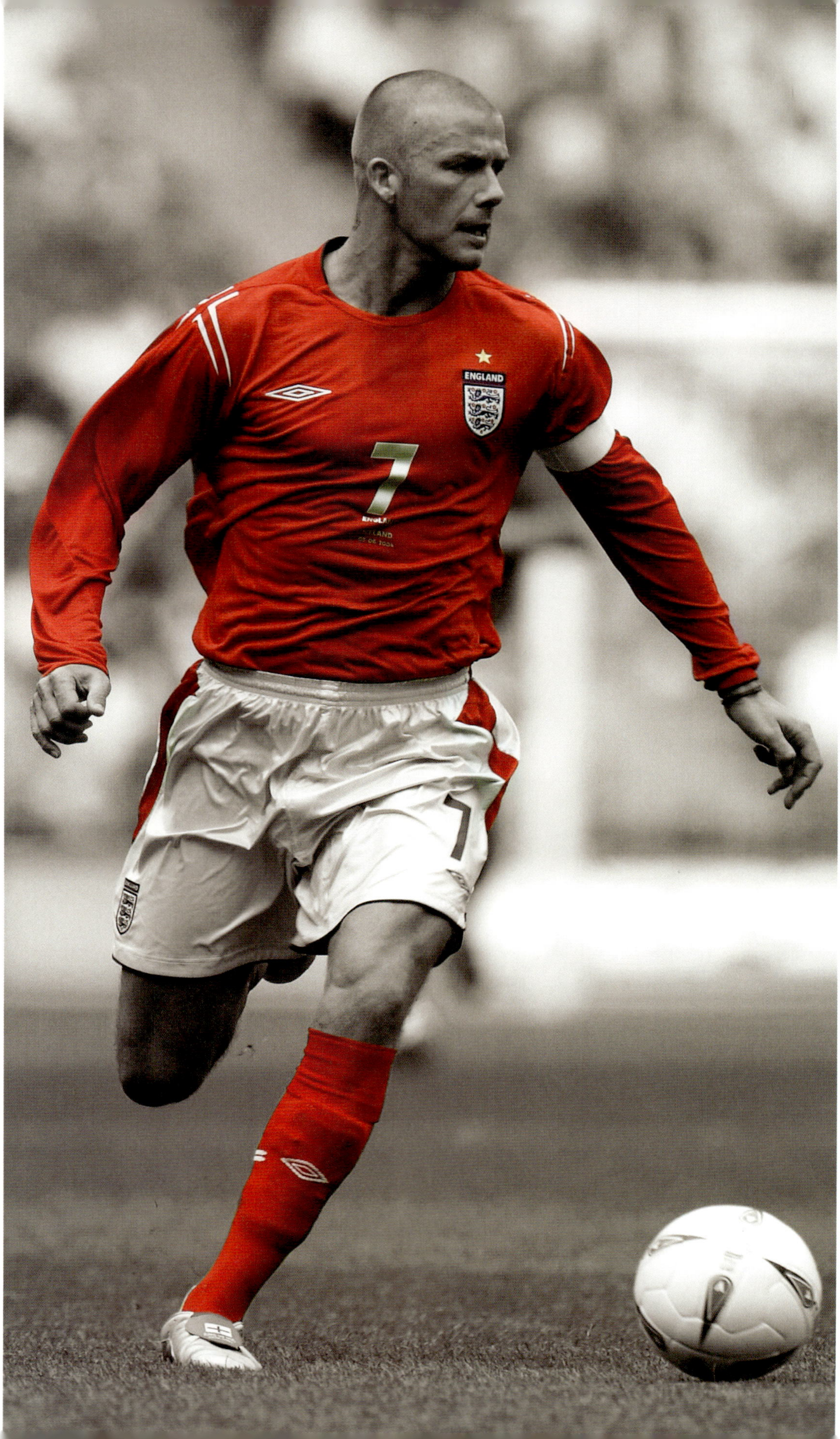
ENGLAND
7

ENGLAND
PART TWO

140

141

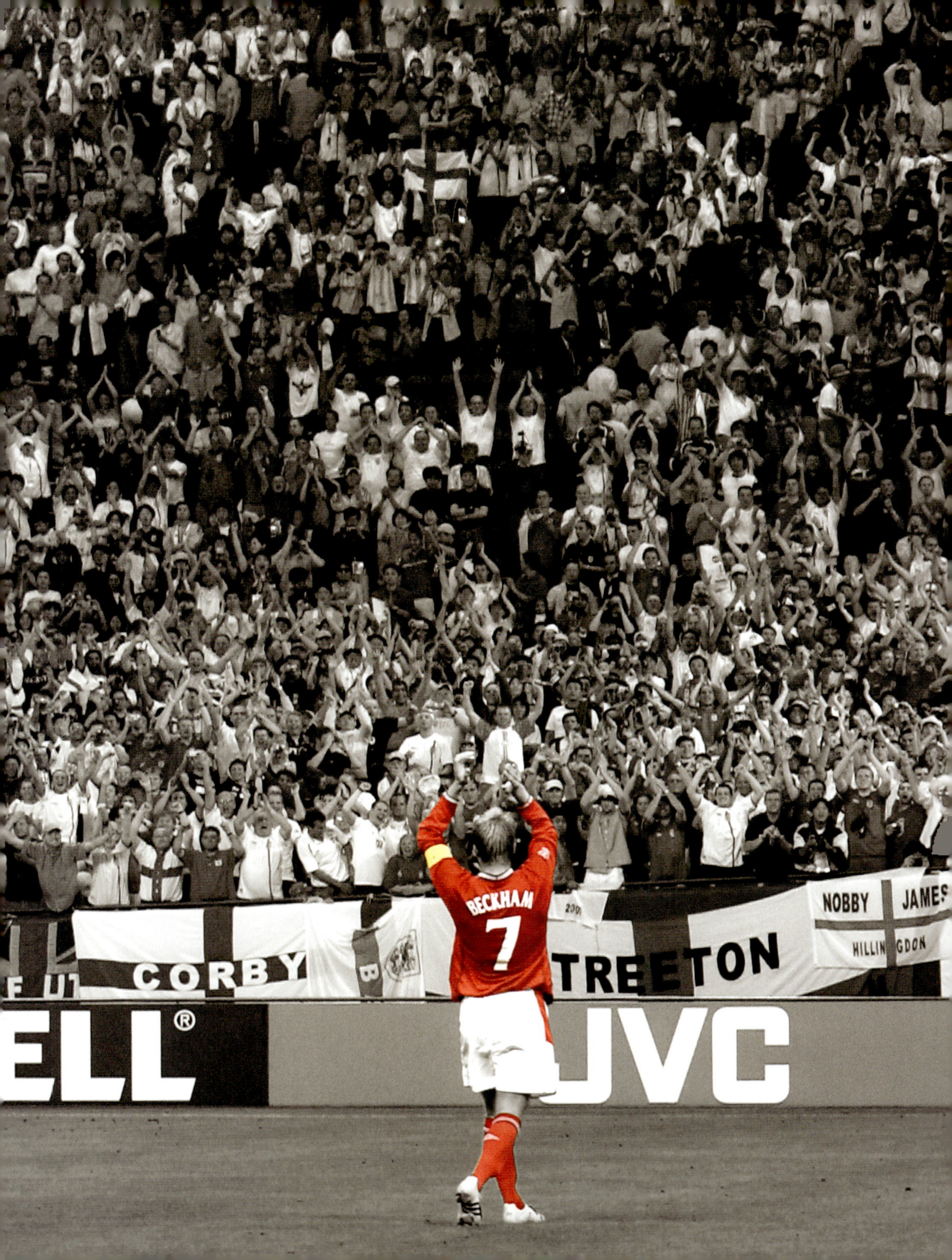
BECKHAM
7
NOBBY
JAMES
HILLINGDON
CORBY
TREETON
JVC
ELL®

僕らのサポーターは、どこに行っても駆けつけてくれた。何年にもわたって応援し続けてくれてありがとう。心が大きく揺さぶられたよ。

完全なるリベンジを果たす機会

なんて、そんなにめったにあるわけじゃない。それは普通、映画の中のことで、現実社会では起きない。事実、僕も1998年の出来事に対して、アルゼンチン代表やディエゴ・シメオネに対して復讐をしたいと考えたことは一度もなかった。

だけど、そのチャンスが実際にやって来たときに、僕は両手でそのチャンスをしっかりとつかんだ。

サッカーのワールドカップは単なるスポーツの大会という域を超えている。世界を一つにしてしまう。車には代表チームを応援するステッカーが貼られ、ベッドルームの窓からは国旗が掲げられる。ニュースはサッカー一色になる。一歩引いて考えると、22人の選手たちが一つのボールを追うというゲームが、大きな影響力を持っていることはすばらしい。おそらく、サッカーは単なるゲームという枠には収まらなくなる。

ワールドカップという大会が、イングランド代表のキャプテンとなった僕にとってさらに大きな意味を持つようになった。チームを引っ張るというプレッシャーが加わったこともわかっていたけど、僕の人生にとっては最大の名誉だった。キャプテンになったことを考えるだけでも、熱い感情がこみ上げてくるほどにね。イングランドにはいつも大きな誇りを持っていたし、強い愛国心も持っていた。イングランドは僕にとってはそれだけ大切な存在さ。

ワールドカップがだんだん近づくにつれて、そう、あと数カ月だったのが、数週間で開幕となると、興奮も大きくなっていった。大会前のシーズンはとても好調だったけれど、僕の心は6月に日本で決勝が行われる大会へ気持ちが切り替わろうとしていた。キャプテンとしてチームを引っ張らないといけないとも思っていたし、イングランドでテレビの前で応援してくれている数え切れない人と一緒にナショナルアンセム（国歌）を聴く姿も想像していた。そういったことを考えるだけでも、鳥肌が立つほどだった。

　ところが、ワールドカップのグループリーグ第1戦のスウェーデンとの試合まで、あとちょうど8週間というときに、僕の身に災いが起きてしまった。僕らユナイテッドは、チャンピオンズリーグの準決勝の2ndレグで、スペインのデポルティーボ・ラ・コルーニャと戦っていた。1週間前の1stレグで、僕は左足に激しいタックルを食らっていた。どうにか試合に出続けたけど（この試合で、早い時間にゴールキーパーの頭を越えるようなループシュートで得点をした。僕がユナイテッドにいた中で、最も好きなゴールの一つさ）、すごく痛かったので、松葉杖をついてスタジアムを後にした。

　2ndレグまでには、問題ない状態に戻っていると思っていた。動きは普段と遜色なかったし、プレーも十分できた。何とかして痛みを忘れることもできていた。だけど、試合が20分経過したとき、すべてが変わってしまった。アルゼンチン人の中盤の選手（どうして、いつもアルゼンチン人なのだろう？）、アルド・ドゥシェルが僕からボールを奪うために、飛ぶような激しいタックルをしてきた。レイトタックルで、両足で、しかも足の裏を見せてきた。無慈悲なタックルだった。僕がボールを切り返したので、彼は完全にボールを見失って、僕の左足へと当たってきた。そこは、まさしく、1週間前に痛んだ場所とまったく同じところだった。

　まるで拷問を受けているかのような痛みで、吐きそうになるほどだった。僕は、その場所に横たわってしまった。立ち上がろうとしたけど、痛くて立つことができなかった。トレーナーたちがすぐに僕をピッチの外に出そうとしたが、僕は、最後まで試合に出たいと要求した。サッカー選手であるならば、たとえどんな痛みを感じても、試合の途中でピッチを後にするのは嫌だ。アドレナリンによって、苦痛を忘れることができるはずだ。僕は医者に、痛みをなくすようなコールドスプレーをかけて、再びピッチに立たせてほしいと訴えた。僕はどうしてもプレーを続けたかった。

　だから僕は、その場に立とうと試みた。だけど、それができなかった。左足を地面につけることができないくらいの激痛が走った。それは、まるで釘を肌に押しつけたかのような痛みだった。アドレナリンでもその痛みを止めることはできなかった。だから僕はケガが深刻な状態だとすぐにわかったし、医者は横になっている僕の症状を確認した。彼が僕のシューズを脱がして、痛むところを触ったとき、肌の下で骨が浮いているかのような、動いているような感覚にとらわれた。

　「まさか折れてはいないよね？」と僕が言うと、「いいや、折れていると思う」という答えが返ってきた。

　胃が揺れるような衝撃を受けた。痛みそのものよりも、ある意味、ワールドカップのことについて考えることで、よっぽど心が締めつけられた。僕の左足はワールドカップまであと8週間というところで折れてしまい、僕はもう終わってしまった。僕の夢は、まだボールに触れもしないうちに、煙の中に消えていったようだった。どうしてこんなことが起きるんだろうか？　なんで今なのか？　僕はそれまで、ケガのために、長い間、試合に出られなかったことなんてなかった。最悪のタイミングだった。

　ストレッチャーで運ばれていくとき、僕はビクトリアと息子のブルックリンを見つけた。彼らは救急車まで会いに来てくれた。僕は絶望の中にいたけど、彼らの存在が唯一のよりどころだった。救急車が青い灯りをつけると、その光でブルックリンの顔は輝いて見えた。クリスマスが早く来たかのようにね。僕は思わず笑みをこぼした。子どもというのは、どんなに危機的な状況でも力を与えてくれる存在だね。

　しかし、僕はケガの程度がどのくらいか不安でたまらなかった。どのくらいでよくなるのか？　回復を早めるために、何かできることはあるのか？　ワールドカップに出場できる

見込みはあるのか？

　救急車に乗って、スタジアムから病院まではちょうど5分だった。僕は着いたらすぐに、レントゲンを撮ってもらった。そうするより他になかった。なぜなら、医者が言うには、僕がワールドカップでプレーできるかはレントゲンの結果次第だというのだ。ほんの数分で結果が出たけれど、その数分は僕のサッカー人生の中でも、最も神経をすり減らす時間だった。

　結果は妻のビクトリアが聞きに行ってくれた。彼女が戻ってきたとき、僕は彼女の目を見て、固唾を呑んだ。彼女の表情から結果が良いのか悪いのかをうかがおうとしたが、ビクトリアは、顔色を変えなかった。

　最終的に、ビクトリアは僕に「残念ながら、骨は折れていたわ」と言ってから、「だけどラッキーなことに、まだワールドカップでプレーできる可能性が残されているの」と続けた。

　心の奥から感情があふれてきた。僕にはまだチャンスがある。夢はまだ終わっていなかった。

　それから数週間にわたって、第二中足骨と呼ばれる僕の足の骨は、イングランド中のどの話よりも世間の注目を浴びているようだった。信じられないことに、一般紙まで、僕の足のことについて取り上げていた。サッカーライターは、僕が8週間後、イングランド代表を引っ張るまでフィットするのか予測していた。医者たちは、足が治っていく過程について説明をしていた。祈祷師たちは祈りを捧げていた。すぐに、テレビのドラマみたいになっていった。

　僕にとっては、折れた骨がこんなに早くよくなるなんて信じられないくらいだった。左足は間に合うのだろうか？医者たちは、治療がこのままうまくいけば、6月8日のワールドカップの第1戦のスウェーデン代表戦に間に合うはずだと太鼓判を押した。僕がしなければいけないことは、早く治るように、全力でリハビリに集中することだけだった。

　僕は、ユナイテッドのメディカルスタッフたちが用意してくれた、「エアーキャスト」と呼ばれる、膨らむギブスのような靴を履いた。その靴は、空気が抜けるように作られていて、痛みを感じずに、折れている骨の周辺に効果があるようにできていた。また空気を入れて膨らませれば、片足を引きずってよろよろ歩く必要もなく、普通に歩くことができた。左足をつけずに、プールの中も歩いた。上半身は鍛える必要があったし、体力を維持するためにフィットネストレーニングもやった。両足も動かすことができていた。こうしたトレーニングをヘトヘトになるまでやったし、時には単調なときもあった。だが、僕は決してイライラすることはなかった。こうしたリハビリを自分に課すことは、心の痛みを取ることにもつながっていた。

　日本に向かう前に、イングランド代表は、UAEのドバイでキャンプを行った。家族も一緒に来て、決戦の時を迎える前に、ビクトリアとブルックリンと楽しい時間を過ごした。左足はまだ完全な状態ではなかった。僕はできる限りのことは続けた。そう、医者やトレーナーが僕に作ってくれたメニューはすべて続けていた。だけど、僕はそれで十分だという確信はなかった。左足はまだ痛かったし、医療関係者たちは僕の足が治るかどうか意見が割れていると感じていた。

　ワールドカップの初戦が近づいてくると、僕らは最終的な決定をしなければならなかった。当時、僕らは日本のベースキャンプの淡路島にいて、初戦に出るには、水曜日までに全体練習に参加しなければならなかった。スヴェン（・ゴラン・エリクソン）監督は、僕への質問をできる限り時間を引き伸ばそうと配慮してくれていたが、水曜日の朝食の後、僕のところにやってきて、僕の目を見て「ええと……」と間を空けてから「調子はどうだい？」と聞いてきた。

　僕は「はい、大丈夫です」と答えた。

　ケガをして以来、8週間ぶりの全体練習だったので僕はナーバスになっていた。左足はまだ、少し痛みがあったし、順応するには少し時間がかかると思った。どんなにフィットネスのトレーニングをしたとしても、サッカーの本当の試合の代わりにはならない。それは練習も同様だった。早々、マーティン・キーオンに簡単に倒されてしまった。それは予測できたことだったが、彼は僕の方に走ってきてタックルしただけだった。幸いなことに、彼のタックルは、僕がケガをしたところの近くではなかった。

　練習の最後には、僕は走るスピードを上げてみた。

左足はちょっと過敏になっているから、痛みは感じるものの、それ以上のことはなかった。ただずっと神経は高ぶっていた。もっと状態が悪くなったらどうしよう、頭から痛みのことは忘れてしまおう、どうにかして試合でプレーしたいなどと考えていたからね。最後には僕は完全に自信を回復していた。間に合ったんだ。

　埼玉で行われるスウェーデン代表戦で、キャプテンとしてイングランド代表の先頭に立ったことは、僕の人生の中でも最も誇らしい瞬間になった。胸に「スリーライオンズ」のエンブレムの付いたイングランド代表のユニフォームを着て、スタンドやテレビを通じて、数えられないほどのイングランドの人たちがこの試合を見ていることに、どんな意味があるのかと考えると、感慨もひとしおだった。いや、それ以上、格別な思いになった。この瞬間のために生きてきたし、この瞬間のために、今まで努力してきたんだと思う。ワールドカップで母国のためにプレーするということは、誰しもが興奮せざるを得ないはずさ。

　父も母もスタジアムにいて、試合を見ていた。いつもと変わらず、試合を見に来てくれていた。両親にとって、息子がワールドカップの初戦で代表チームのキャプテンとしてプレーすることがどんなに誇らしかったかは想像できた。それを考えると、僕は心からうれしく思えた。

　イングランド代表は序盤から調子がよかった。前半、ソル・キャンベルが、僕が蹴ったコーナーキックをヘディングで決めた。先制点を取ったことで落ち着いて、自分たちのペースで試合を運べるはずだった。しかし、後半、試合が進むにつれて、僕らはバランスと冷静さを失っていってしまった。するとスウェーデン代表がすばらしい反撃を見せて、ダニー・ミルズが急いでクリアしたボールからチャンスを作り、1−1に追いついた。

　その数分後、僕はキーロン・ダイアーと交替させられ、ベンチから試合の残りを見ていた。もっと、プレーする時間が欲しかったから、少し怒りを感じていたけどね。どの選手でも、試合途中で交替を命じられたら同じだと思う。

　試合終了後、チームのみんなはロッカールームで落胆していた。同点だったけど、まるで試合に負けたかのような雰囲気だった。スヴェン監督は、今、一番必要だった自信を僕たちに持たせようとしていた。彼は、僕らはまだグループリーグの試合が2試合あり、十分に決勝トーナメントに進出できる可能性があるということを思い出させてから、「次の試合こそが大事だ」と言った。

　僕らが次の試合で負けると、グループリーグを通過することはほとんど不可能になってしまうだろう。反対にもし勝ったら、決勝トーナメントに、ほぼ進出できるという状況だった。

　次の試合は、あのアルゼンチン代表との一戦だった。

　4年前からのすべての記憶を、一気に洪水のように思い出した。すべての苦悩、痛み、僕に対して断続的に起きてきた出来事などをね。それらは永遠に続くかと思うくらいだった。

　今、僕はイングランド代表のキャプテンで、サポーターも僕を応援してくれている。リベンジのチャンスが来た。ディエゴ・シメオネも、サンテティエンヌの試合で僕がレッドカードを受けたとき、満足げにうなずいていたガブリエル・バティストゥータも試合に出場する。実際、両チームの選手の半数は、4年前とほぼ同じメンバーだった。

　唯一の問題は「僕らが勝てるか？」だった。

　メディアの報道は過熱していた。どの新聞も、どのテレビのインタビューでも、記者会見でも、1998年に起きた出来事とリベンジのチャンスが来たということに質問が集中していた。イングランド代表対アルゼンチン代表はいつもビッグマッチだ。お互いのライバル関係には歴史的な背景がある。また両国は、サッカーの強豪国だということを結果として証明してきた。しかし、今回の試合は状況が違った。今回の対戦には「リベンジ」や「贖罪」「運命」という言葉が躍っていた。サッカーの試合だということがわからなくなりそうだった。

　シメオネはよい選手だった。フィジカルにも優れていたし、ボールの扱いもパワフルでうまかった。しかし、彼は相手をイライラさせるのもお手の物だった。蹴ったり、足を削ったりして、いつも相手選手を嫌がらせる。1998年のフランスでの対戦では、僕のことを、まだ挑発に慣れていない若い選手だと思ってターゲットにしたのだろう。ある意味で、彼の考えが正しかったことが証明されたわ

けだ。きっと、今回の対戦でも、彼は再び僕を狙ってくるだろうし、イングランド代表のチームメイトもみんなそう思っていた。

しかし、ああいったことは二度と起きない。僕にはそういった確信が十分あった。僕は、今、自分を知っている。感情に基づいて試合をうまくコントロールできるだろう。相手の選手が僕を退場させようと狙ってくることもわかっていたし、もう一度、そういった罠に陥ることはない。とりわけ、僕のサッカーキャリアにおいて、次のページをめくる機会に恵まれた。それは胸がすくようなリベンジのチャンスだった。

試合の前夜、僕はビクトリアに電話した。彼女は僕がイライラしているのがわかっていた。だから、いつものように、僕を励まし続けてくれた。電話の最後で「バカなことをしちゃダメよ、わかっている？」と言って、緊張を和らげてくれた。僕は大声で笑って「昔の因縁で、誰かさんを蹴っとばしてやるつもりさ（笑）」と言ったんだ。

ついに試合が始まった。両者の激しさは信じられないほどだった。開始から数分後、アルゼンチン代表のバティストゥータがアシュリー・コールを突き倒した。彼はレッドカードをもらってもよいくらいだった。試合の後半だったなら、多くの人が望んだように、そうなっていただろう。両チームともに早い時間からチャンスを作っていたし、僕らはそれを最大限に活かそうとしていた。だけど、マイケル・オーウェンがボールをポストに当ててしまった。

札幌ドームの雰囲気はピリピリと緊張感にあふれていた。グラウンドを通して、感情はどんどん高ぶっていくようだった。これが、僕が夢にまで見たサッカーのゲームだった。勝っても負けても意味合いの大きい、情熱的で、ハイテンポな試合だった。僕らは自信があったし、スウェーデン代表戦の後で感じていたネガティブな気持ちも、堅固な決意へと取って代わっていた。僕の左足は、まだ完全によくなってはいなかったけど、プレー自体に問題はなかったし、自分のリズムでプレーもできていた。

前半42分になって初めて、僕らに決定機が訪れた。ペナルティーエリアのすぐ外で、僕がファウルを受けた。だけど、レフリーのピエルルイジ・コッリーナは、それを見逃していたのか、アドバンテージを出していたのか、どちらかだったと思う。試合はそのまま流れて、ボールは弾んで、ペナルティーエリアの中の左側にいたマイケル・オーウェンへとつながった。彼はドリブルでディフェンダーのマウリシオ・ポチェッティーノをかわしたが、彼はオーウェンの行く手を、足で邪魔をして、オーウェンは倒れた。

すぐに、僕はコッリーナの方を見た。アルゼンチン代表選手たちもそうだった。スタジアム全体が彼に注目した。

彼の判断は素早かった。ペナルティーだ。イングランド代表がペナルティーを受けたという判定だった。

僕はボールの方へと歩いて行った。タックルを受けたオーウェンがPKを蹴れるほど、十分に回復できていないことがわかっていた。僕の中のあらゆる感情が、PKを蹴りたくないと僕に訴えかけていた。だけど、僕はあえて〝蹴ろう〟と思ったし、このキックは僕にとって必要だった。アドレナリンがすごく湧き出ていて、息をするのも難しいくらいだった。イングランドで多くの人が見ていることもわかっていた。もし失敗したら、新たな悪夢が始まるかもしれないことも、完全なるエンディングを迎えるチャンスを失ってしまうということもわかっていた。

ワールドカップの最終予選で戦ったギリシャ代表が、この贖罪のチャンスを与えてくれた。そして、そのとき、僕が書くことになろうとは、まったく思っていなかったストーリーの、最後のパラグラフを埋める機会が巡ってきたんだ。

ペナルティースポットにボールを置いた後、僕は上を見上げた。しかし、そのとき、僕は目を疑った。シメオネがゴールキーパーと僕の間に立っていた。PKを妨害しようとしてきた。僕のサッカー人生に絡み合ってきた彼を見て、僕は思わず笑いそうになってしまった。僕は彼がしようとしたことがわかっていた。カンニングをするようなあざとい行為だった。危険な賭けだったけど、彼はその賭けに乗ってきたんだ。

彼の顔を見ると、彼はアルゼンチン代表のゴールキーパーに話しかけていた。実際には、時間を浪費して、僕が思い通りにキックを蹴るのを遅らせようとしていた。10秒やそこらだったけど、まるで1年間くらいに長く感じた。レフリーがシメオネをペナルティーエリアの外に

出そうと指示したとき、彼は歩き始めたが、彼はペナルティーエリアの外ではなく、僕の方へとまっすぐに歩いてきた。

そのとき起きたことは、すべてスローモーションのように感じた。いったい何が起きているのだろうか？ 彼は侮辱的な言葉を僕に言おうとしているのか？ 脅かそうとしているのか？ ボールをペナルティースポットに置いたとき、こういった感情が僕の心の中で渦巻いていた。だけど、ボールは僕にシュートされるのをただ待っていただけだったのさ。

僕はボールを蹴ろうとバックし始めたが、シメオネはまだ僕の方へと向かってきていた。

彼が僕から5m以内のところに来たとき、突然、左からニッキー・バットが、右からはポール・スコールズがやってきた。彼らはシメオネがやろうとしていたことがわかっていた。彼が僕の心の内を邪魔して、ボールを蹴るという決定的な瞬間の前に、不安の種を植えつけようとしていたことをわかっていたんだ。実際にチームメイトはそれを未然に防いでくれた。

再び自信を取り戻すべき大切な瞬間だった。決めなければいけないというプレッシャーは大きかったけど、チームメイトが僕のそばにいることがわかっていた。一緒に育ってきて、僕を応援し続けてきてくれた親友もいた。みんなが僕の周りにいて応援してくれるということ、そしてユナイテッドで培った絆を思い返した。僕はうまくPKを蹴られると思っていたし、その自信も十分にあった。僕は何の疑いもなく、まっすぐにボールへ向かうことができた。

シメオネの残像が心の中からなくなった。

僕がPKを蹴るまでにさらに少し時間がかかった。僕はコッリーナを見て、ホイッスルを待った。それから目をボールにやって、深呼吸を何度かした。ついにコッリーナが笛を吹いて、僕はすぐに蹴る動作に入った。ゴール真ん中めがけて、できる限りの力でボールを蹴った。

今まで蹴ってきた中で最もエレガントなPKではなかったかもしれないけど、すぐにゴールしたことがわかった。僕はペナルティーエリアを越えて、ピッチサイドまで幸せいっぱいの気持ちで走っていった。僕の体と心の中を、感情がほとばしっていくような感覚だった。僕はついにやった。ワールドカップでアルゼンチン代表相手に、ゴールを挙げたんだ。

このゴールは、リベンジの側面も大きかったけど、単なるリベンジではなかった。先発で出場できるかどうかわからないという不安の中で数週間を過ごした後で、ワールドカップでキャプテンマークを付けて得点を取れたという誇らしい気持ちがあった。他にも、とりわけ、チームメイトにハグされたことも、イングランドサポーターが狂喜乱舞してくれたこともうれしかった。

僕のゴールがこの試合で唯一のゴールとなった。僕らは試合が終わったとき、有頂天になって、ピッチ上でサポーターと一緒に勝利を祝った。スウェーデン代表戦ではうっかり忘れてしまって、サポーターに感謝することなく、僕らは倒れ込んでしまった。もう一度、そういうことがないように、この試合では僕らはサポーターへの感謝の気持ちを見せたかったし、勝利の喜びを一緒に味わいたかった。

試合後、僕らは家族とディナーの時間を過ごした。母を見ると、彼女の目から涙が流れていた。父もまた、今にも泣きそうだった。僕は両親がしてきた経験がどんなにつらいものであるのかわかっていた。両親はサンテティエンヌの駐車場で僕らが会ったとき起きたことを振り返っていたんだと思う。僕の感情は、まるで空を舞う凧のように高ぶっていた。

2002年ワールドカップのグループリーグの最終戦、0-0でナイジェリア代表と引き分け、決勝トーナメント1回戦では3-0でデンマーク代表を破ったが、準々決勝で敗退してしまった。僕らは、熱気にあふれているブラジル代表に、疲れさせられて負けてしまった。ロナウジーニョのラッキーなフリーキックが勝負を決めた。ゴールまで35m付近で、彼はクロスのつもりで蹴ったんだと思う。だけどコントロールミスでゴールに飛んでいったボールは、とにもかくにも、ゴールキーパーのデイビッド・シーマンの頭を越えて、ゴールに吸い込まれてしまった。

試合終了のホイッスルが鳴った。僕らは決勝トーナメントで敗退したことにがっかりした。イングランド代表には

すばらしいメンバーがそろい、強い精神力が備わっていた。正直に言って、僕らは前半終了までリードを守ることができたなら、どうにか決勝に進出できたかもしれない。だけど、それができなかった。準々決勝敗退は望んでいた結果ではなかったし、決勝に進出できる実力を持っていたと思う。

　しかしながら、僕にとって2002年のワールドカップと言えば、アルゼンチン代表に対する僕の立場を決定づける瞬間があった大きな大会だった。それはPKによる得点だったけど、それは個人的なストーリーに、信じられないほど、完璧なるエンディングをもたらしたのさ。

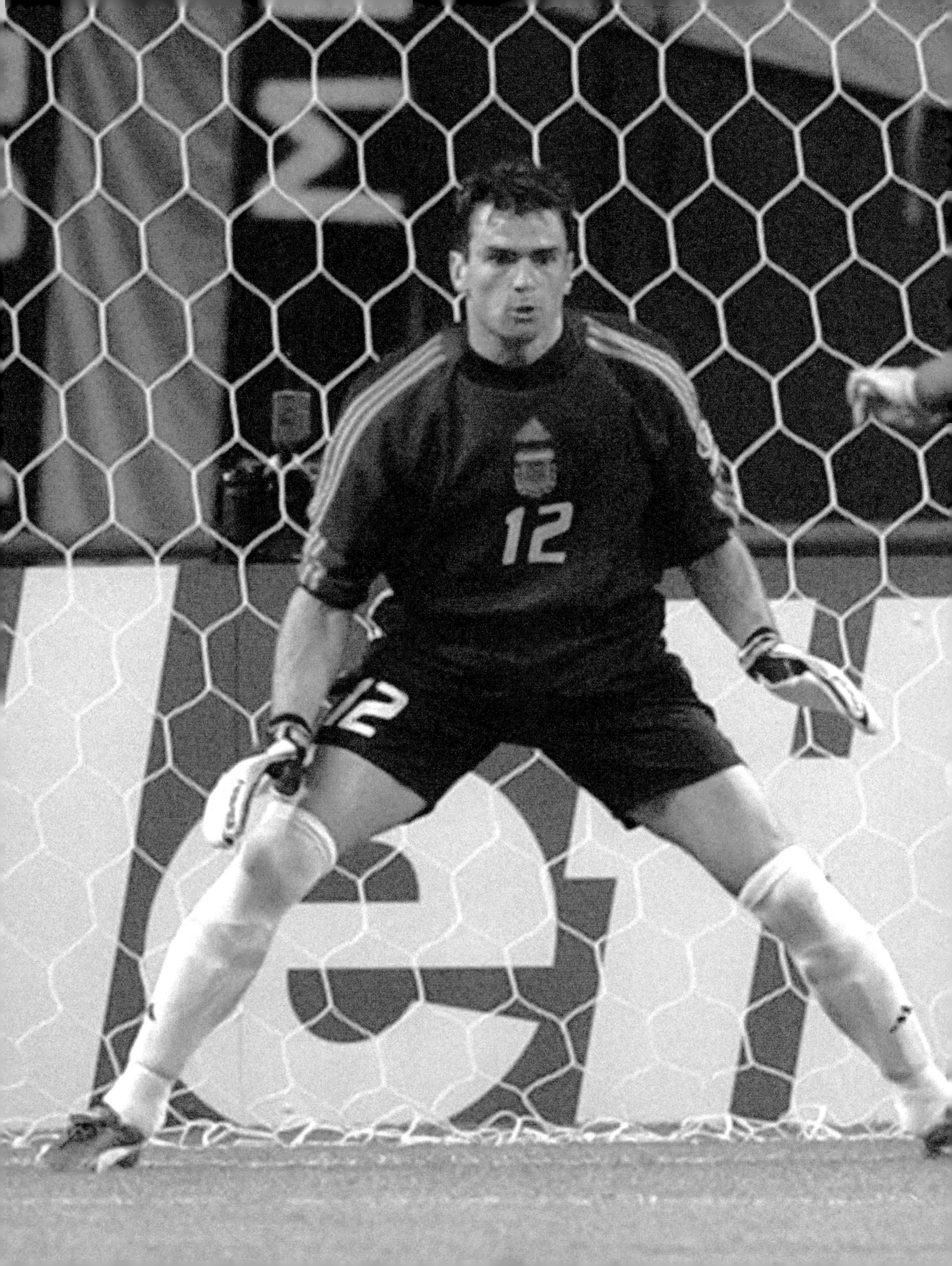
12
12

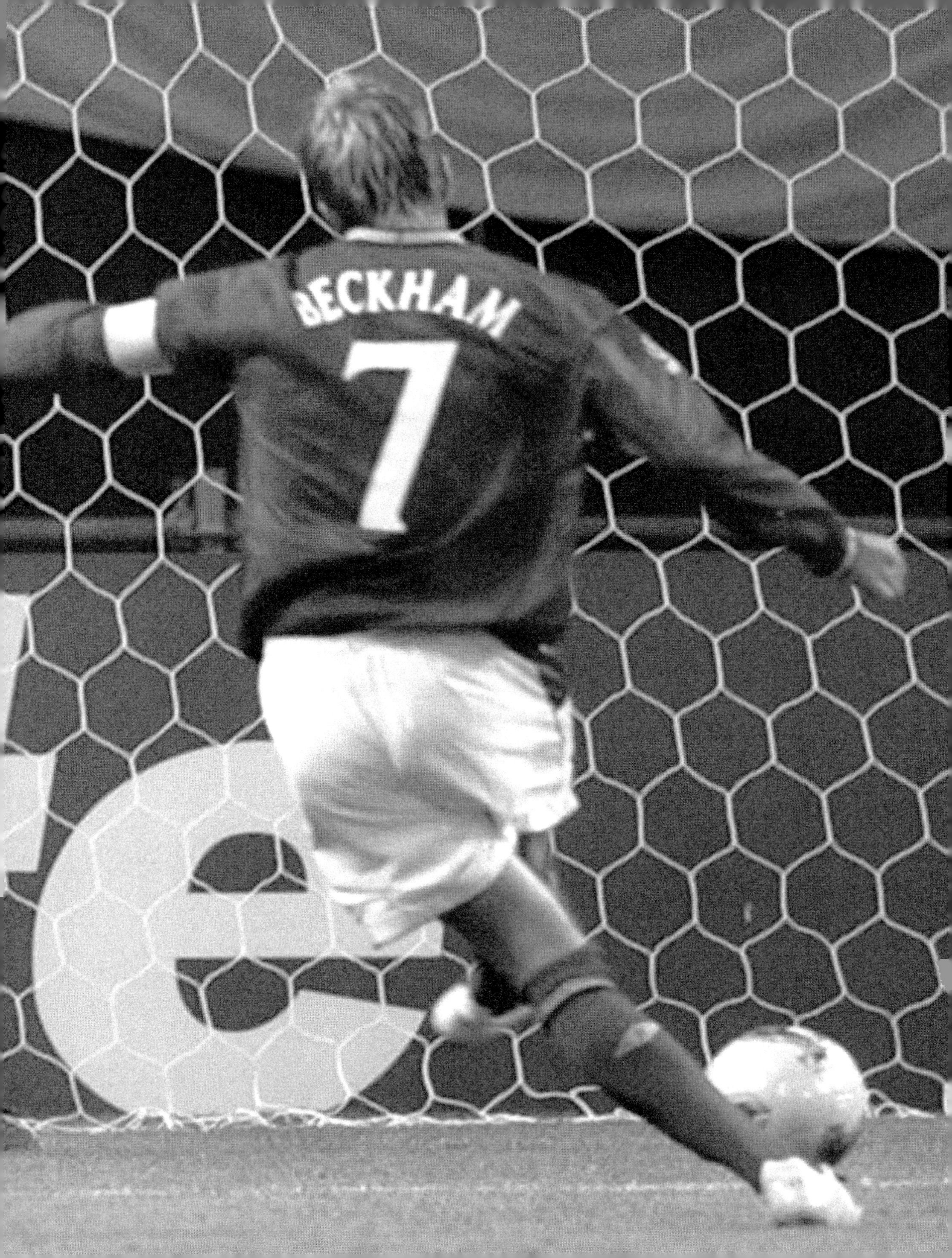
BECKHAM
7

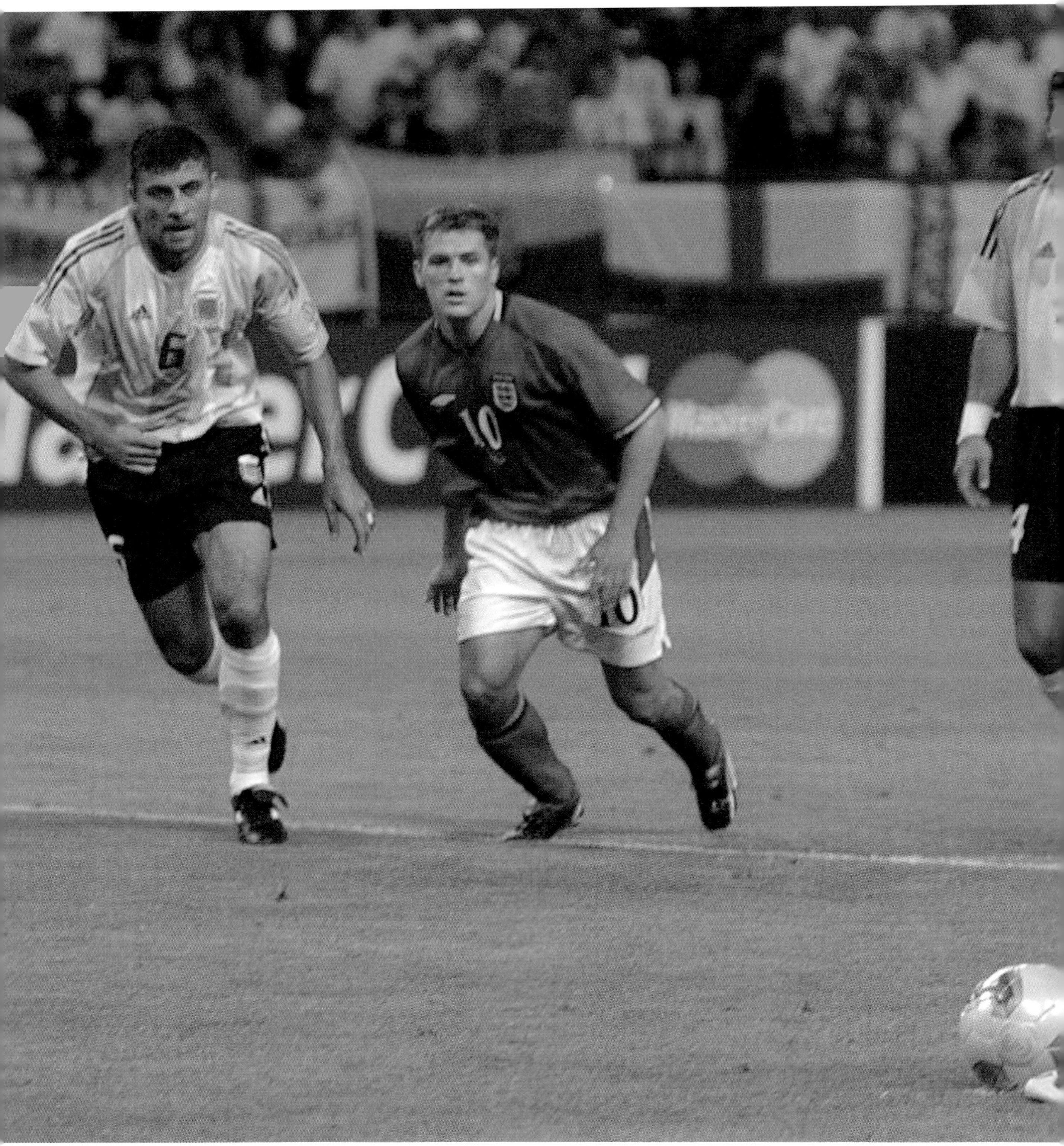
MasterCard

決めることができてホッとしたよ。

154

僕にとって贖罪となるゴールになったね。

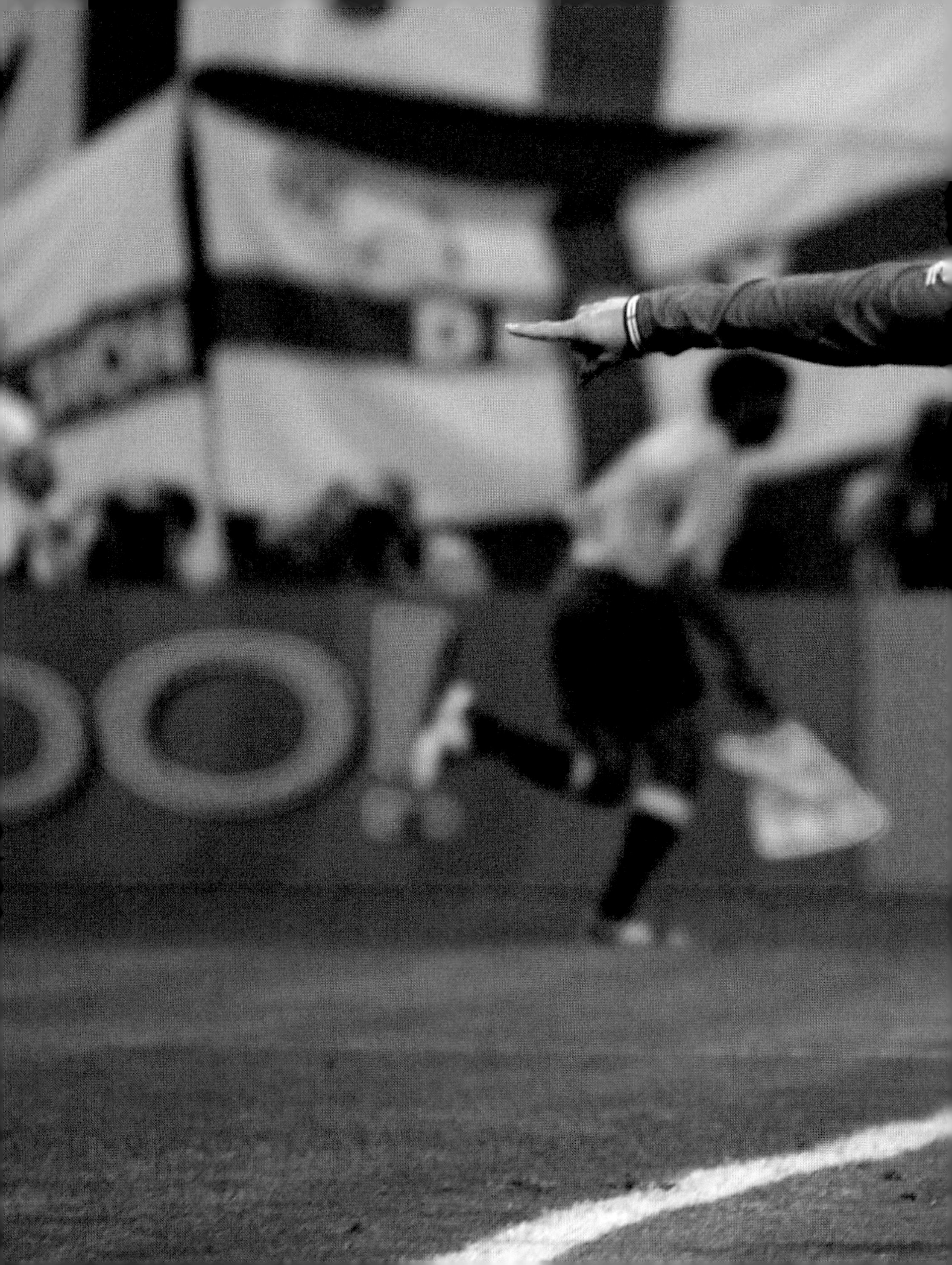

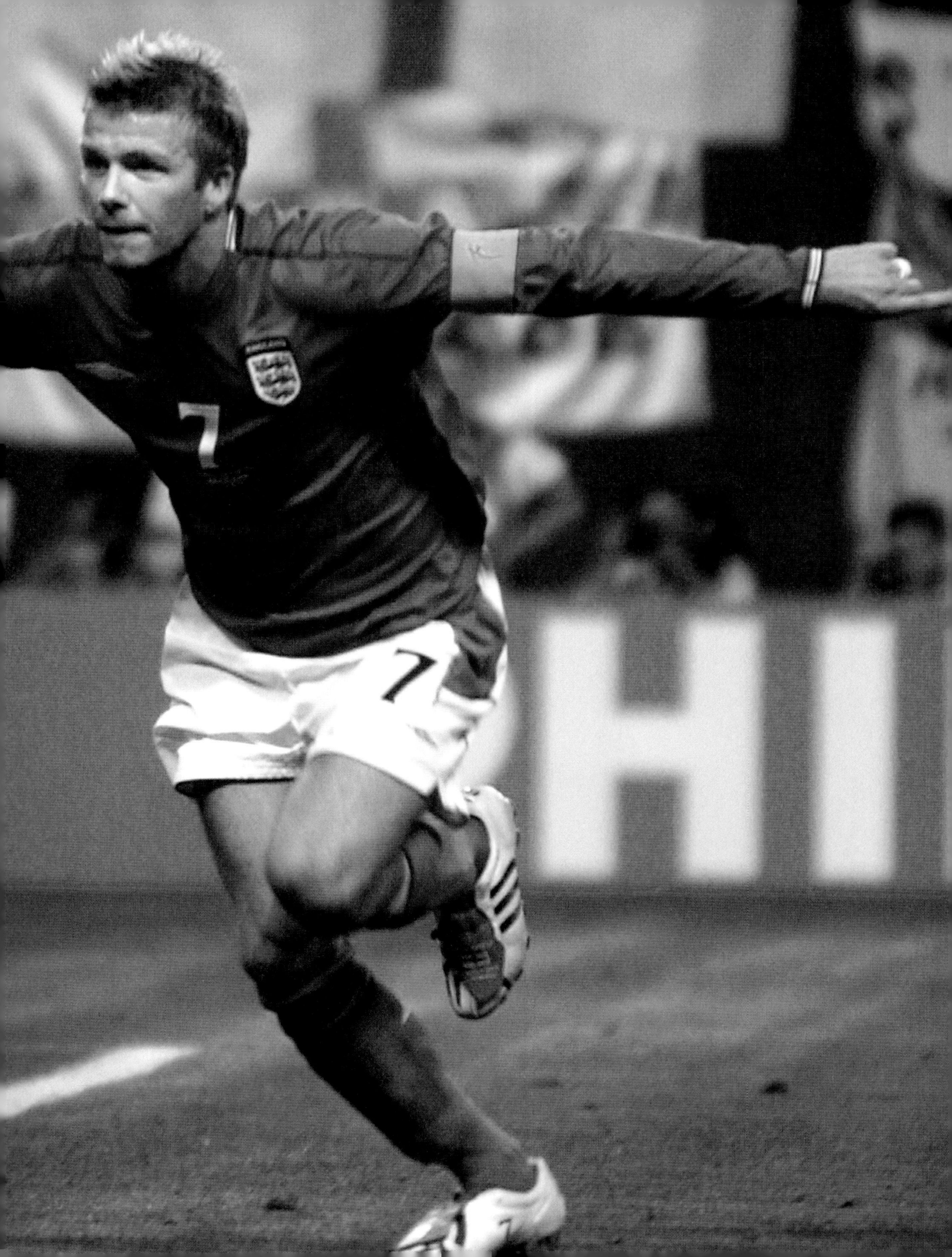

かつてないほど緊張したよ。
4年間の痛みと不幸な時間を
たった一つのキックが消し去ったんだ。

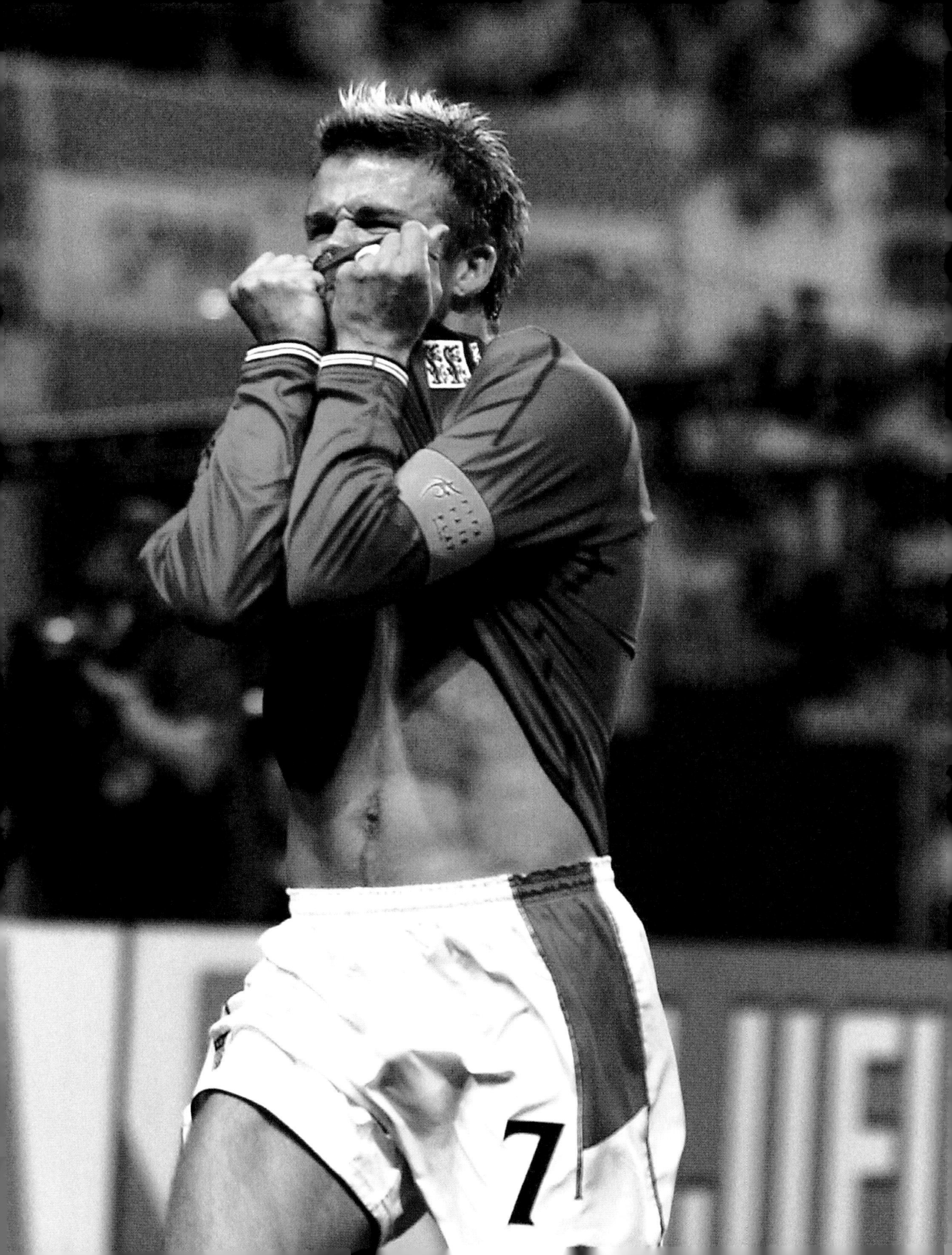
7

160　わざわざスタジアムまで見に来てくれたサポーターに、
　　一番の恩返しをすることができたね。

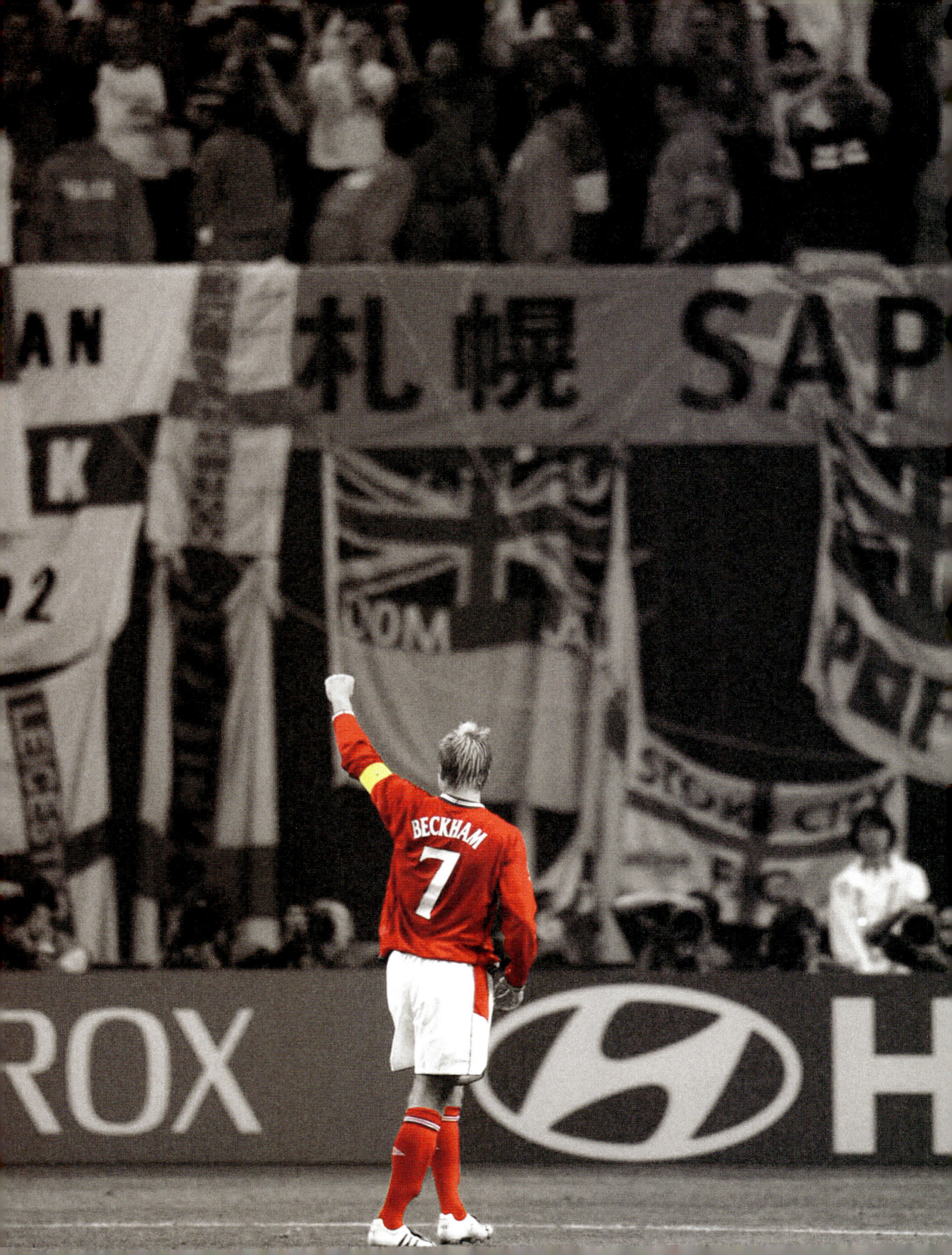
AN
札幌 SAP
BECKHAM
7
ROX

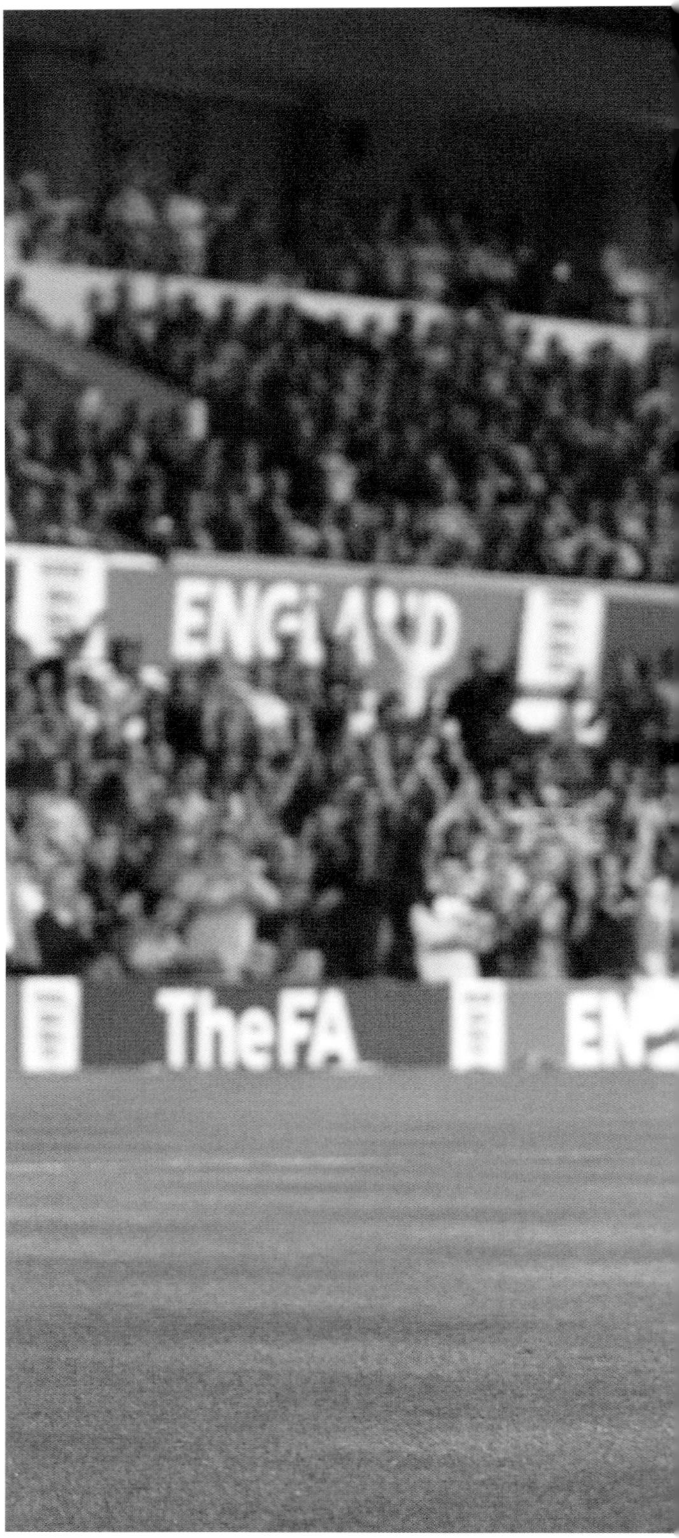
ENGLAND
TheFA

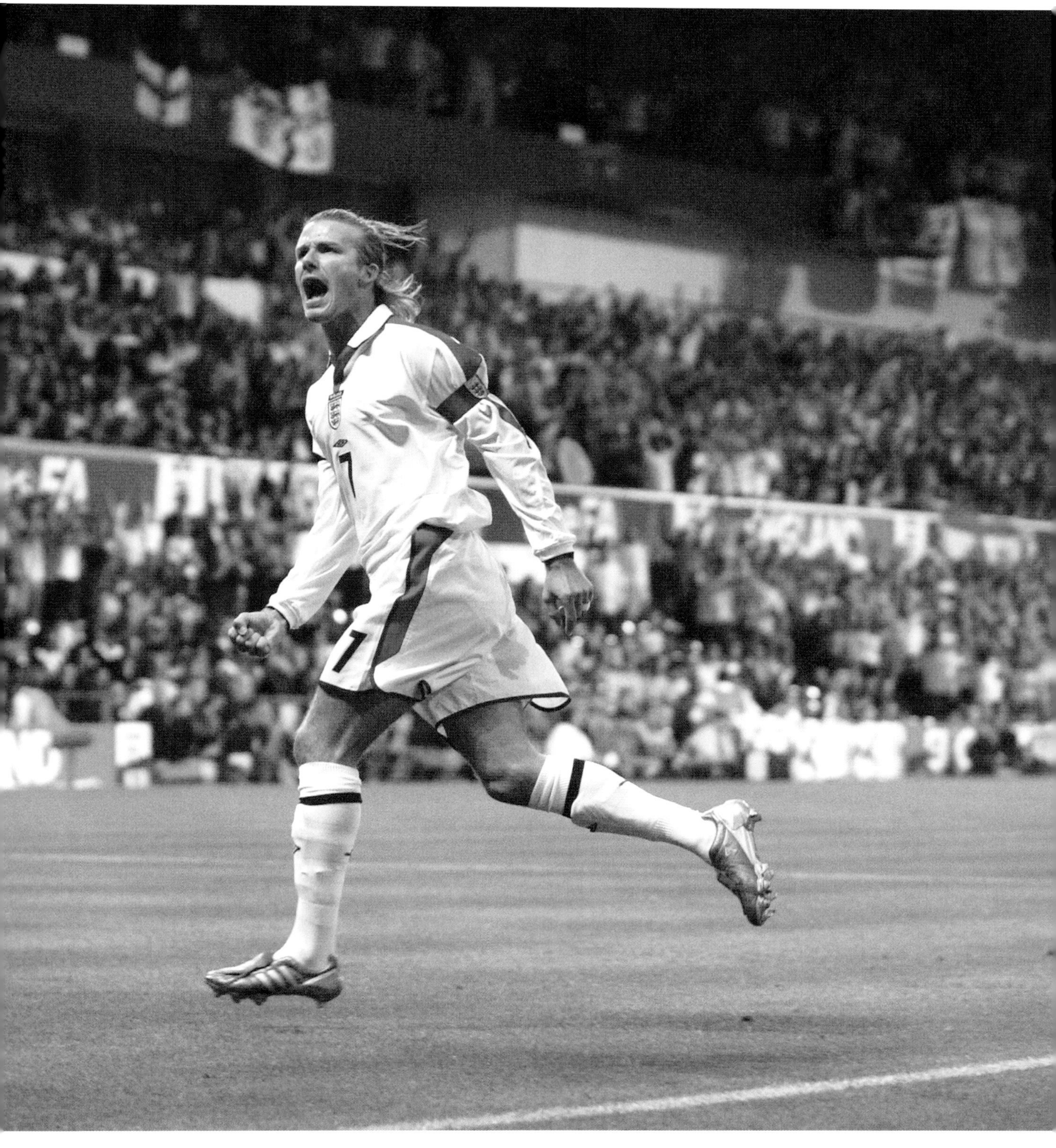

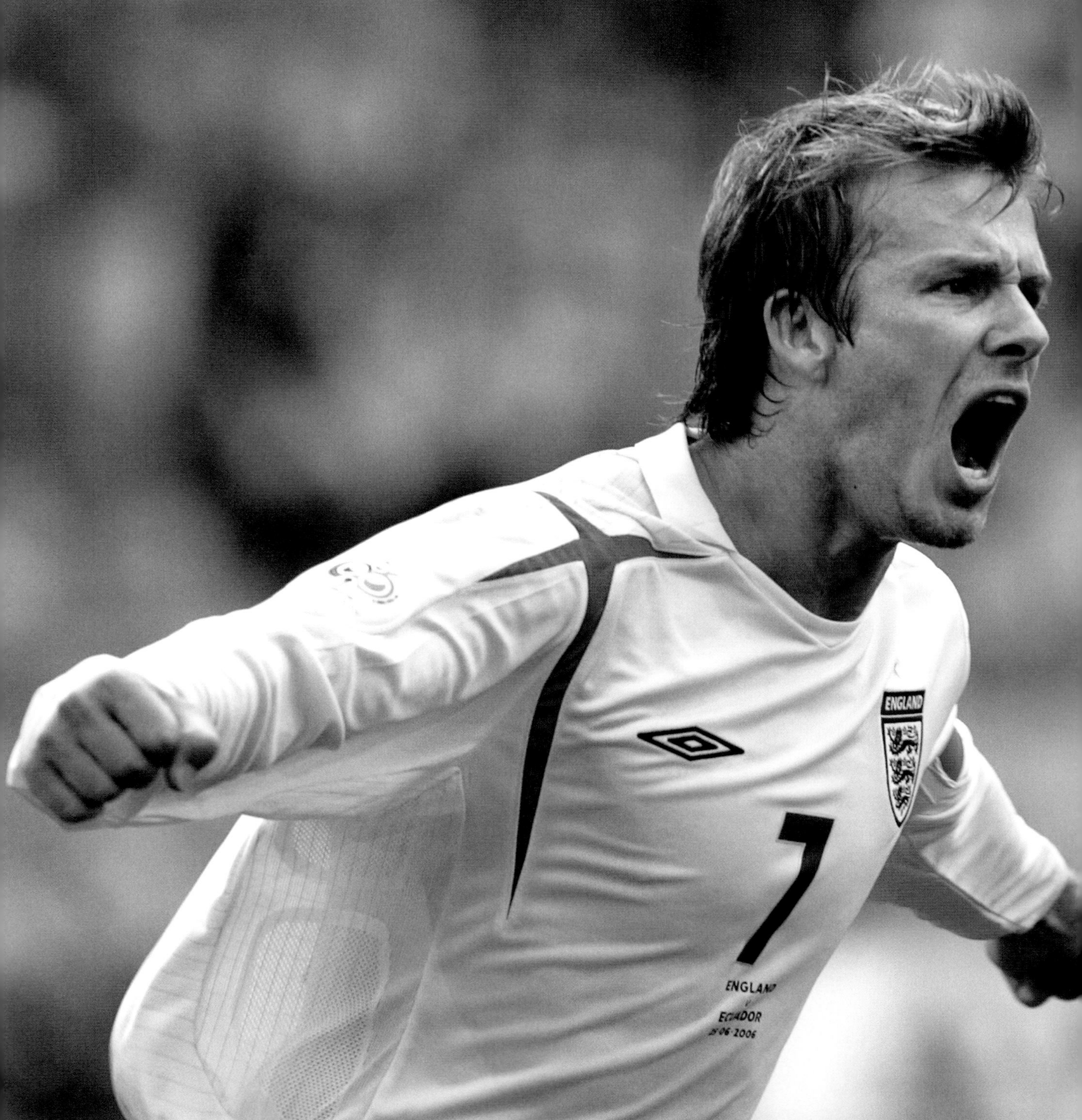
ENGLAND

本当に特別な瞬間だった。
3回のワールドカップで3得点を挙げられたね。

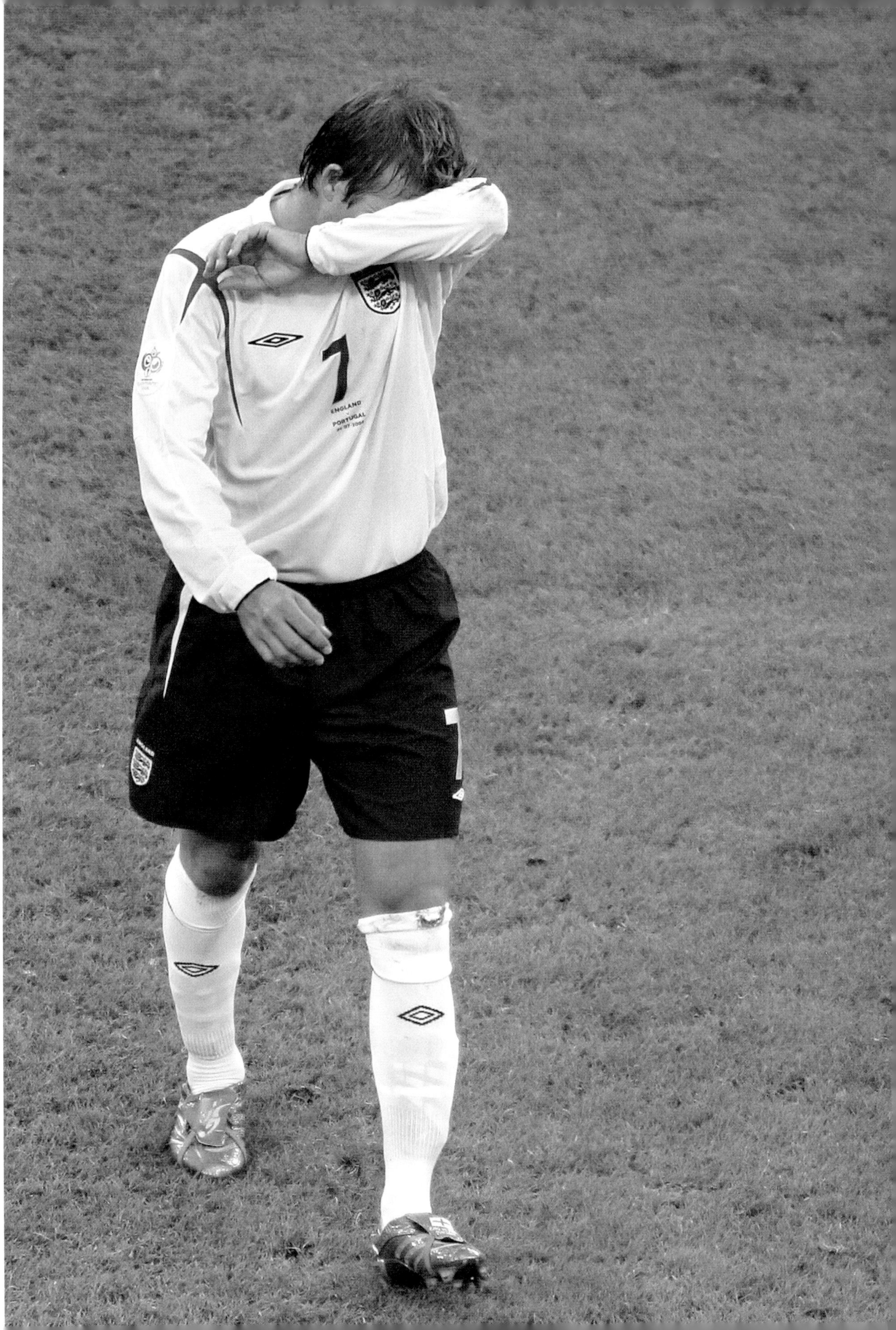
7
ENGLAND
PORTUGAL

168

169

170　　幸運なことに、
　　　すばらしいプレーができ、
　　　このヘアースタイルで
　　　得点することができたね……。

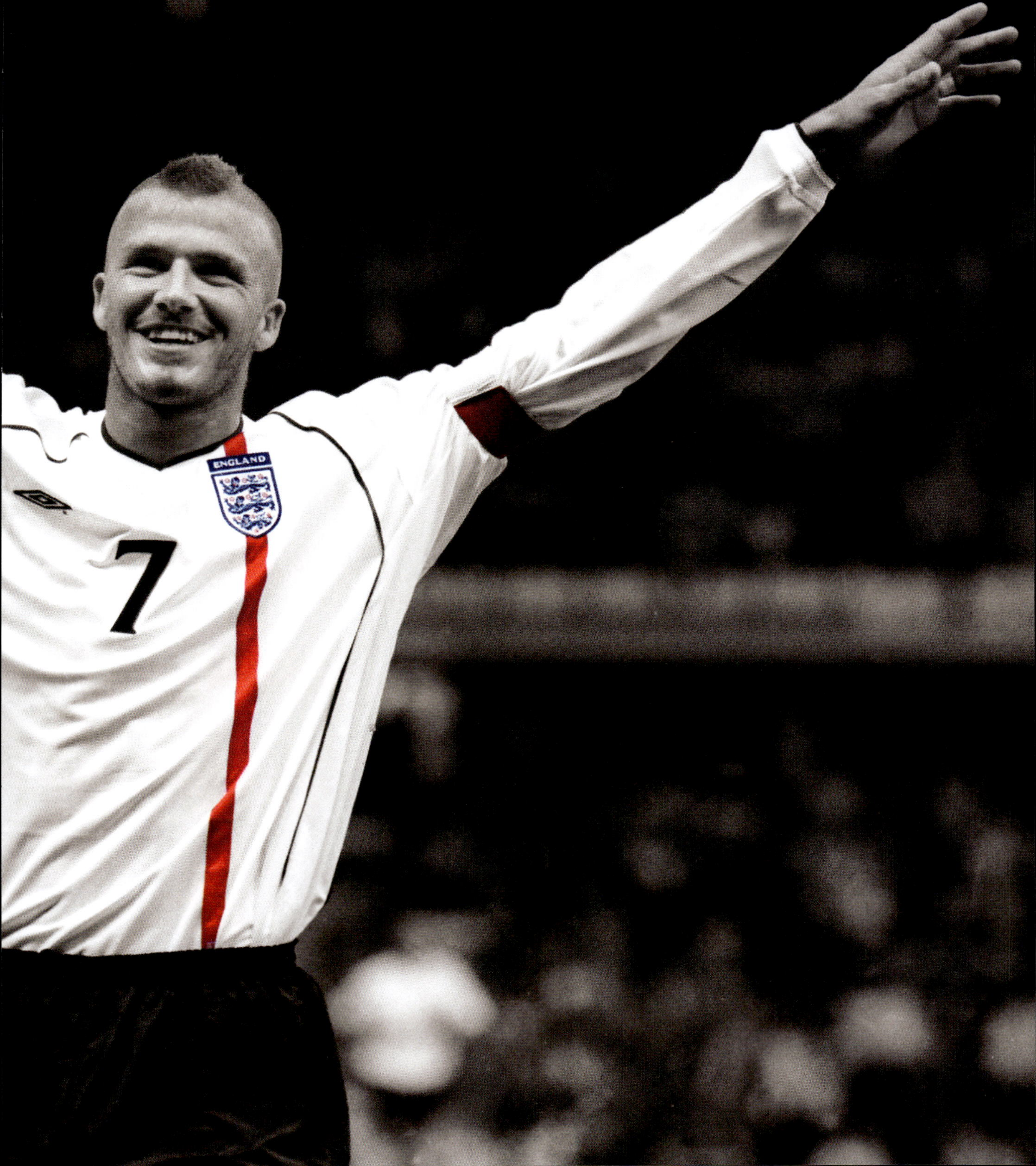
ENGLAND
7

172

173

174　　監督になるのかって?
　　　　ありえないよ。

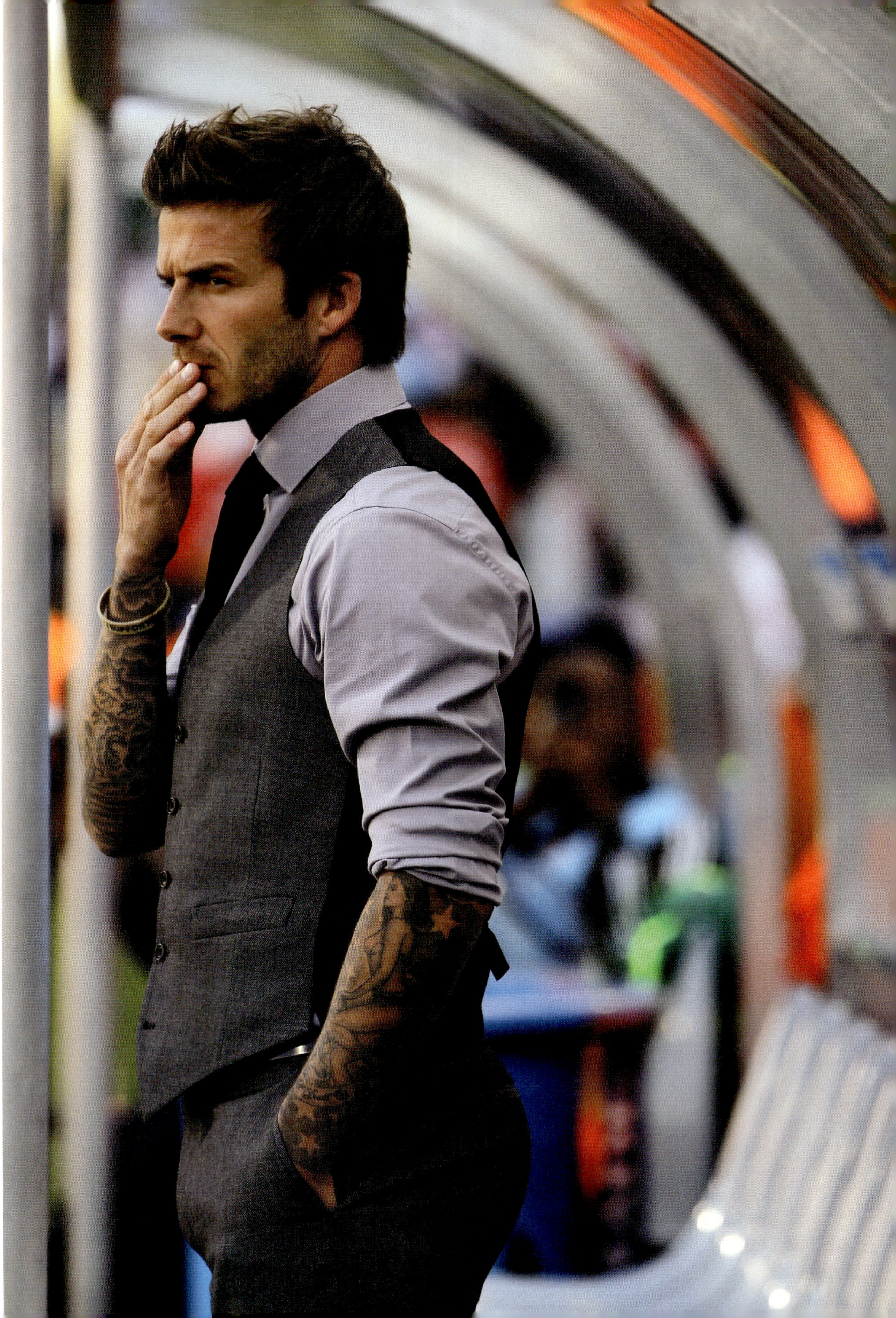

177

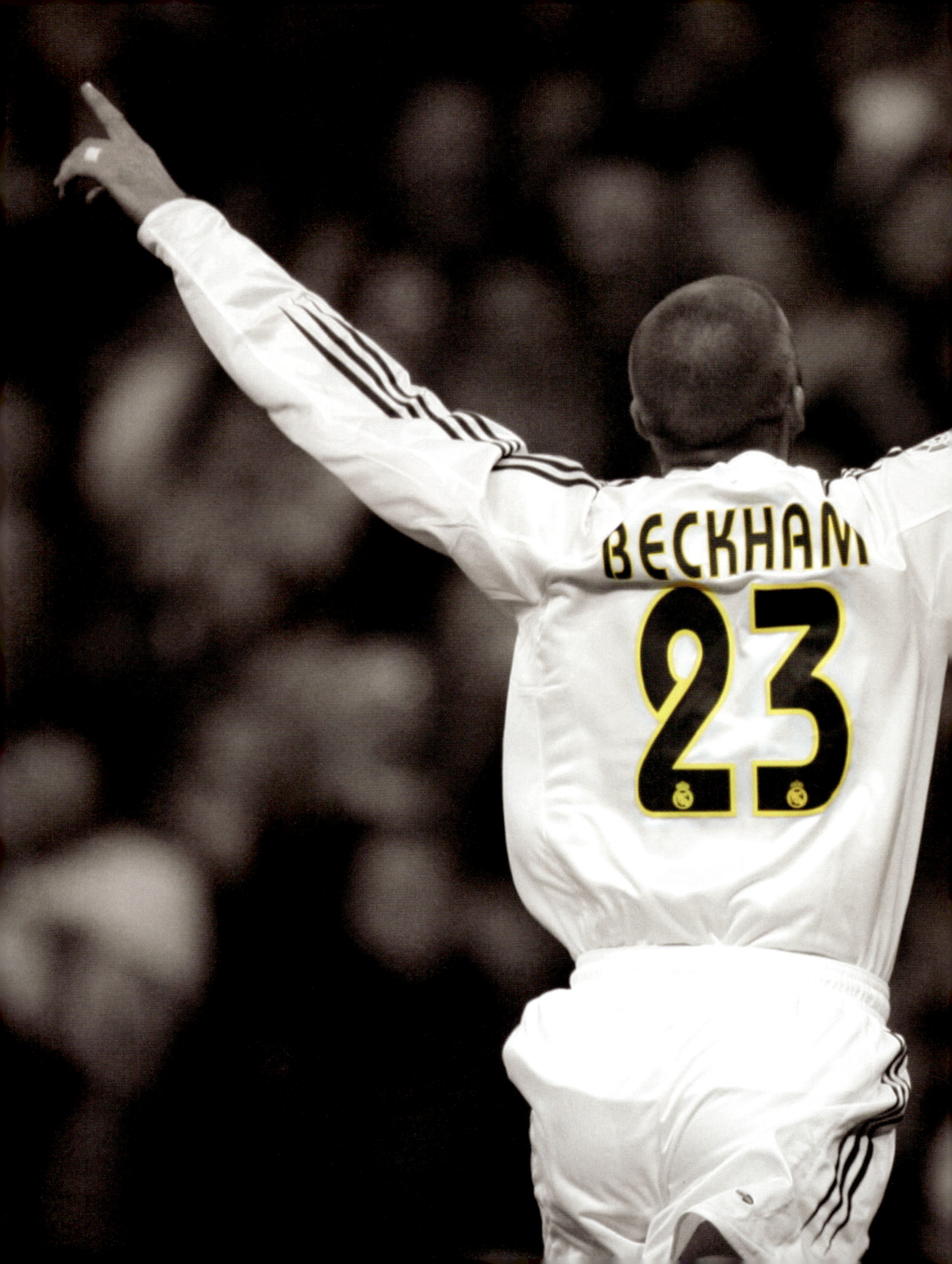
BECKHAM
23

MADRID

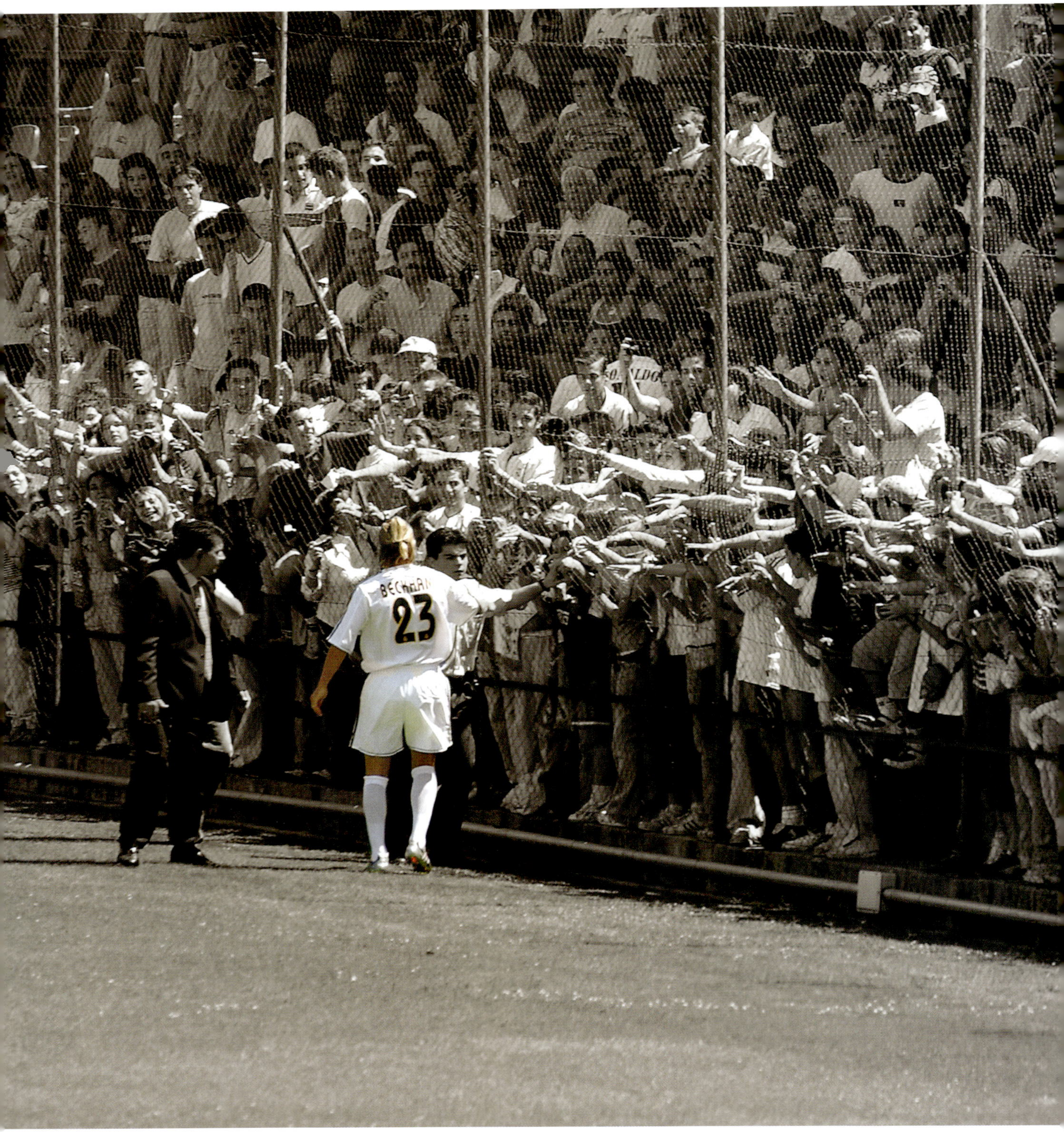
BECKHAM
23

この日は、いろんな感情が湧き上がってきたよ。
マドリードというビッグクラブに入って、
スター選手とチームメイトになって
プレーすることにおじけづきそうなくらいだった。

２００３年の夏、レアル・マドリードに着いたとき、本当に興奮したと同時に、少しおびえてしまうほどだった。僕はこの15年間、よく知っている人々に囲まれてきた。ファーストチームもリザーブチームも、ユース時代から一緒に成長してきたチームメイトばかりだった。マンチェスター・ユナイテッドのスタッフも、まるで家族の一員かのような存在だった。今、僕は、ほとんど知らない選手たちとスタッフばかりのロッカールームの中を歩いている。

　彼らが僕のことをどう思っているのだろう？　どういった反応をするのだろうか？　僕が新しいチームに適応できない場合はどうなるのだろうか？

　でも、一番の心配事は、すばらしいスター選手たちが、僕という新入りに、どんな反応を示すのかということだった。

　新しいチームへの合流初日、僕は早く練習場に向かった。誰よりも早くロッカールームに行って、何をしたらよいのか考えながら座っていた。チームメイトによい印象を与えたかったけれど、うまくいかなかったらどうしようと不安にもなっていた。

　だけど、そんな心配をする必要はなかった。

　ルイス・フィーゴが最初にやってきた。「Hola（オラ）、元気かい？」と明るく笑いながら言った。彼の英語は流暢だったし、彼は紙きれに自分の携帯電話の番号を書

いて渡してくれた。「チームに慣れるために、何か助けが必要なら僕に知らせろよ」と言ってくれた。それからジネディーヌ・ジダンが歩いて入ってきて、その次はラウル（・ゴンサレス）、そしてロベルト・カルロスや他のチームメイトが続いた。

こういったスター選手たちを近くで見ることは、すばらしいことだった。彼らの成し遂げてきたことを考えると、同じチームにいることが少し怖くなるくらいだった。一緒のチームでプレーすることも奇妙なことにすら感じたね。キャプテンのラウルが、僕にレアル・マドリードでプレーするために必要なスペイン語のフレーズが書かれた2ページのリストをくれた。例えば「マークしろ」とか「パスしろ」といった言葉がスペイン語で書かれていた。ちょっとした宿題をやるのには何ら問題はなかったね。

彼らはリラックスしていたが、プロフェッショナルでもあった。僕の不安はすぐに消え去った。彼らは伝説を作ってきたすばらしい選手だったけど、集中力は高かったし、排他的でもなかった。心配していたことは杞憂に終わったし、僕は心から新しいクラブでプレーすることに興奮を感じていた。レアル・マドリードに入ったことは、僕のサッカー人生の中で一番のチャレンジの一つだった。

これからもずっと心の中の〝マイチーム〟であり続けるだろう（マンチェスター・）ユナイテッドを離れることは難しい決断だったんだ。子どもの頃から愛して止まないクラブだったし、多くの友だちもいた。ユナイテッドのファンも、最も僕が必要としてくれていたあのときに、何があっても支えてくれた。

しかし、これ以上ないチャンスが与えられたことはわかっていた。レアルは世界の中でも突出したクラブだ。白いユニフォームはクラブの象徴となっているし、ヨーロッパ王者に輝いた回数もナンバーワンで、すばらしいファンも多数いる。それらすべてが、魅力的なクラブを形作っていた。また、とても有名な、世界のサッカーを象徴する選手たちと契約する「銀河系軍団を目指す」方針が取られていることが、クラブにある種の神秘的な魅力さえもたらしていた。

数カ月もすると、僕は完全に新しいチームメイトとも馴染んでいた。特にチーム内のブラジル人選手とはとても親しくなった。またジダンはいいやつで、彼とも友情を育めたね。ホームのエスタディオ・サンチャゴ・ベルナベウもすばらしい雰囲気だった。ホームスタジアムのファンの要求は厳しかったけれど、サッカーを心から愛しているし、レアルというクラブに対しても熱狂的だった。

レアルに在籍していたとき、ファンとの間に起きた唯一の問題は、バルセロナとの試合での出来事だった。僕らは0-2で負けていて、ファンはイライラしてきた。レアルとバルセロナとのライバル関係は、世界のサッカー界で最も熱狂的で、この試合はカタルーニャから来たチームがゲームを支配していた。僕がタッチラインの方へ行くと、年配の男が立っていて、ゴシップネタを発してきた。僕はゲームに戻る前に、彼をしばらく見続けていた。

彼が叫んでいたことは、僕が1998-99シーズンにアウェイのファンから言われた悪態と比べると特にひどいということはなかった。だけど、ある意味で、僕の記憶に残っている。試合が残り数分というところになっても、僕らは責任感と闘争心を持って戦っていた。ほとんど勝つ見込みはなかったけど、ファンの熱狂的な応援もあって、僕らは敗戦濃厚だった試合を勝利に導いた。レアルに在籍していた中でも、最もすばらしい逆転劇の一つだった。

試合後、僕は顔を覚えていた、さっきのファンのところへ走って行って、彼に笑いかけて、肩に掛けていたユニフォームを手渡した。彼は微笑み返して、僕とハグをした。なんとも、うれしかったね。試合にも勝ったし、僕を中傷していたファンも味方にすることができた。こうすることが、彼らの意見を変える一番の方法なのさ。イライラして言い返すのではなく、一生懸命、勝利に向けてプレーして、間違っていたのは自分たちだということをわかってもらう。多くの他のファンが、僕が彼をハグしたことで心を動かされたようだから、この瞬間のこともよく覚えているんだ。

しかし、移籍して間もない頃は多くの成功があったが、マドリードには監督がすぐに替わるという問題があった。僕が入ったときは、ユナイテッド時代にも一緒に時間を過ごしたカルロス・ケイロスだった。だけど、それからホセ・アントニオ・カマーチョになって、次はマリアノ・ガルシア・

レモン、さらにヴァンデルレイ・ルシェンブルゴが続いた。さらにフアン・ロペス・カロに替わったけど、彼もすぐファビオ・カペッロに道を譲った（ルシェンブルゴとカペッロの2人は僕の好きな監督だね）。

3シーズンもの短い間に、これらの監督の交替劇があった。ずっとチームを率いていて、支配的だけど、存在だけで安心感を与えていたサー・アレックス（・ファーガソン）監督のいるユナイテッドと比べるとめまいがするようだったね。目まぐるしい監督の交替は、タイトルを目指す僕らのチャレンジにはあまりよい影響を与えなかった。最初の2シーズンは、戦術のどこに重点が置かれるか、トレーニング方法、その他の多くのことが変わった。2シーズン連続、僕らはリーガ（・エスパニョーラ）でバルセロナに次いで2位に終わった。僕らの誰しもが、じっくりと腰を据えてプレーするのが難しかった。

2006-07シーズン当時、僕は、クラブのラモン・カルデロン会長と、新しい契約についての交渉が暗礁に乗り上げていたため、試合に出られない時間が続いた。だから僕は、このシーズンが終わったら、ロサンゼルス・ギャラクシーと5年間の契約をすることに決めた。サッカーが一番のスポーツではないアメリカにおいて、サッカー人気を高めることに手を貸すという新しい挑戦は、とてもワクワクすることだったね。しかし、僕にはまだスペインで残された時間があった。マドリードのために一生懸命プレーしたいと思っていた。リーガでも優勝したかったし、ベルナベウでも大きなカップを掲げたかった。

だから、今まで以上に熱心にトレーニングをした。練習場に誰よりも早く行って、遅くまで残って、クラブへの貢献を態度で示そうとした。出場した試合では、できる限り大きな声でチームメイトを鼓舞した。チームを変えようと、僕ができることはすべてやった。

プリマドンナのようなお飾りとして扱われたり、おもちゃを取られて泣きじゃくる赤ん坊のように振る舞ったりした方が楽だったかもしれない。だけど、僕はじっと座って猛勉強することはできなかったし、くよくよと考えることは好きではなかった。

クラブに、僕が信じている自分の価値観や、僕がチームに対してできること、そして僕が活力にあふれていて前向きだということを知ってほしかった。また僕がアメリカに行く前に、夢遊病者のように何もしないでクラブから出て行こうとしていないこともわかってほしかった。だから、どうしても、僕はリーガ・エスパニョーラのタイトルを獲得したかった。バルセロナを退けて優勝することが、いかに意味があるかということも知っていた。僕がレアルにいたという大きな功績も残したかった。

レアルでの最後の数カ月は、スペイン滞在中で最もすばらしい時間となった。チームは、シーズン中盤になって奮闘し始めたし、実際に、スペイン人選手がカペッロ監督のところに行って、僕を先発に戻してほしいと伝えてくれた。このことは、僕の中で大きな自信につながったし、監督に対しても大きな影響を与えた（しかも、カペッロ監督は後に、イングランド代表監督になって僕を代表に選出してくれた）。2007年2月10日、監督は僕をレアル・ソシエダ戦の先発に起用してくれた。とても幸せだったね。これは僕が望んできたチャンスだったし、監督の思いに報いなければならないと思った。

試合を通してよいプレーができていたが、後半、試合の鍵を握る時間帯がやってきた。僕らは、ゴールの右、約30mからのフリーキックのチャンスを獲得した。難しい距離と角度だったが、僕は狙わなければならないと思った。低い弾道のボールは、相手ディフェンダーの壁に当たってしまったが、そのままゴールの右端へと突き刺さった。

このゴールによって、レアルでの僕のプレーが再び輝いた。

シーズンの終わりまで、神経をすり減らすような戦いが始まった。結局、最終戦でマジョルカを倒せば、リーグ戦のタイトルを獲得できるという状況を迎えていた。僕はこの試合の前半の最後の方は、ケガによる痛みで十分なプレーができなかったけど、3-1で勝利し、ファンたちは熱狂した。僕はうれしさで感情がこみ上げてくるのを感じたし、僕のスペインへの旅が大きな勝利で終わって満足感でいっぱいだった。

レアルは、シーズン最後には僕のギャラクシーへの移

籍を合意してくれようとしていた。陰ながら、再び、僕はチームに必要とされる存在になれたと思う。何とも言えないうれしい気持ちだった。

　チームメイトの言葉を聞いたときも、忘れられない瞬間になった。彼らは世界でもトップの選手たちだからね。最後には、僕は彼らとまるで兄弟のような関係になっていた。ジダンは「僕らはデイビッドのプレースキックの質がすばらしいことは知っているし、クロスの精度も高い。だけど、彼とプレーすれば誰でも、いかに彼がチームのために熱心にプレーをするのか、そして彼がいかにボールを失うことを悔しがるのかということがわかるよ」と言ってくれた。

　僕にとって、こういったコメントを聞くことができたことは、リーグ戦のタイトルを獲得したことと同じくらい大きな意味を持っているんだ。

今まで一緒にプレーした中で最もすばらしい選手である、友人の「ジズー」(ジダン)と喜びあった。

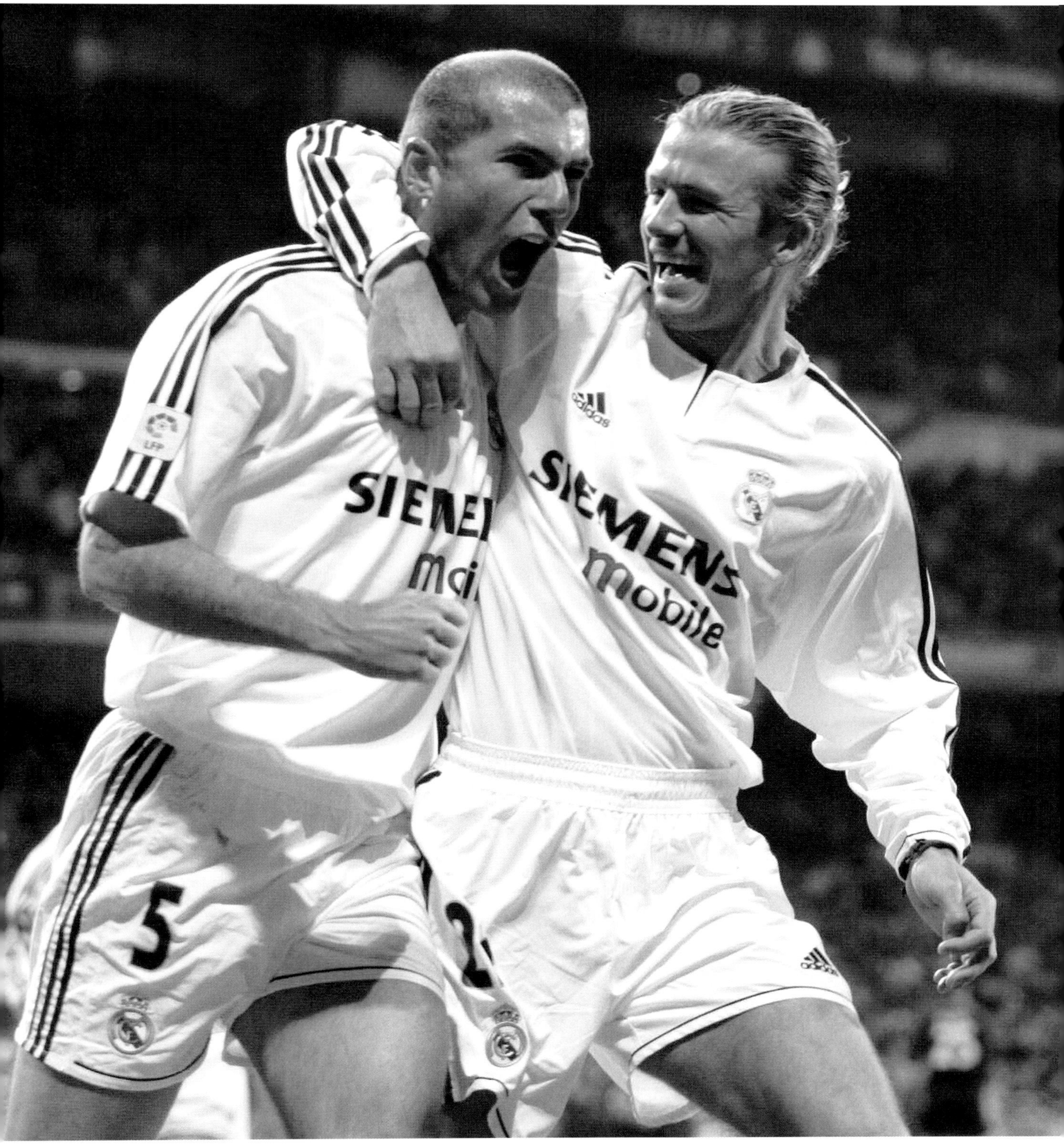
SIEMENS
mobile
adidas
5
LFP

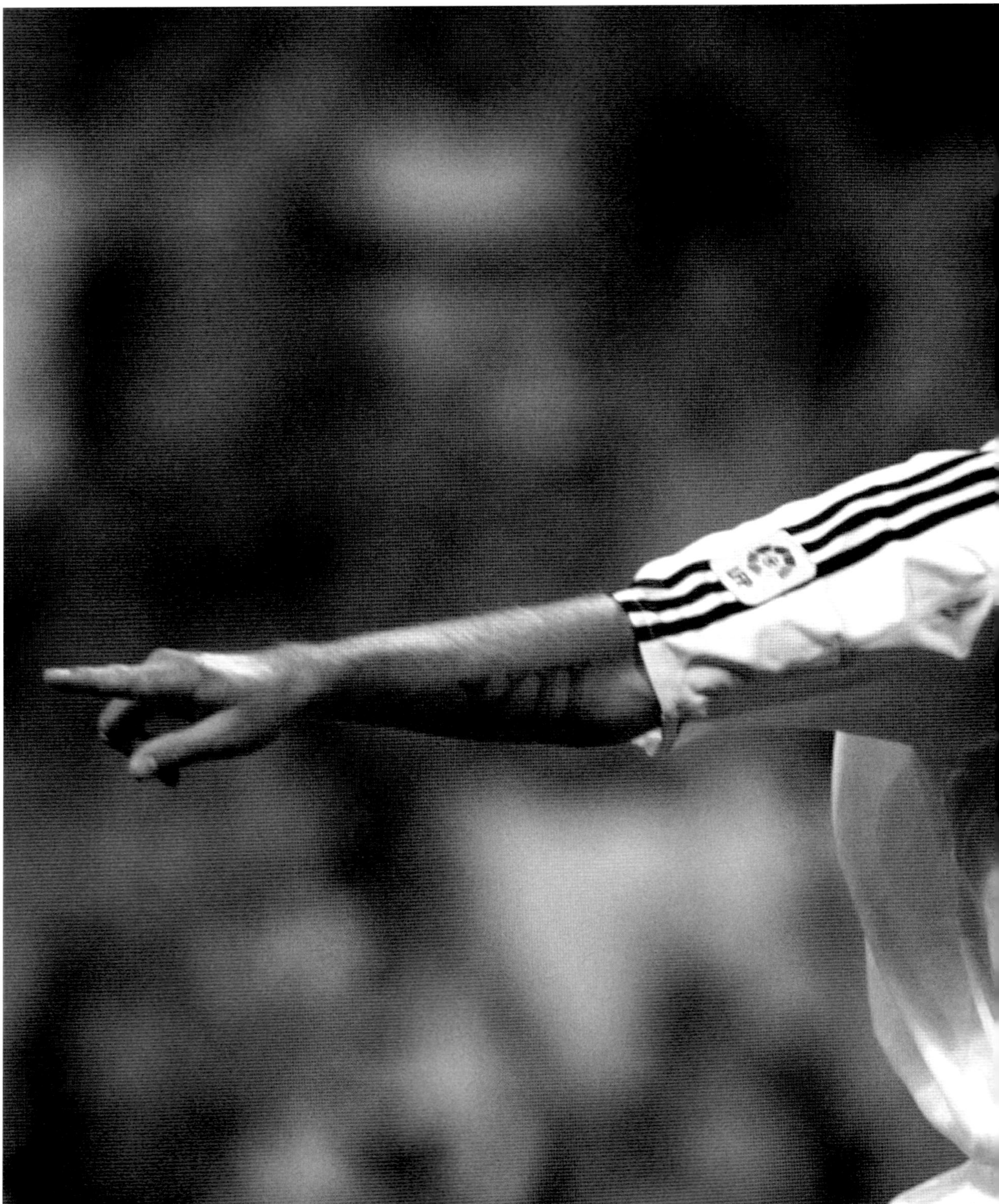

1stレグではあまり調子がよくなかったけど、ホームの試合ではよいプレーができて、ヘディングでも得点を決めることができた。

188　「グラディエイター」の主役ラッセル・クロウが、
　　　羨ましがっていたよ！

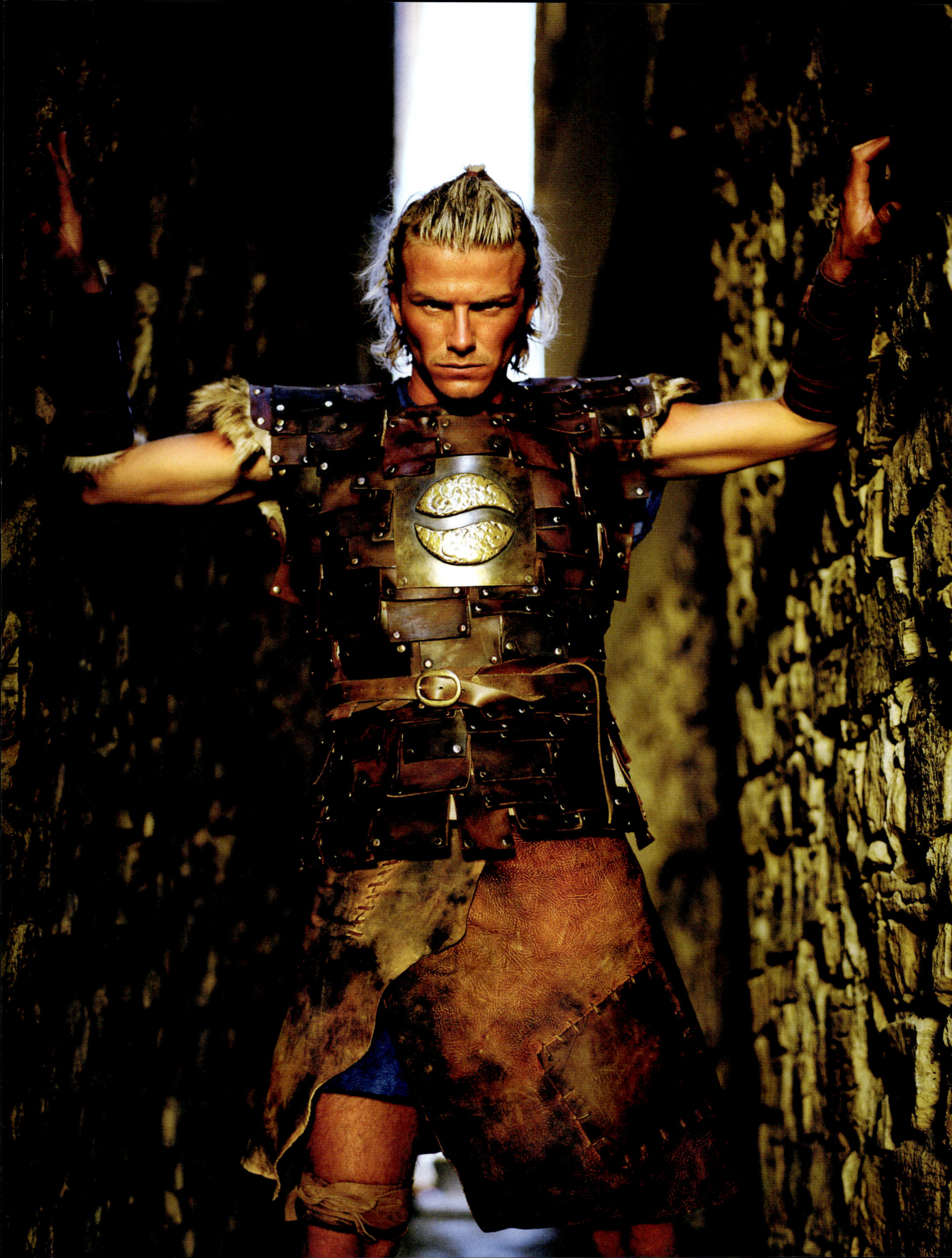

190　祖母と祖父はずっとバッキンガム宮殿に行きたがっていた。

191

>
> NEWTON
> EINSTEIN
> BECKHAM
>
> Own the laws of physics and you own the game.
>
> adidas.com/football

FOREVER SPORT   adidas

マドリードではすばらしいスタートが切れたし、
ロニー (ロナウド) と抱き合って
喜ぶことができた。彼は僕が見た中で
最もすばらしいストライカーだったね。

195

196

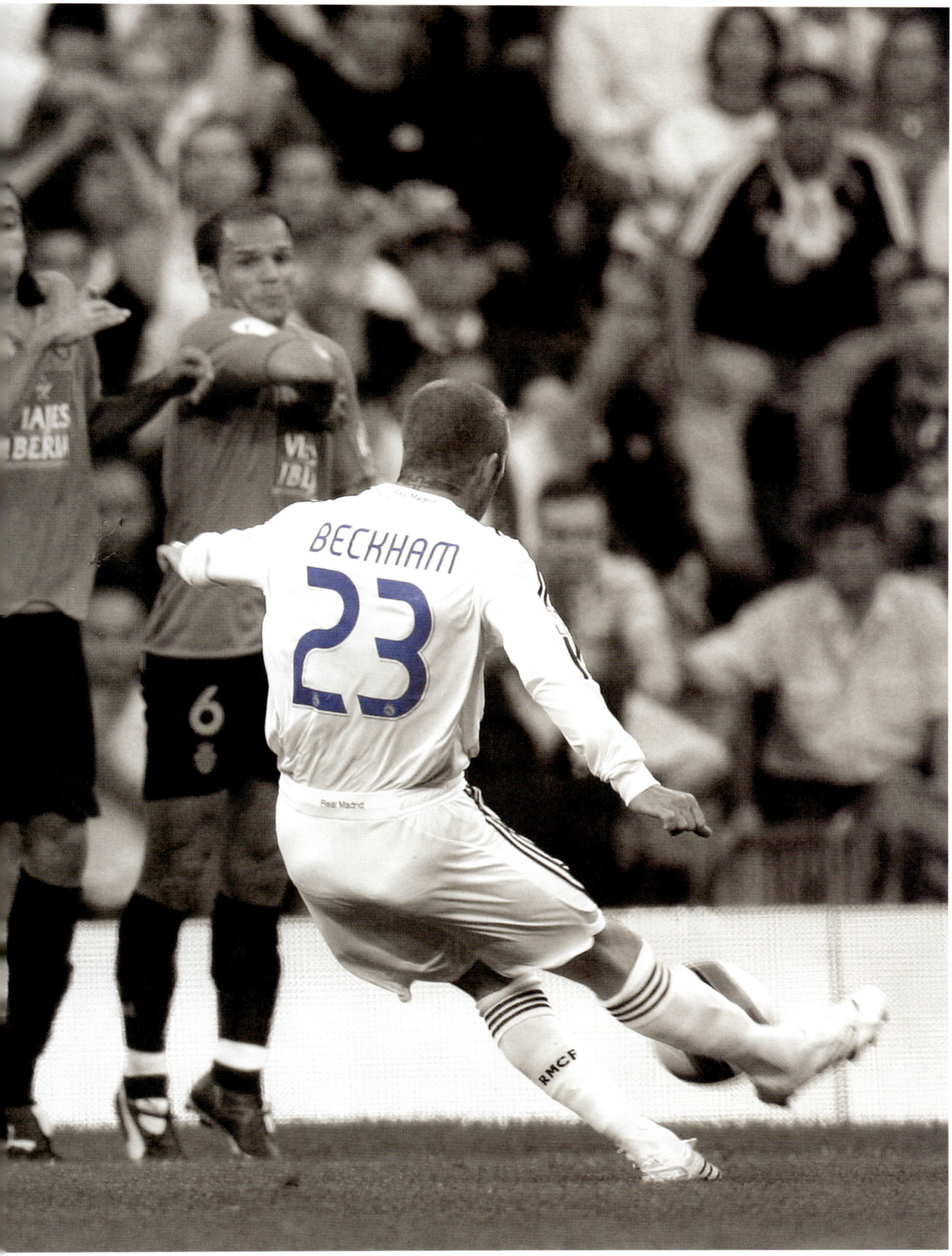
BECKHAM
23
6
Real Madrid
RMCF

SIEMENS
mobile
SIEMENS
mobile
SIEMENS
mobile
23
10
5
RMCF
RMCF
RMCF
RMCF
RMCF

悪くないね。
チームメイト5人での
写真さ。

Realmadrid
Realmadrid
Realmadrid
Realmadrid
Realmadrid
Realmadrid
Realmadrid
Realmadrid
Realmadrid
Realmadrid
Realmadrid
Realmadrid

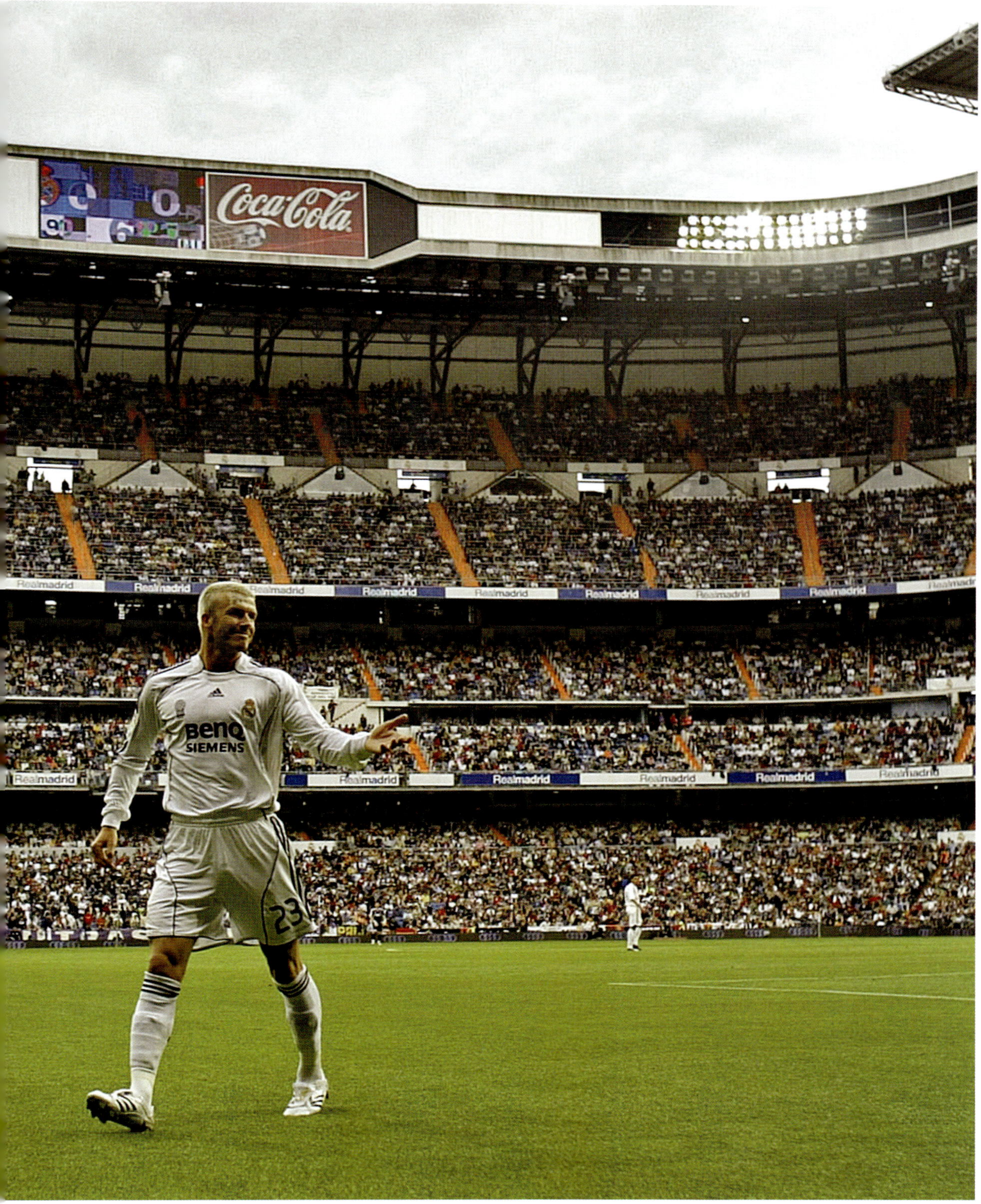
Coca-Cola
Realmadrid
BenQ
SIEMENS
23

僕はどこに行っても、セント・ジョージクロスを
いつもさがしていたよ。

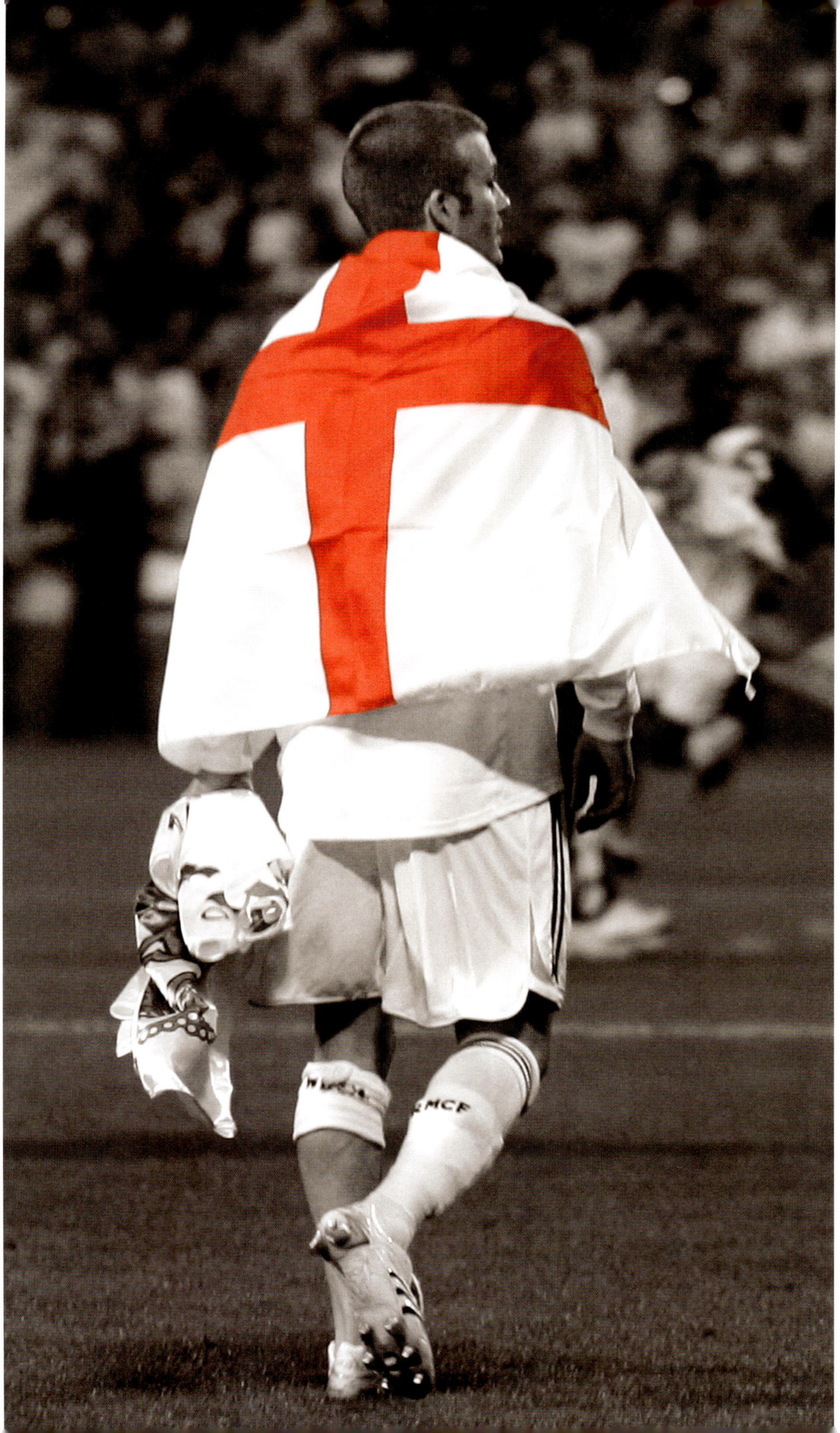

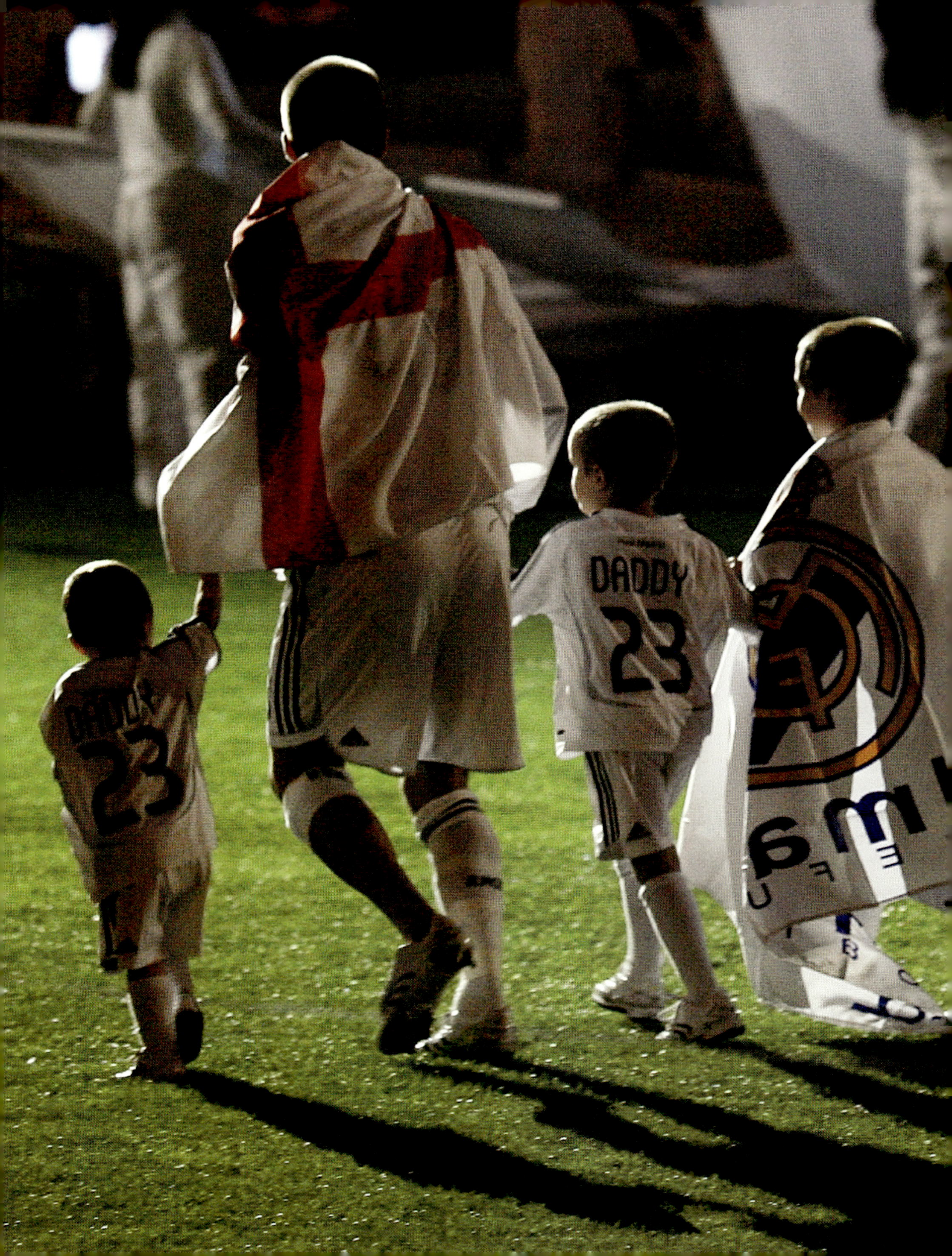
DADDY
23

子どもと僕のサッカー人生を分かち合うのが
夢だった。スペインでの最後の試合も
彼らとともに締めくくった。

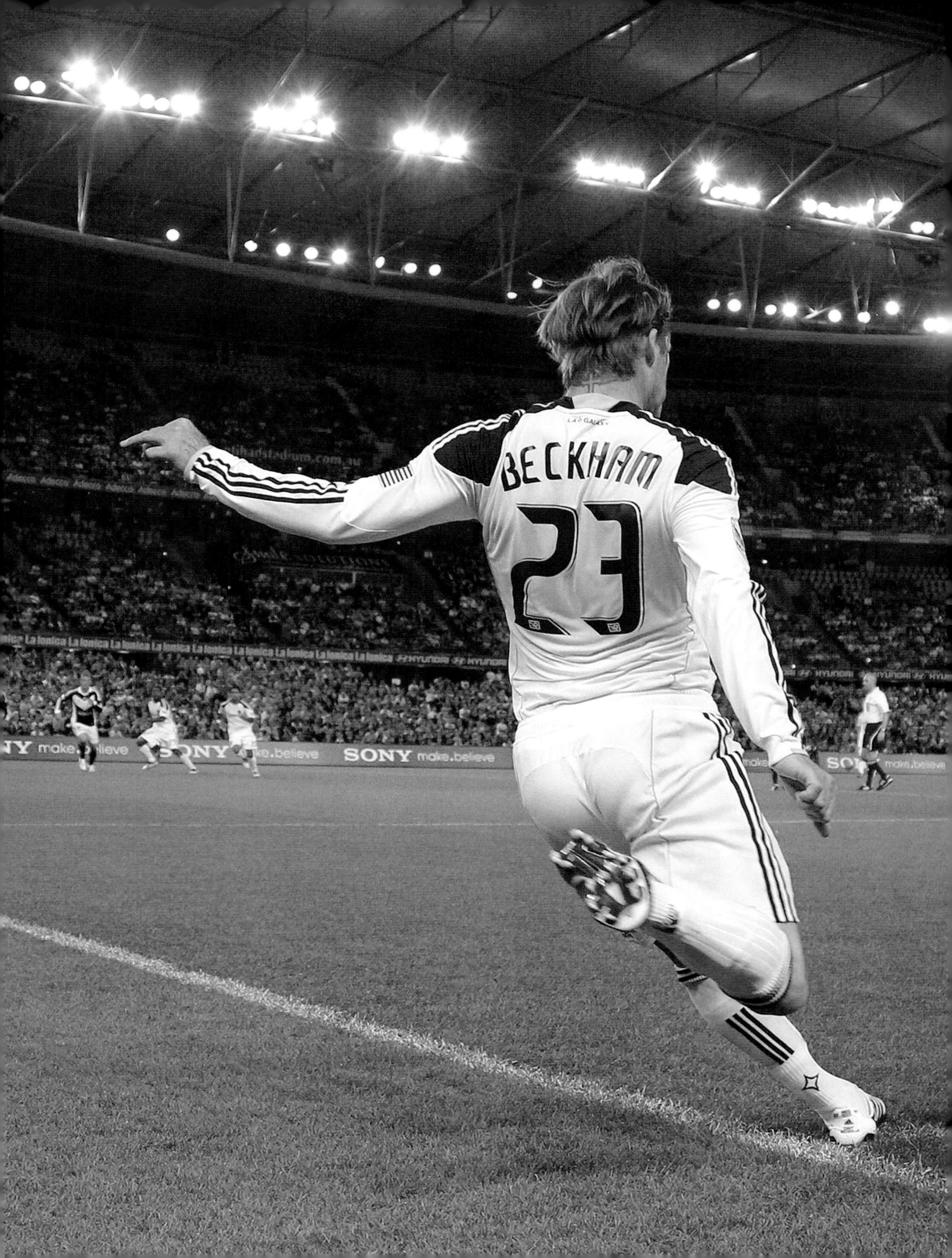
BECKHAM
23
SONY make.believe

LOS ANGELES

Budweiser
HESS
Red Bull
CHASE
Gatorade
Panasonic
Official Hospital
New York Red Bulls

アウェイのファンを黙らせるには
一番の方法だね。

多くのサッカーの専門家が
「アメリカは最後のフロンティアだ」と言っていた。この地球上でも最も豊かで、力を持っている国なのに、サッカーという美しいスポーツをまだ享受していなかったから、そう言われていた。アメリカ人は自身のアイデアや観念、文化に固執しているように見えた。

　アメリカでは、アメリカンフットボール、野球、バスケットボールがスポーツのほとんどを占めていた。アイスホッケーも盛んだったね。イギリス人とアメリカ人は同じ言語を話すのに、スポーツのことになると、世界が違う。

　僕はマドリードでの最後のシーズンに、ロサンゼルス・ギャラクシーと契約を結んだ。スペインで新たなオファーを受けたけれど、新しいチャレンジ、機会を求めた。ギャラクシーに関して、僕は好意的な話を聞いていたよ。

　テレビプロデューサーのサイモン・フューラーが、僕がプレーすること以上に、アメリカのサッカーとの関わりを持ったらどうかというアドバイスをしてくれた。つまり、僕がアメリカにおけるサッカーの立場を向上させて、いつの日かMLS（メジャーリーグサッカー）のクラブを所有するということだったんだ。それは、すばらしい夢の一つとなった。

　僕にとってアメリカへの移籍は大きなステップだった。僕は2007年当時31歳だったけど、まだ成長できるし、

イングランド代表チームにも貢献できると信じていた。しかし、アメリカへの移籍は、まったく違うレベルでの挑戦だった。アメリカのリーグは、始まってから、たった12年しか経っていなかった。サッカーの存在は小さくはなかったが、大きくもなかった。僕はサッカーをするためにリーグに加入したけれど、サッカーを、みんなが注目するような人気のあるスポーツにするという役目もあったと思う。選手でありながら、アメリカにおけるサッカーの親善大使でもあったんだ。

僕という存在を新しいクラブだけでなく、新しい国で印象づけるチャンスだった。

ギャラクシーなど多くのスポーツチームの株式を所有するアンシュッツ・エンターテインメント・グループの会長兼CEO（当時）のティム・レイウェイクが、マドリードに僕を訪ねてきてくれたとき、すぐに彼のことが好きになった。熱意があったし、正直な人だった。僕は彼のことを信頼したし、今でも親しい友人さ。「僕らはあなたに、本当にこうしてほしいと思っているんだ」と彼が言ったとき、僕は彼が考えていたことがわかっていたし、彼のアイデアにワクワクしている自分に気づいた。彼と会っていたのは短い時間だったけどね。その後にビクトリアに話して、見つめ合って、互いにうなずいて「やってみよう」と僕は言った。

ロサンゼルスへの移籍は、今までの決断の中でも最もすばらしいものの一つとなった。家族は、今までで一番幸せだった。家族の関係も良好だったし、いつも一緒にいることができた。太陽が輝き、淡い青色をしている空はきれいだった。子どもたちは学校から帰ってくると、泳ぎに行ったり、ビーチにも行ったりしていた。間もなくして、サーフィンも習い始めたね。僕らにとっても、子どもたちにとっても、ここでの生活には何一つ不満はなかった。

僕は練習でも試合でも全力でプレーした。ロスにはすばらしいビーチと楽しむ機会がたくさんあったけど、僕は試合への準備を妥協しようとは決して思わなかった。集中力は揺るがなかった。アメリカにおけるサッカーに対しての印象を変えたいのなら、僕はピッチ内外でできることは何でもプロ意識を持って取り組まないといけないと思っていた。お手本になる必要があった。

おそらく、アメリカでの最初の2シーズンは、レアル・マドリードでも同様だったけど、チームとして、どういうサッカーをするかということが一番の問題だったと思う。安定性が欠けていた。監督は3回も替わった。監督が自分の色を出すためには時間が必要であり、監督が替わるたびに、クラブの強みがどこにあるのかということと、選手の自信がどこにあるのかということを考える必要があった。

マンチェスター・ユナイテッドが大きな成功を収めていることと、サー・アレックス・ファーガソンが長く監督をやっていること（※2013年に退任）は、偶然の一致ではない。彼は偉大な監督であり、クラブに安定感と安心感をもたらしていた。僕らは何をすべきかわかっていたし、監督が僕らに何を期待しているかもわかっていた。

アメリカでの2年目のシーズンの終わりに、ブルース・アリーナがクラブの監督に就任してから、飛躍の時を迎えた。彼は、この後、僕がギャラクシーを去るまで監督で居続けたんだけど、彼はチームに栄光をもたらした。チームのパフォーマンスは向上し始め、僕たちは、拳銃に詰めていた弾をすべて発砲するかのようにゴールを挙げ始めた。僕もMLSカップでチームに勝利をもたらすゴールを挙げることができ、クラブにより愛着が湧くようになった。

このクラブでの最後の2～3シーズンは、どんなことに関しても、特別な時間を過ごせたね。とりわけ、家族との生活はすばらしかったし、サッカーでもうまくいっていた。

僕はギャラクシーに在籍しながら、二度、期限付きのレンタルでイタリアのACミランに移籍することもできた。このこともすばらしいことだった。そもそも、（パオロ・）マルディーニ、（クラレンス・）セードルフ、（マッシモ・）アンブロジーニのようなミランの錚々たる選手だけでなく、カカやロナウジーニョや（アンドレア・）ピルロといった選手と一緒にプレーしたいと思っただけなのさ。最初は、僕がミランと契約しようと決断したときは、マーケティング戦略のためだと思われたけど、数試合プレーしたら、サッカーの専門家たちは心変わりをしていたね。僕はセリエAで、3試合目となるボローニャ戦で初ゴールを決めた。

格別だったね。

　2回目のミランへのレンタル移籍時、僕は、サッカーキャリアの中でも最もすばらしい瞬間を迎えた。オールド・トラフォードでユナイテッドと対戦することができた。チャンピオンズリーグの決勝トーナメント2回戦、2ndレグで僕は後半19分からピッチに立った。あまりにもいろんな感情が湧き出てきて、めまいがするほどだったね。1stレグでもプレーしたけど、何年間も一緒にプレーをしてきた選手たちと対戦し、実際に、僕を育ててくれたクラブを倒そうとしたことは、奇妙な感じさえしたね。だけど、長い間、僕を応援し続けてくれたファンの前で、しかもオールド・トラフォードで、ユナイテッドと対戦したときは、心と体が離れてしまったかのような感覚に陥ってしまった。

　ピッチに入ったときにファンに拍手されて、興奮した。ユナイテッドのファンたちは、かつてクラブに在籍していた選手が再びオールド・トラフォードでプレーしたときは、いつも寛容だった。彼らの声援を受けたとき、襟を正す思いになった。この試合は0－4で負けてしまい、結局、2試合合計2－7で敗退してしまった。だけど、僕にとっては、昔と変わらず、サッカーをするにあたっての心のよりどころになっているスタジアムに戻って、大事な存在であるユナイテッドのファンの前でプレーすることができ、格別な感情に浸ることができた。ユナイテッドを去ってしまい、残念な気持ちがまだ残っていたけど、それを少し整理させてくれる試合だった。僕は、本当は去りたくはなかったんだ。

　しかし、二度目の、長めのミランへのレンタル移籍は、よい結果で終わりを迎えることはできなかった。まさしく、ユナイテッド戦のすぐ次の、リーグ戦のキエーヴォ・ヴェローナとの試合で、アキレス腱を痛めてしまった。このケガのせいで、2010年のワールドカップでイングランド代表としてプレーすることも、レンタル移籍が終わった後も5カ月間にわたってMLSでプレーすることもできなかった。

　いつもそうだったけど、リハビリは困難を極めた。2010年9月にはギャラクシーで復帰することができた。このシーズン、僕らはウエスタンカンファレンスで優勝することができたけど、プレーオフでダラスに負けてしまった。MLSカップを獲得するという僕の野望も、まだ達成されなかった。

　ギャラクシーでの最後の2シーズンは、最も成功したシーズンとなった。僕らはどこへ行っても、満員の観客の前でプレーした。僕らの人気は高く、世間の注目を浴びていたから「メジャーリーグサッカーにおけるニューヨーク・ヤンキース」とも呼ばれた。僕は、サッカーの親善大使としての役割にも多くの時間を費やしたし、試合を盛り上げるために、リーグ自体に新しい選手の獲得もアドバイスした。ニューヨーク・レッドブルズがティエリ・アンリの獲得に名乗りを上げたときには、僕は、強く、彼と契約するように勧めた。彼のような選手たちが、MLSの将来の成功には欠かせなかったんだ。

　僕は、サッカーに新しいファンを呼び込むという目標を達成することができたのだろうか？　多くの点においては、僕は目標以上のことを達成できた。サッカーは、一夜にして、バスケットボールやアメリカンフットボールに取って代わることはない。しかし、数年したら、それが可能なのではないのかと信じる人々が、少ないけど出てくるレベルまでには成長したという自負はある。クラブはよりプロフェッショナルになり、若い選手たちに向けてのアカデミーも整備するようになった。スタジアムの観客数やテレビの視聴者数も増えた。ファンの試合や戦術に関する理解度も、以前とは比べものにならないほど上がってきた。ついに、サッカーがメジャースポーツへの階段を上り始めた。

　そして、ついに、僕らはMLSカップのトロフィーも勝ち得ることができた。長い間待っていたことだけど、2シーズン連続、カップ戦に勝つことができた。2011年12月の最初の優勝は特別だった。2012年には二度目の優勝を成し遂げ、アメリカでの冒険を有終の美で飾ることができた。マドリードでもトロフィーを掲げて最後を締めることができたけど、ギャラクシーでも同じようなことができたんだ。ヒューストン・ダイナモに勝利した、カップ戦の最後の試合では、感情がこみ上げてきた。ファンの声援を誇りに思いながら、イギリス国旗のユニオン・ジャックを肩に掛けて、僕はトロフィーを掲げた。

　この試合がロサンゼルス・ギャラクシーでの最後の試合になることはわかっていた。だけど、僕はアメリカのサッ

211

カーを応援し続けたかった。可能ならば、MLS に所属するクラブのオーナーになりたかった。試合前のインタビューでこう言ったんだ。僕はこれ以上、ここでプレーすることはないけど、クラブやこのリーグ、そしてこのスポーツをアメリカで成長させることには関わっていきたい、とね。

　ある意味、僕のアメリカンドリームは終わってしまったけど、もう一つの夢は、まだ始まったばかりさ。

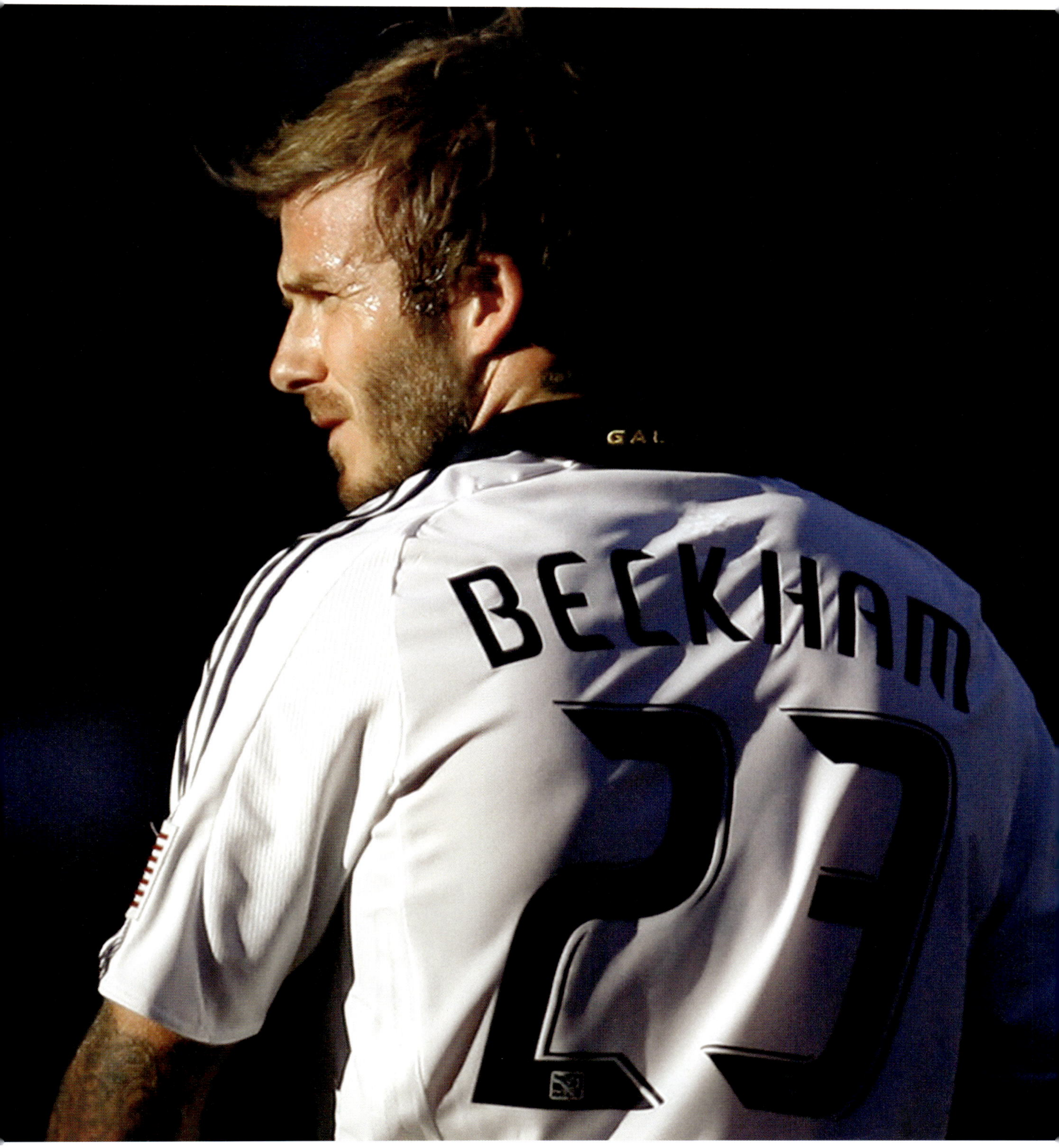
BECKHAM
23

214

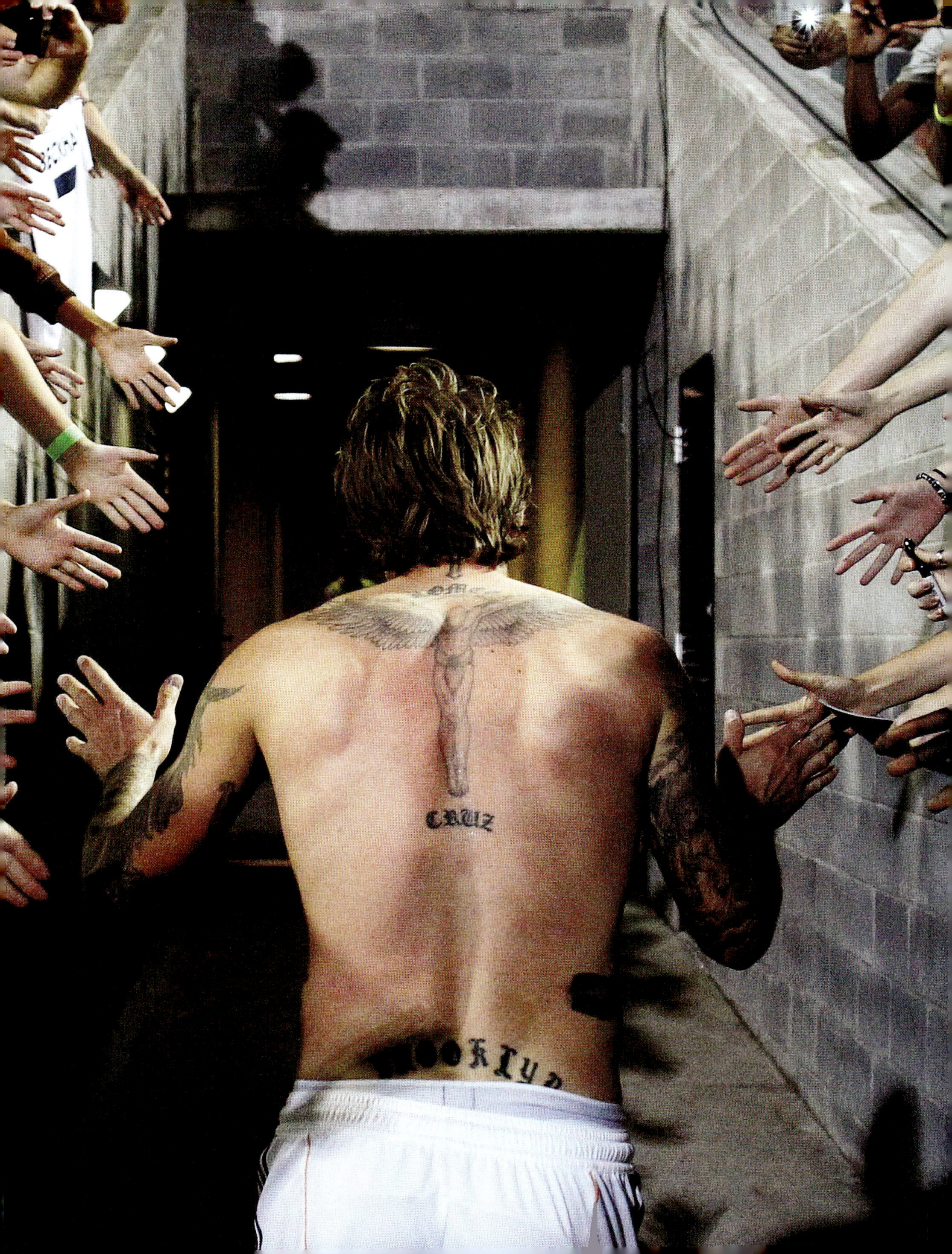
CRUZ

216　　　アメリカでもチャンピオンになった。

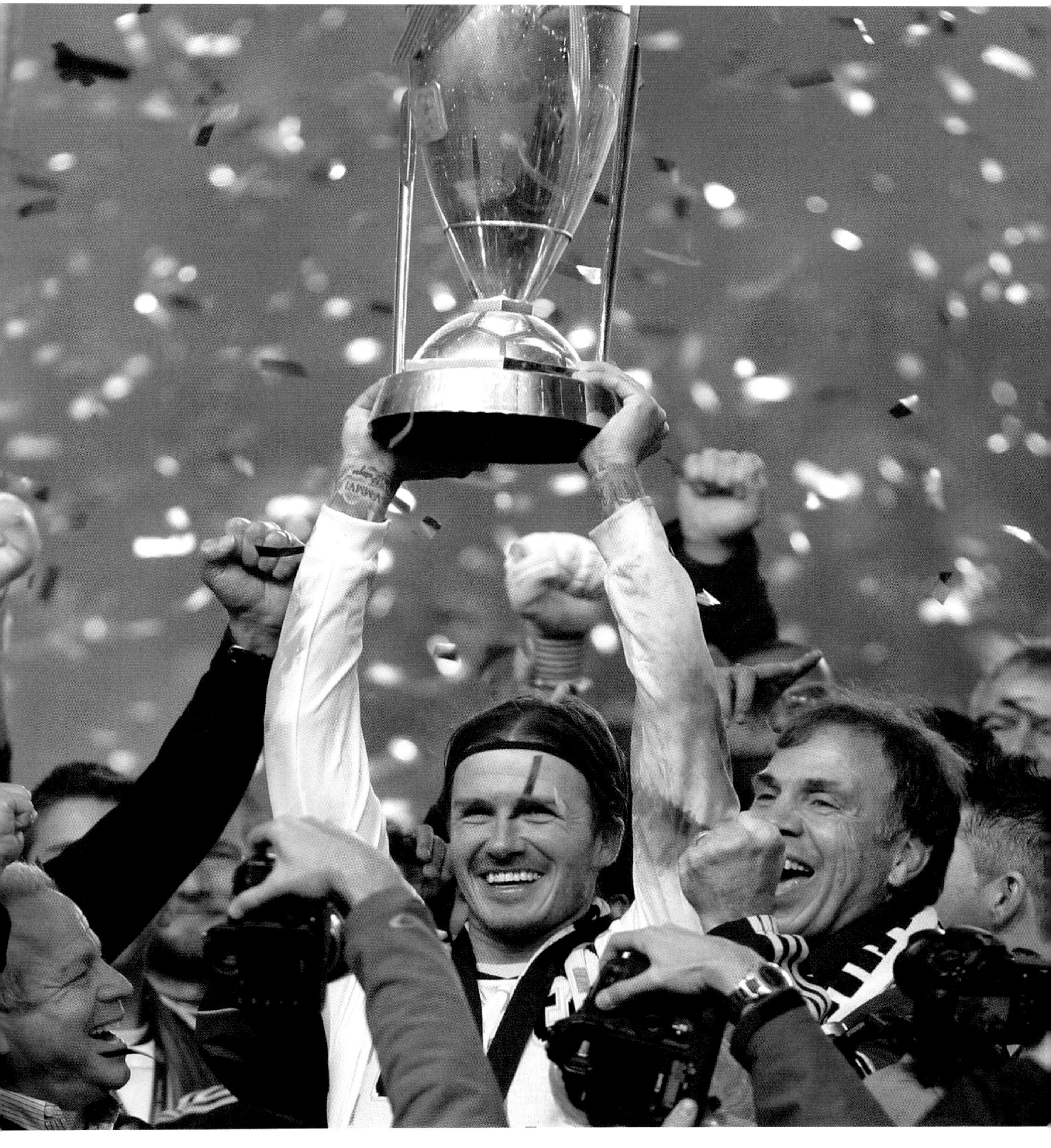

218　一緒に僕のサッカー人生を
　　　過ごしてきた子どもたち。

219

220　　　誰と一緒にスタジアムを一周するのがいいかな?

221

DEFEND L.A.
RIOT SQUAD
LA GALAXY
CHAMPIONS
LA ✦ GALAXY
GALAXY
LOS ANGELES
LA RIOT SQUAD
CSC
SECURITY
STAFF
L JIM
ADOR T

LA GALAXY
GALAX
CHAMPIONS
2011 MLS CUP CHAMPIONS
CHAMP
HERBALIFE
APEX SECURITY GROUP
EL JIMADOR

224

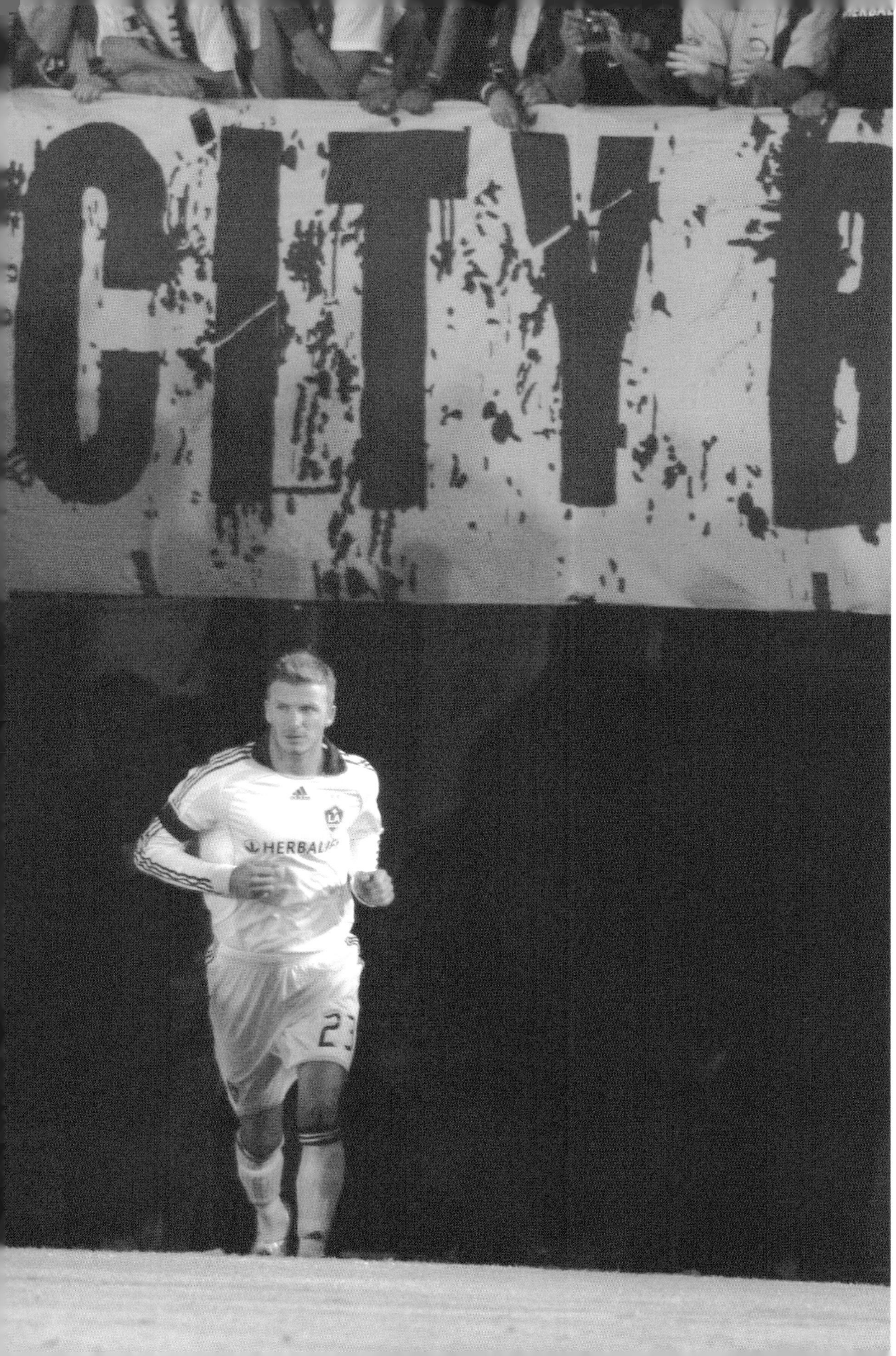
CITYB
adidas
HERBAL
23

僕の夢の一つは優勝して
ホワイトハウスに行くことだった。
そこで、大きくて立派な大統領に会えたことは、
本当にすばらしい瞬間だった。
彼は髭について尋ねてきたよ。
まあ、それも当然だけどね。

227

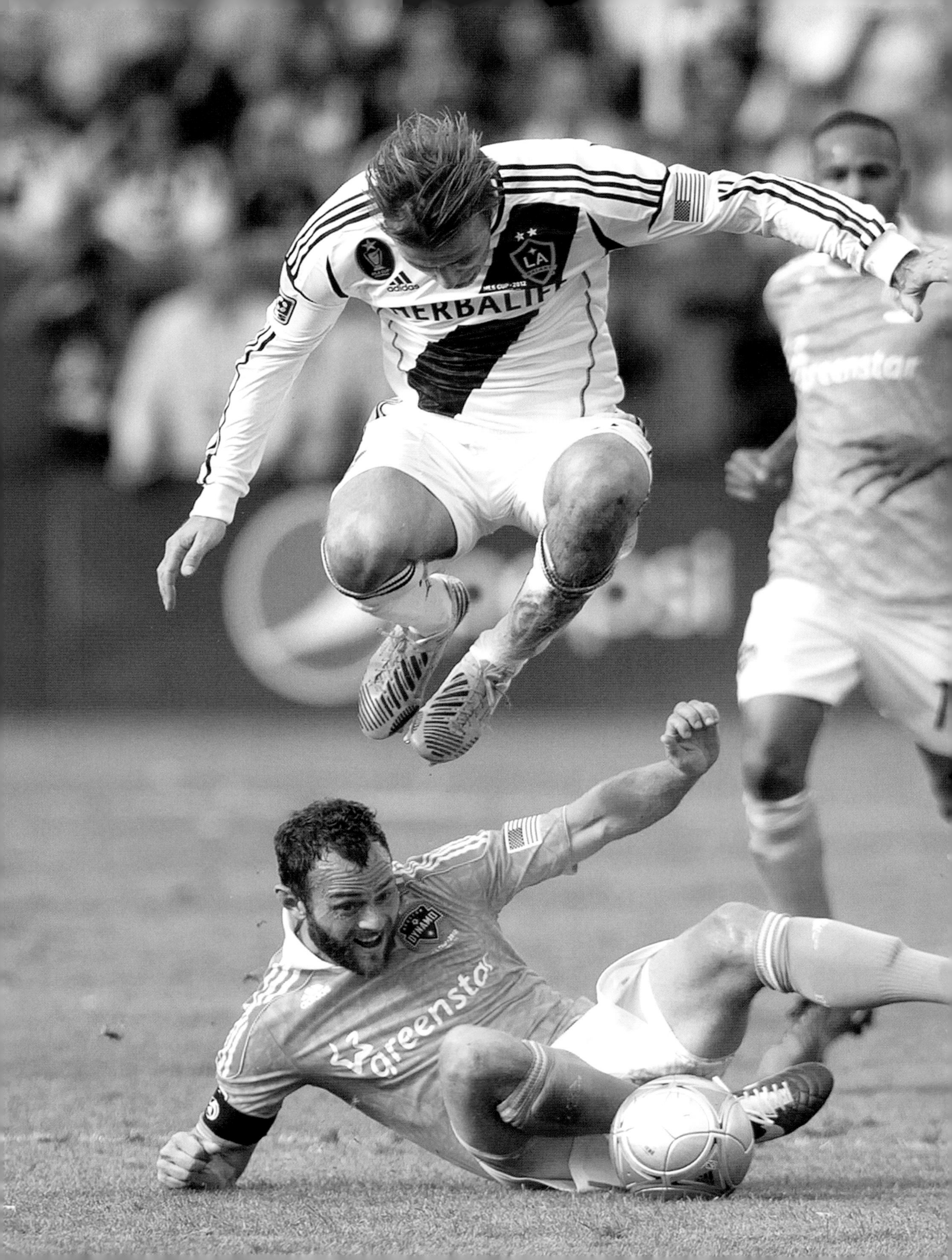
adidas
LA
DYNAMO
greenstar

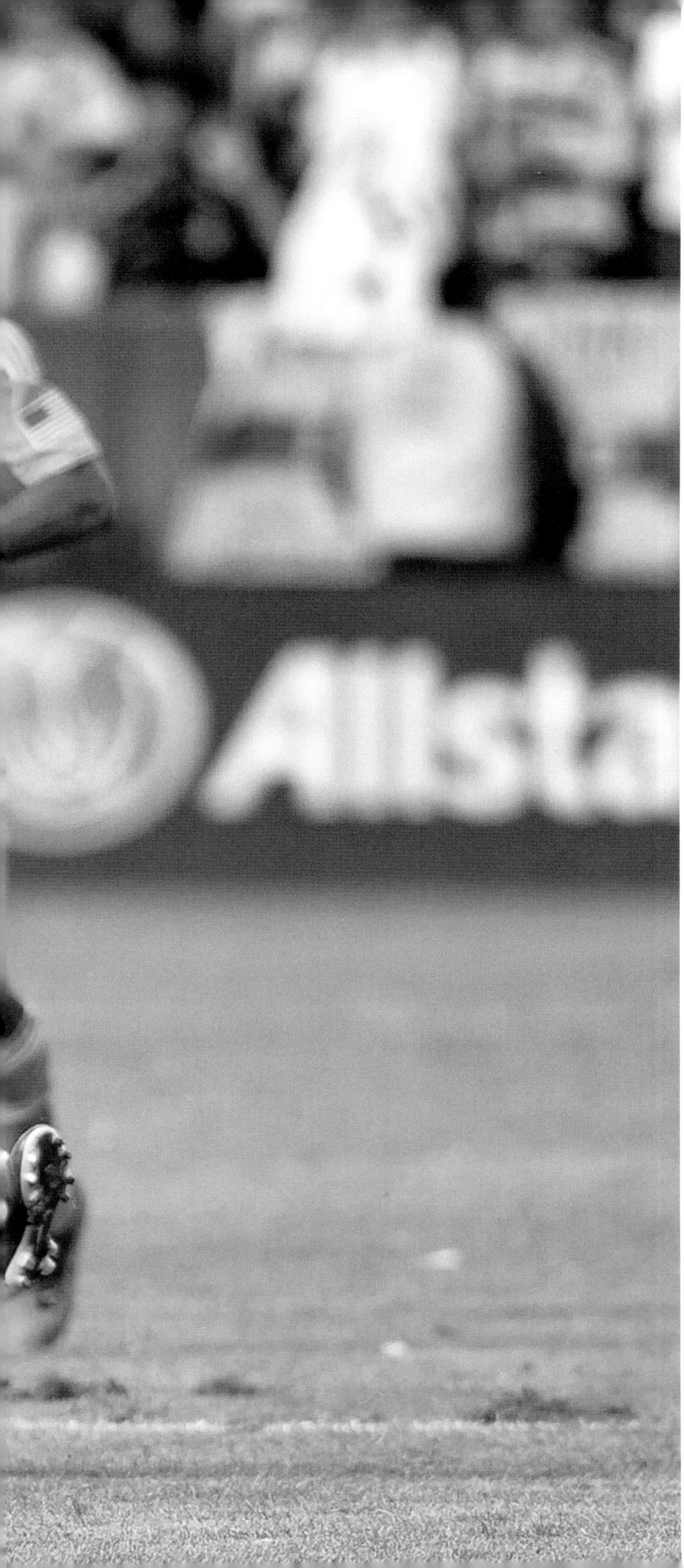

230   僕の大切な2人の女性さ。美しいだろう?

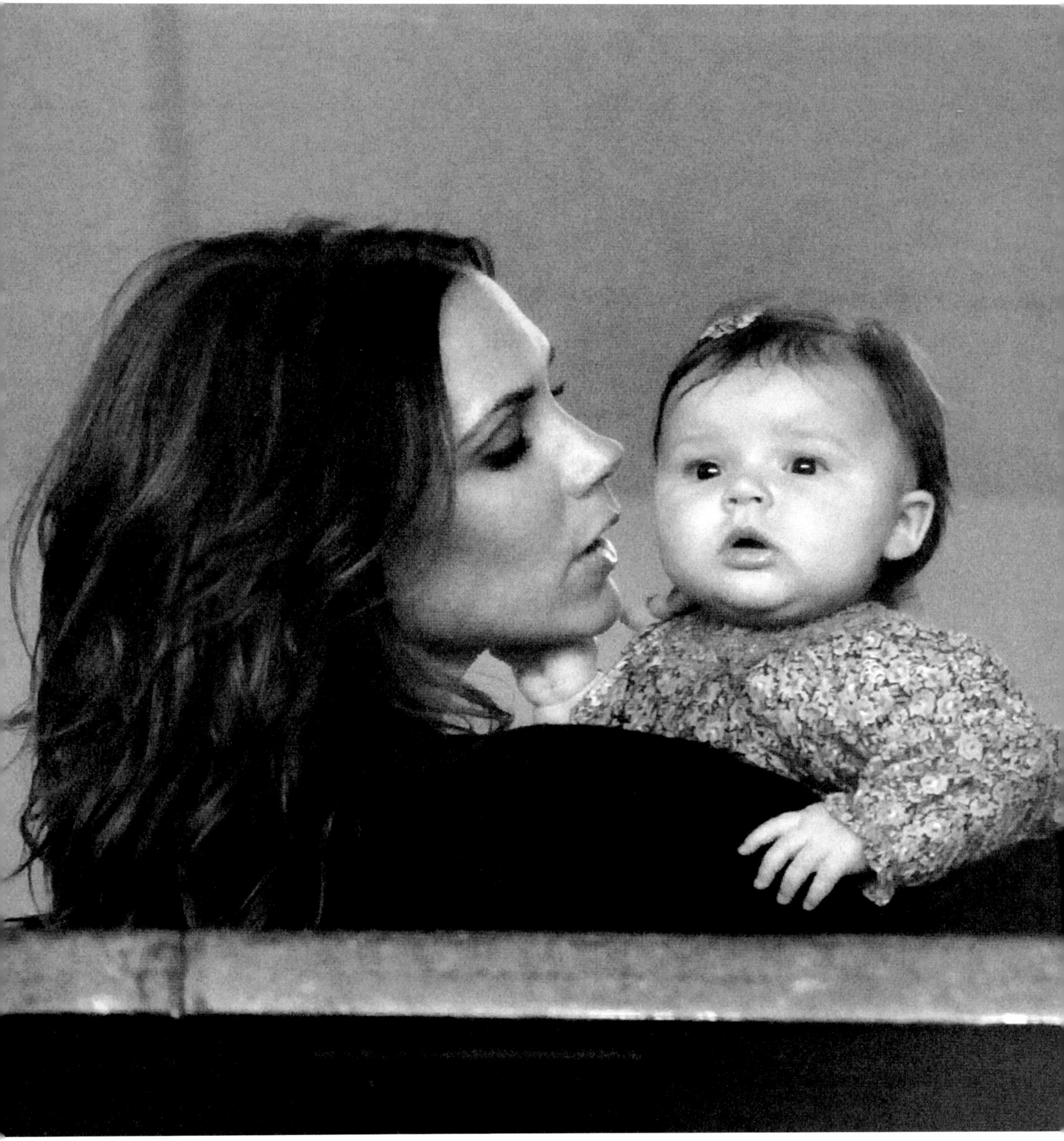

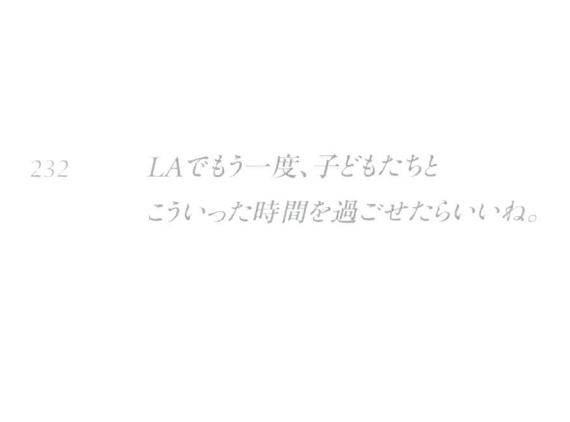

LAでもう一度、子どもたちと
こういった時間を過ごせたらいいね。

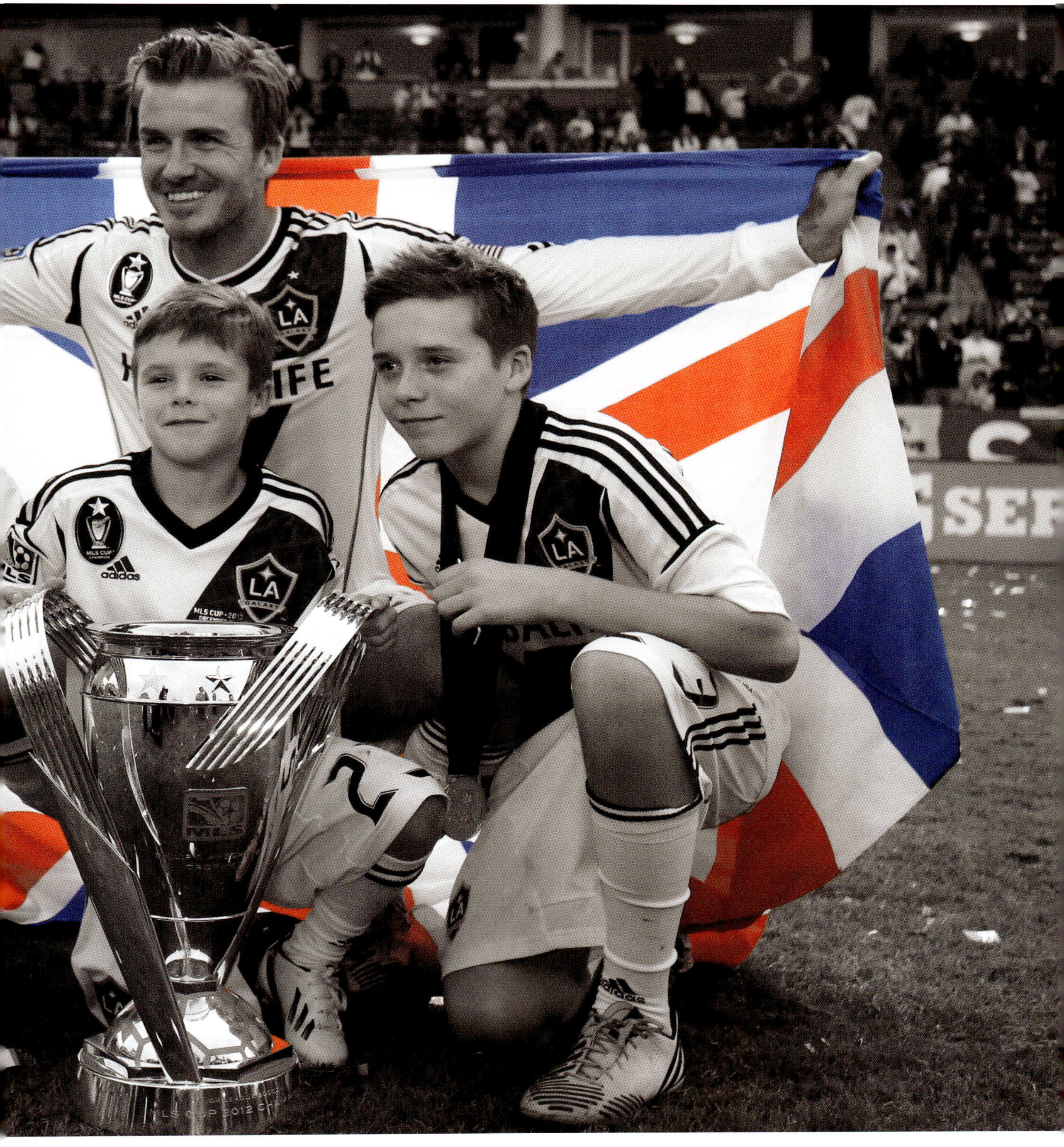
LA
adidas
MLS
SER

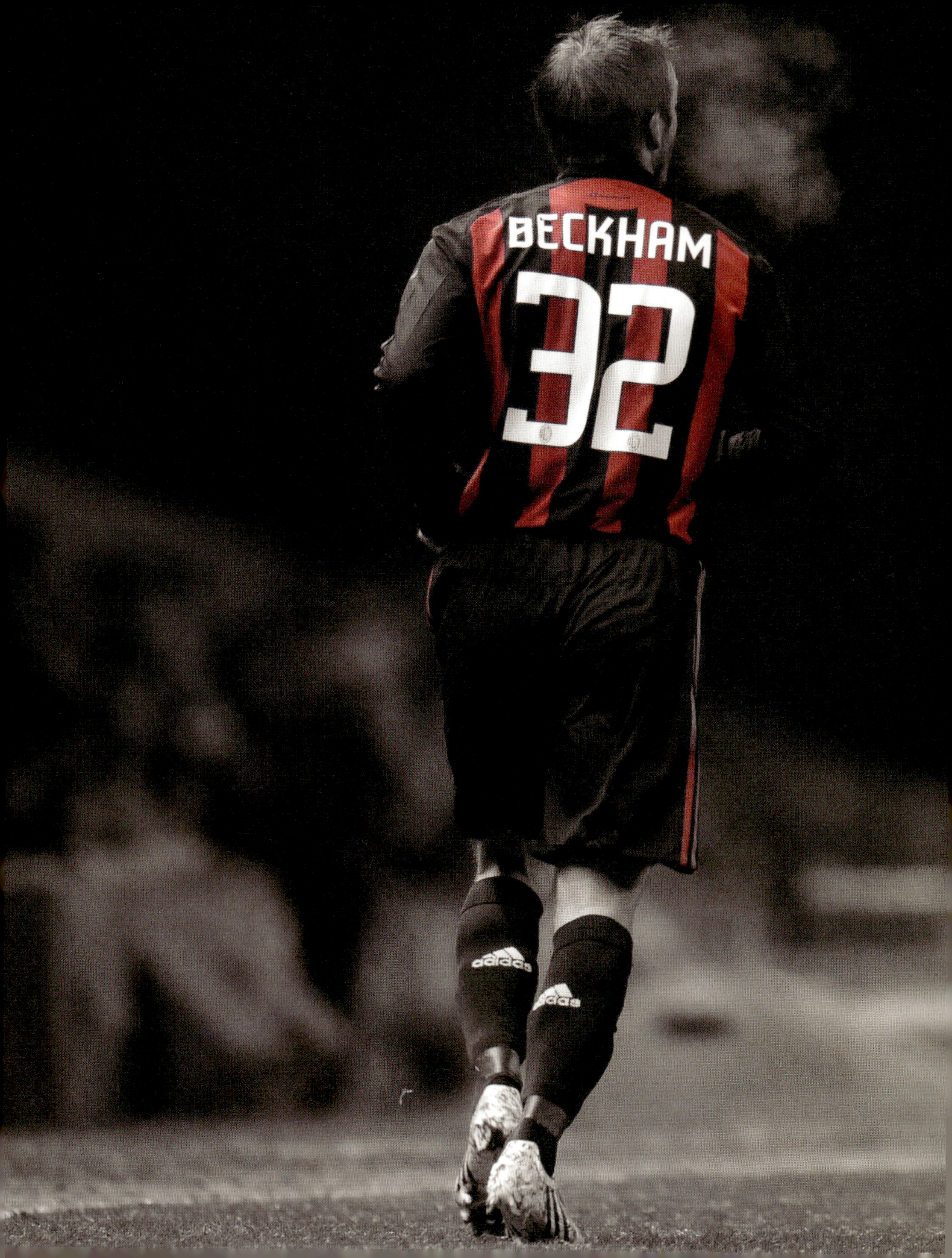
BECKHAM
32
adidas
adidas

MILAN

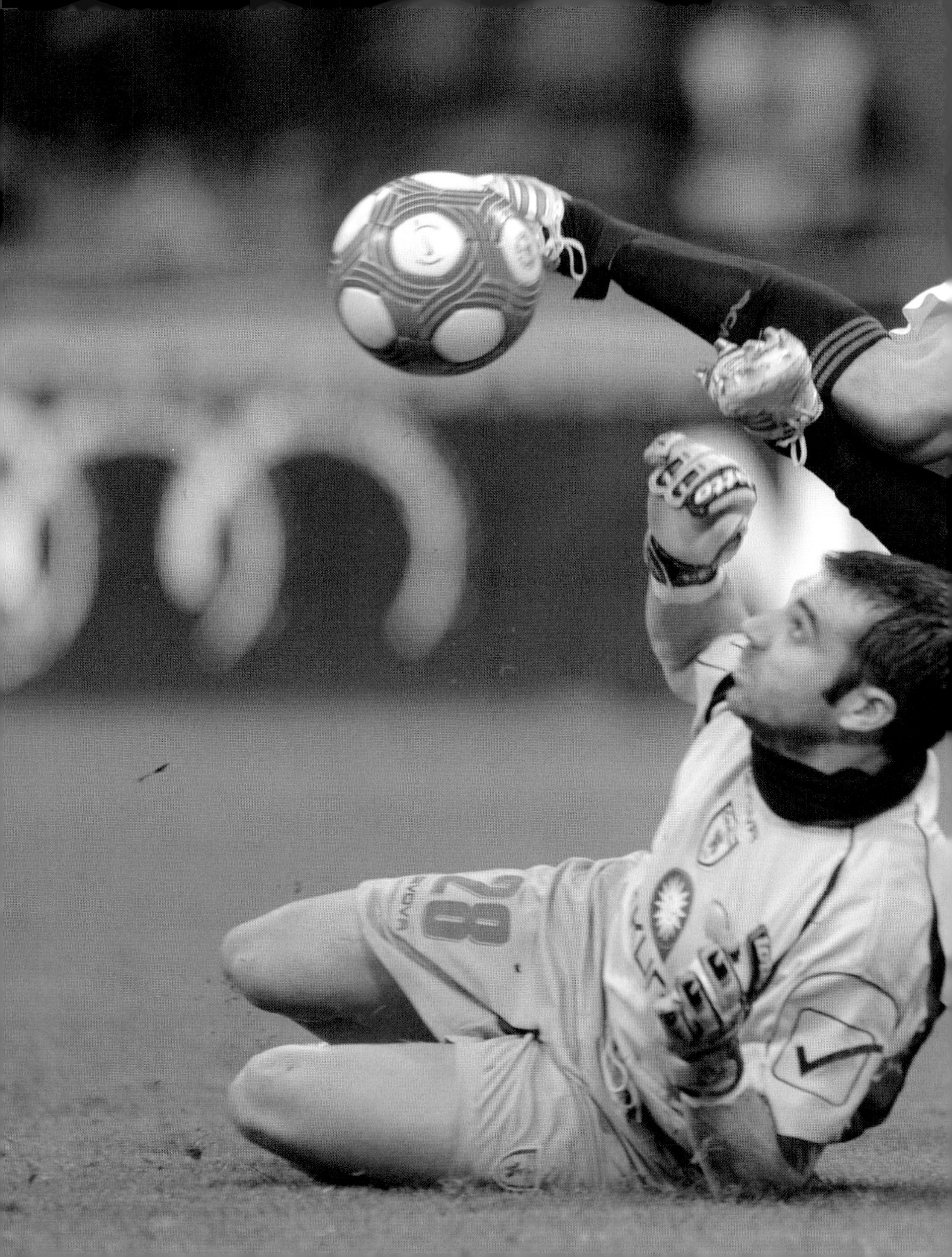
28

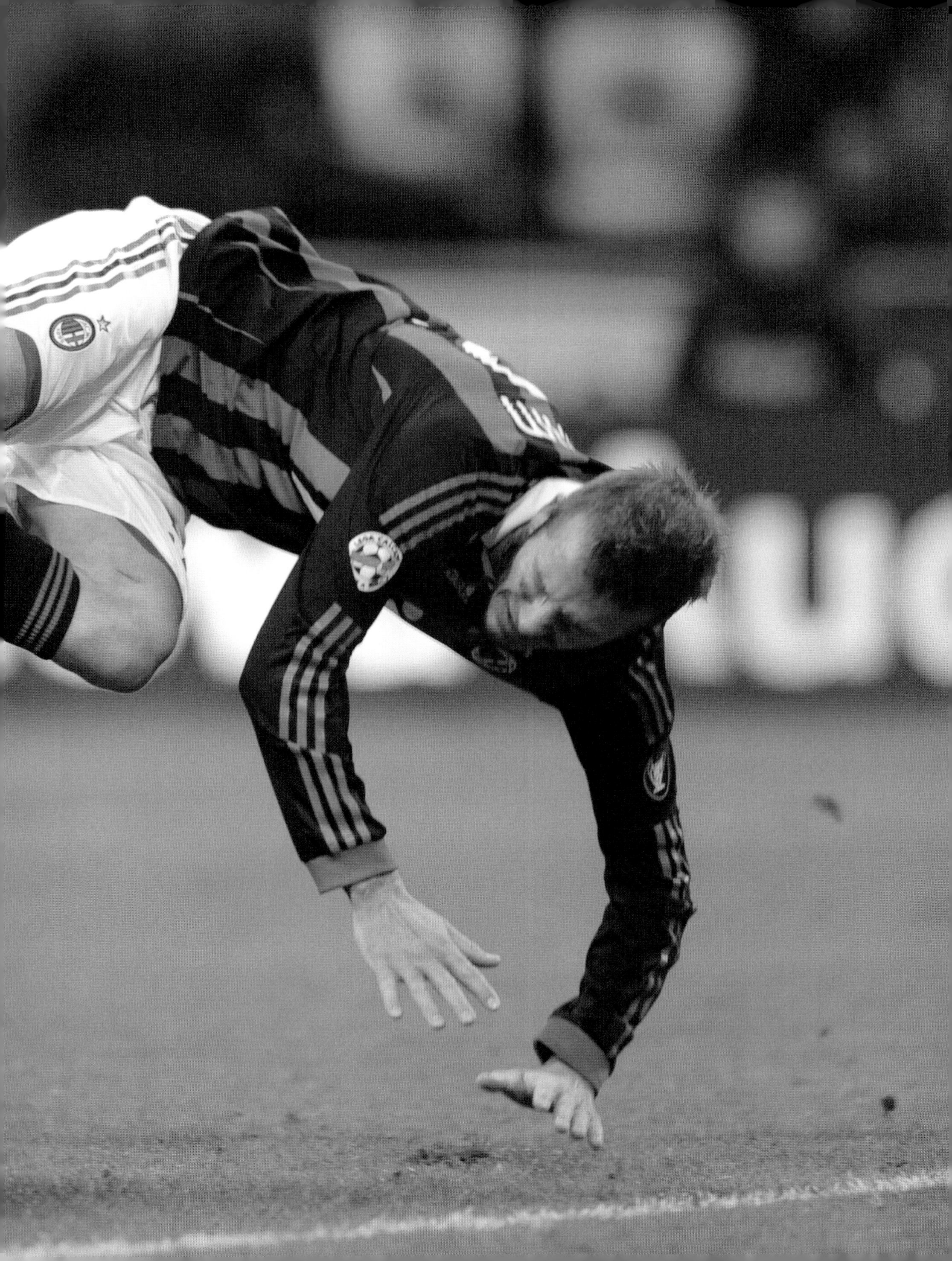

（前ページ）
タフなチャレンジだったね。
だけど、5分後にタックルを受けて、
僕はアキレス腱を切ってしまった。
つらい日だったね。

ミランのようなクラブでマルディーニ、
セードルフ、ネスタ、インザーギ、
ガットゥーゾら、こういった選手たちと
プレーできたことは、サッカー選手として
最も幸せな時間の一つだったね。

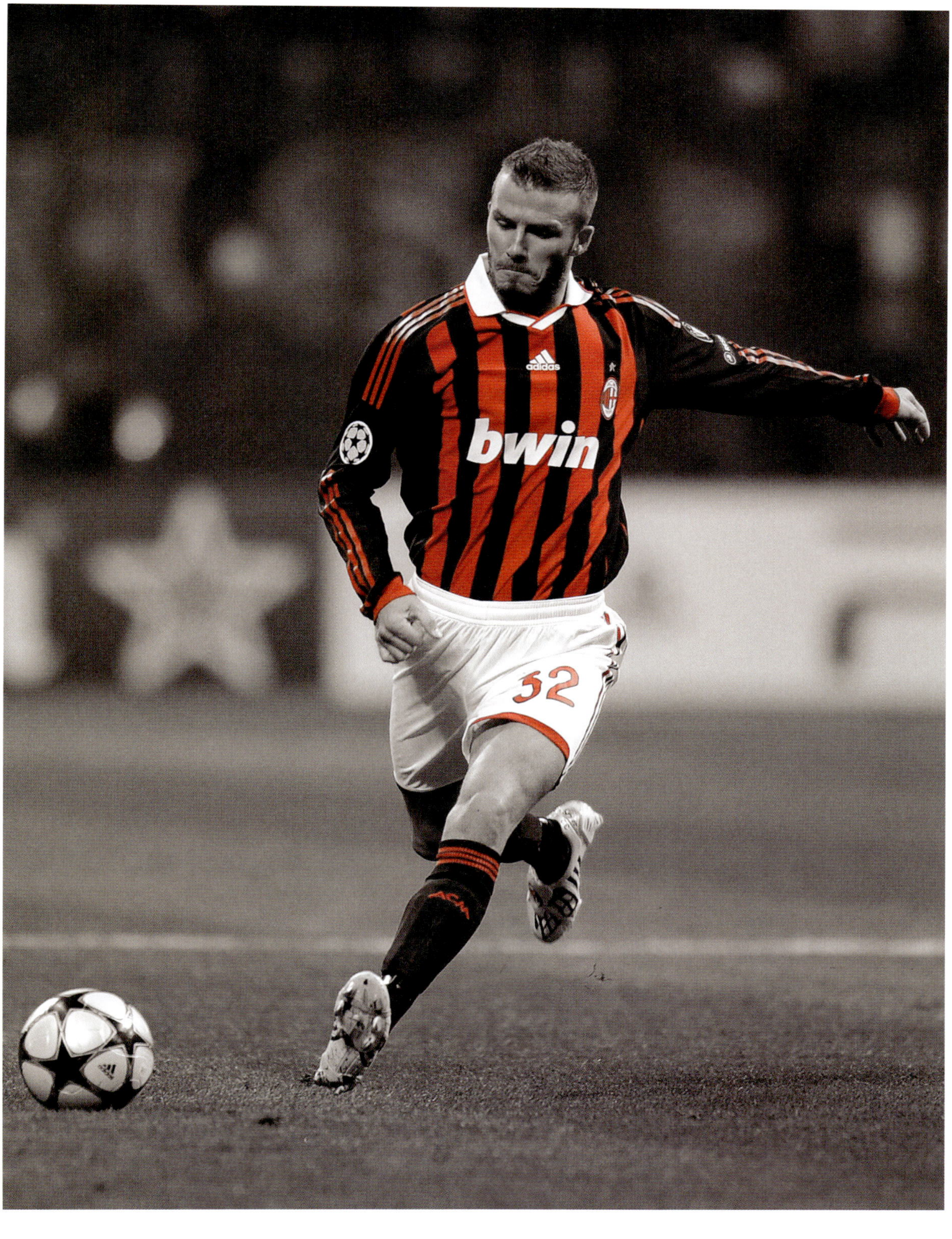
adidas
bwin
32

240

ロナウジーニョは、チームメイトと
呼ぶのが光栄な、
偉大なサッカー選手の一人さ。

242　　　ミランでの初ゴール。

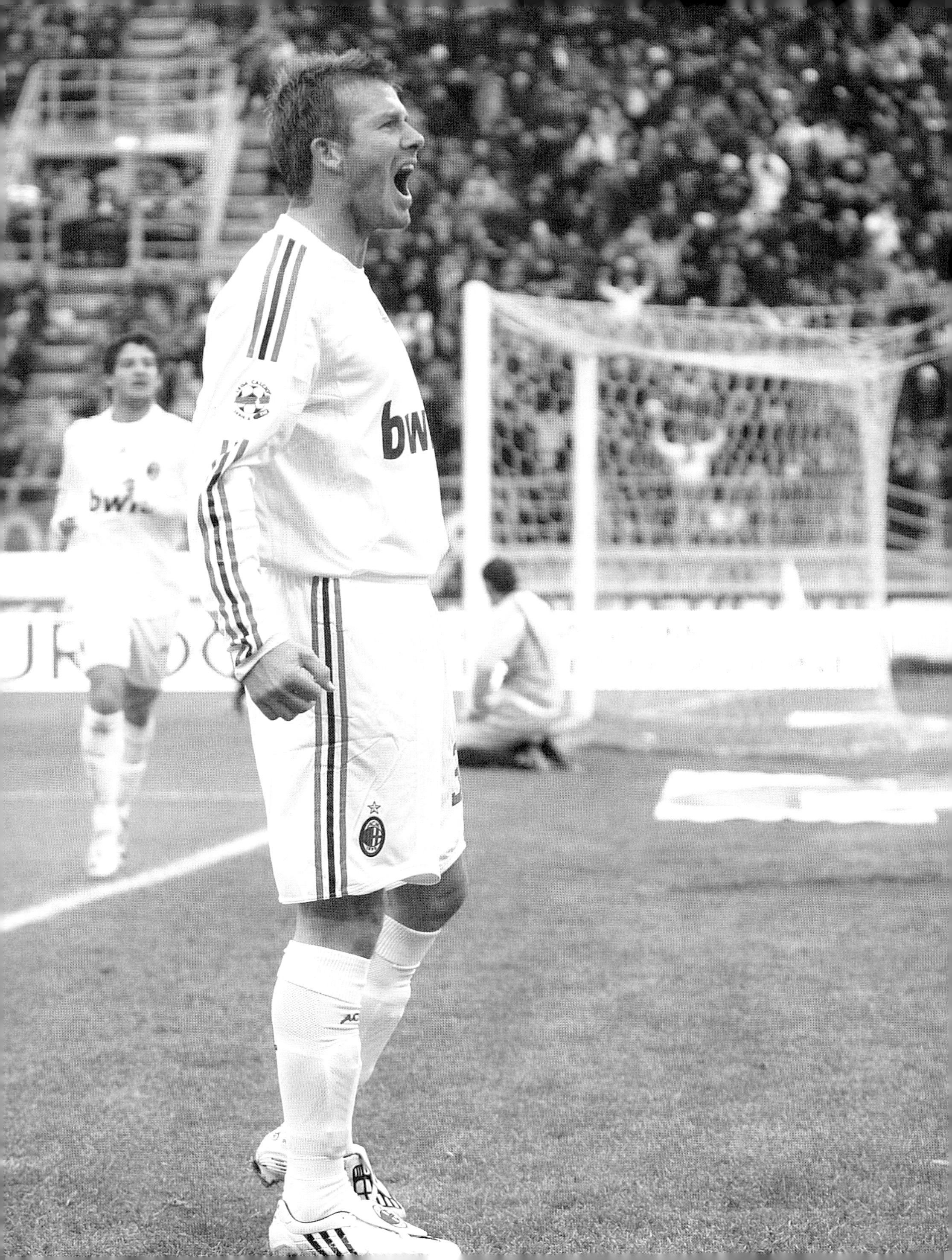

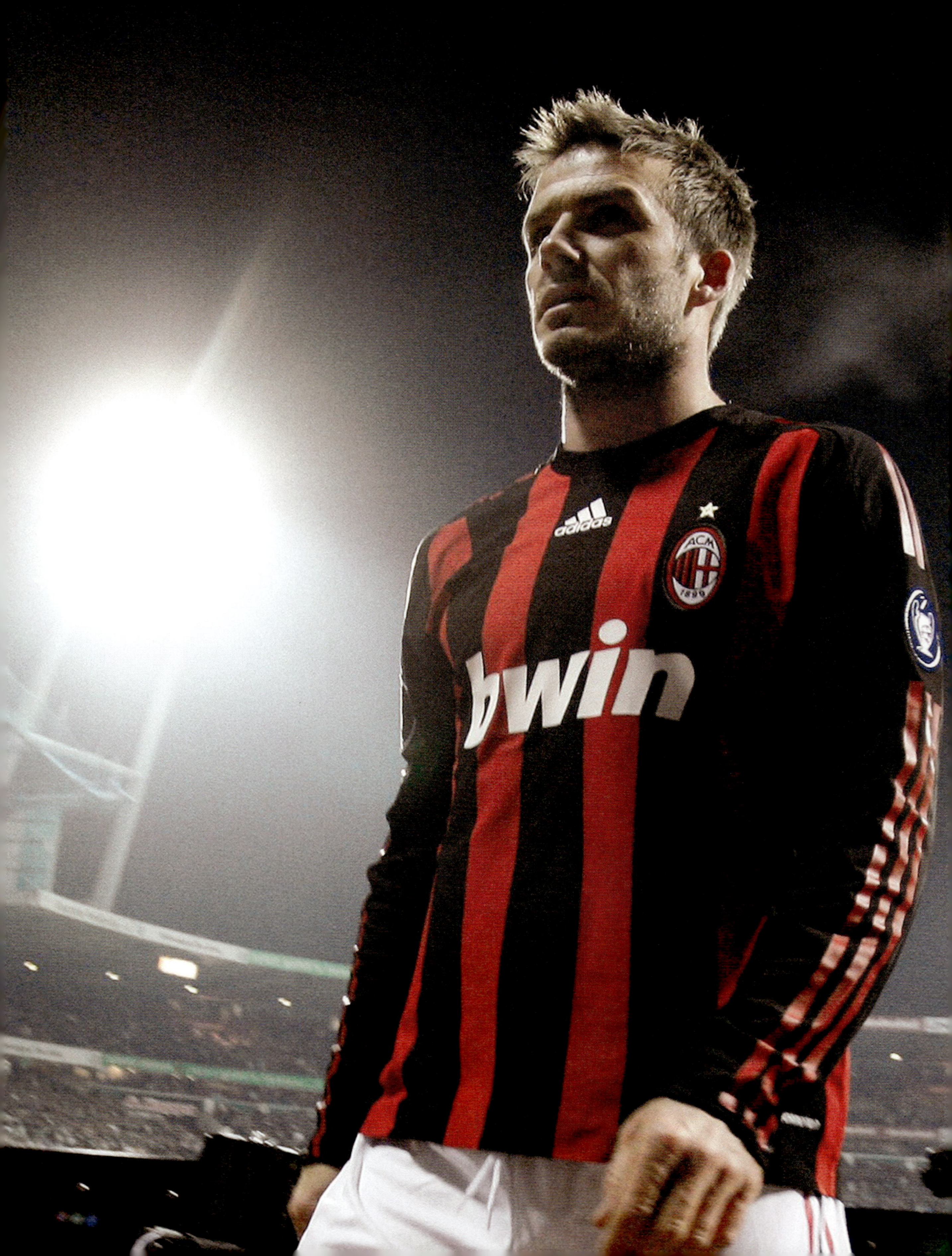
adidas
ACM
1899
bwin

245

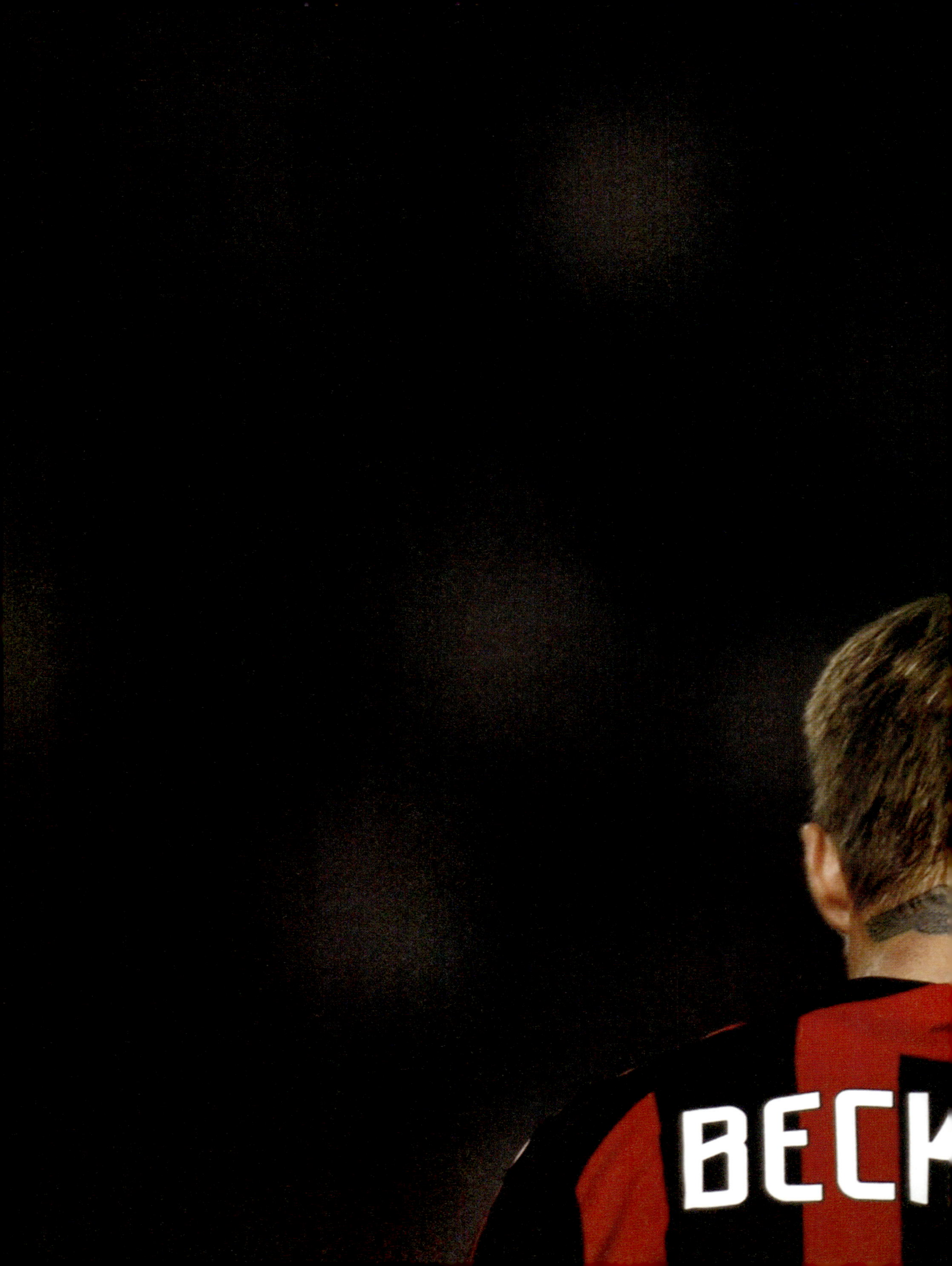

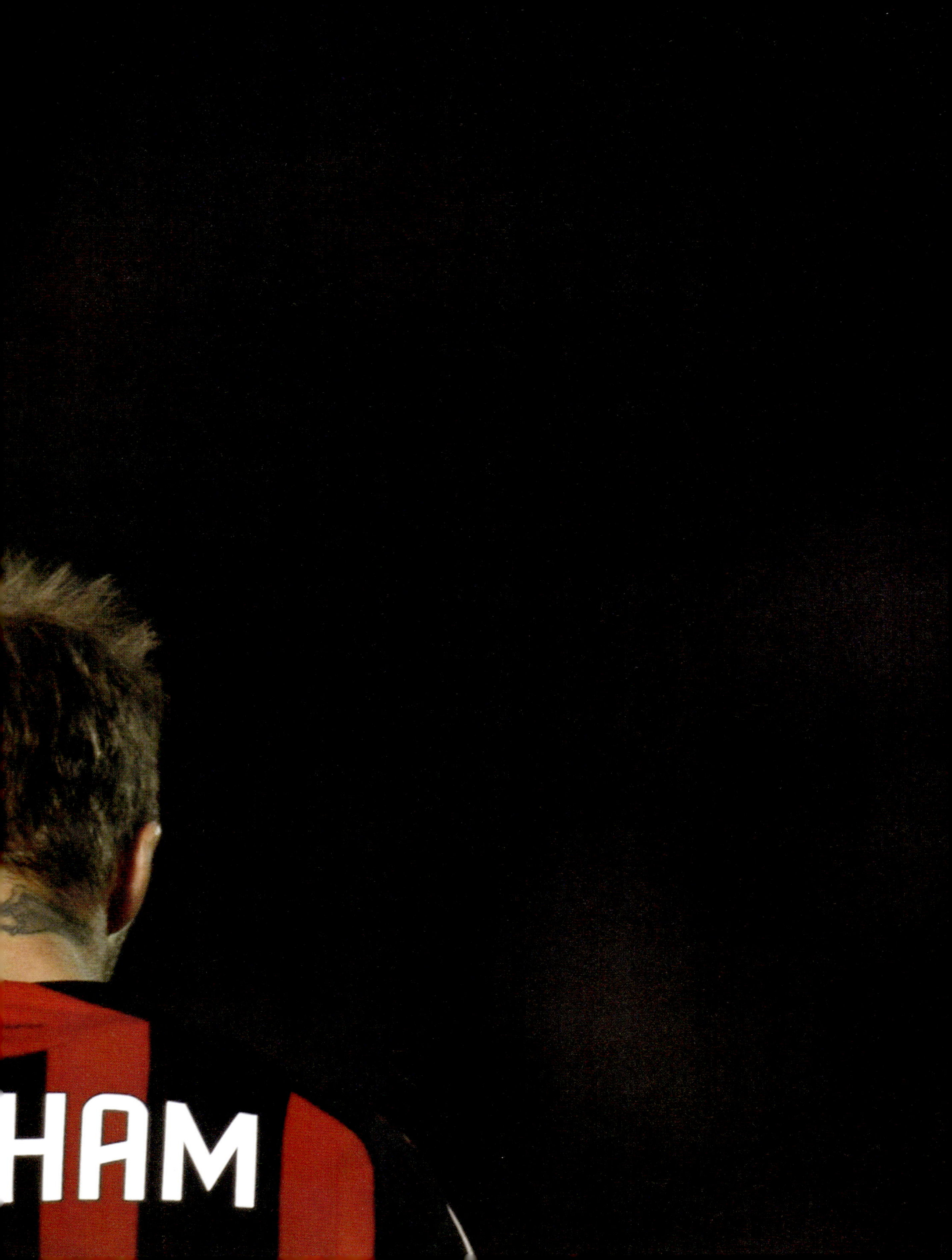
HAM

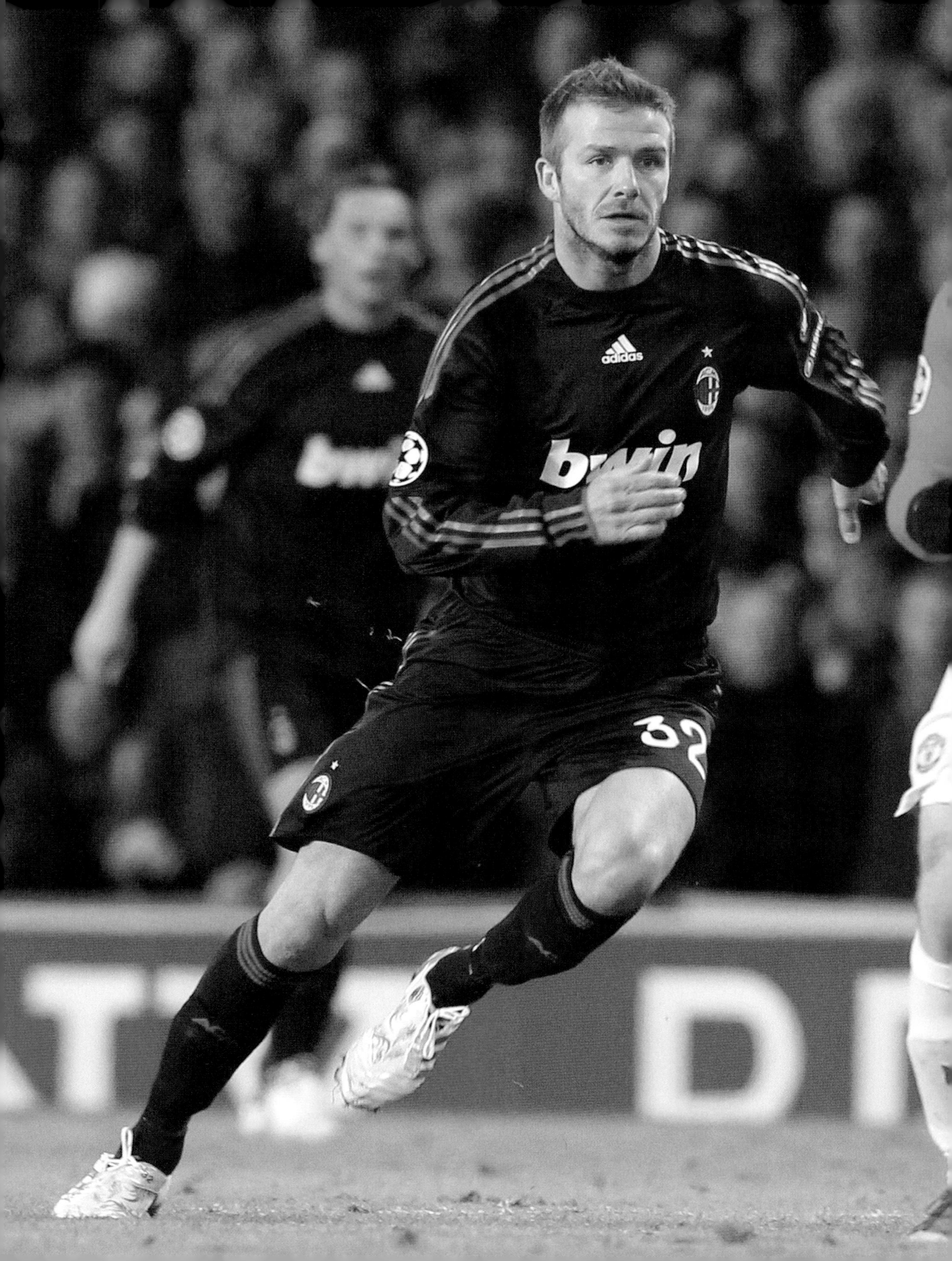
adidas
bwin
32

249

(前ページ)
「ワッザ」(ウェイン・ルーニー)より
速い選手なんて他に思い浮かぶ?

再び、かつてのチームメイトだった
ポール・スコールズと一緒にプレーしたんだ。

251

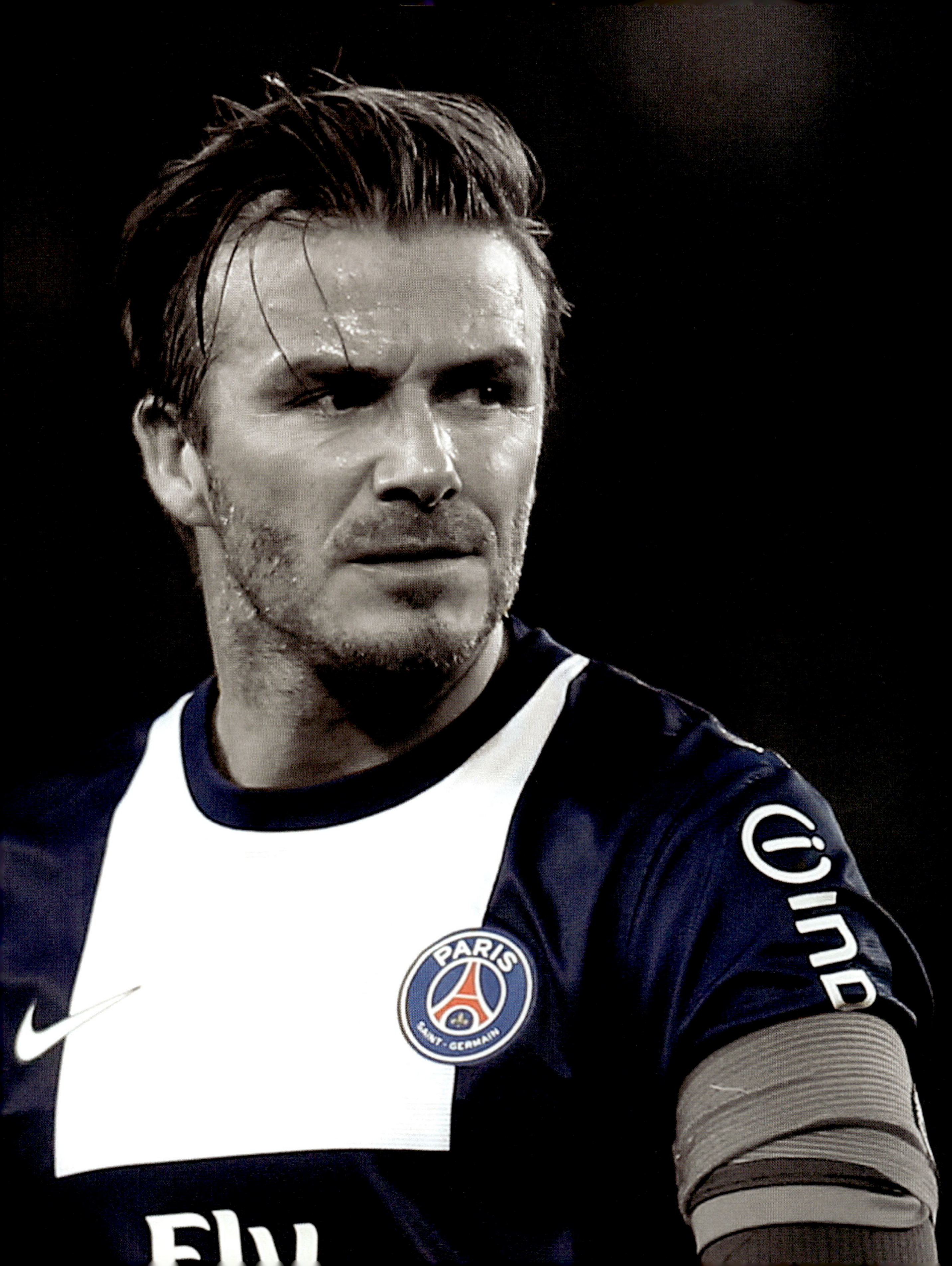
PARIS
SAINT-GERMAIN

PARIS

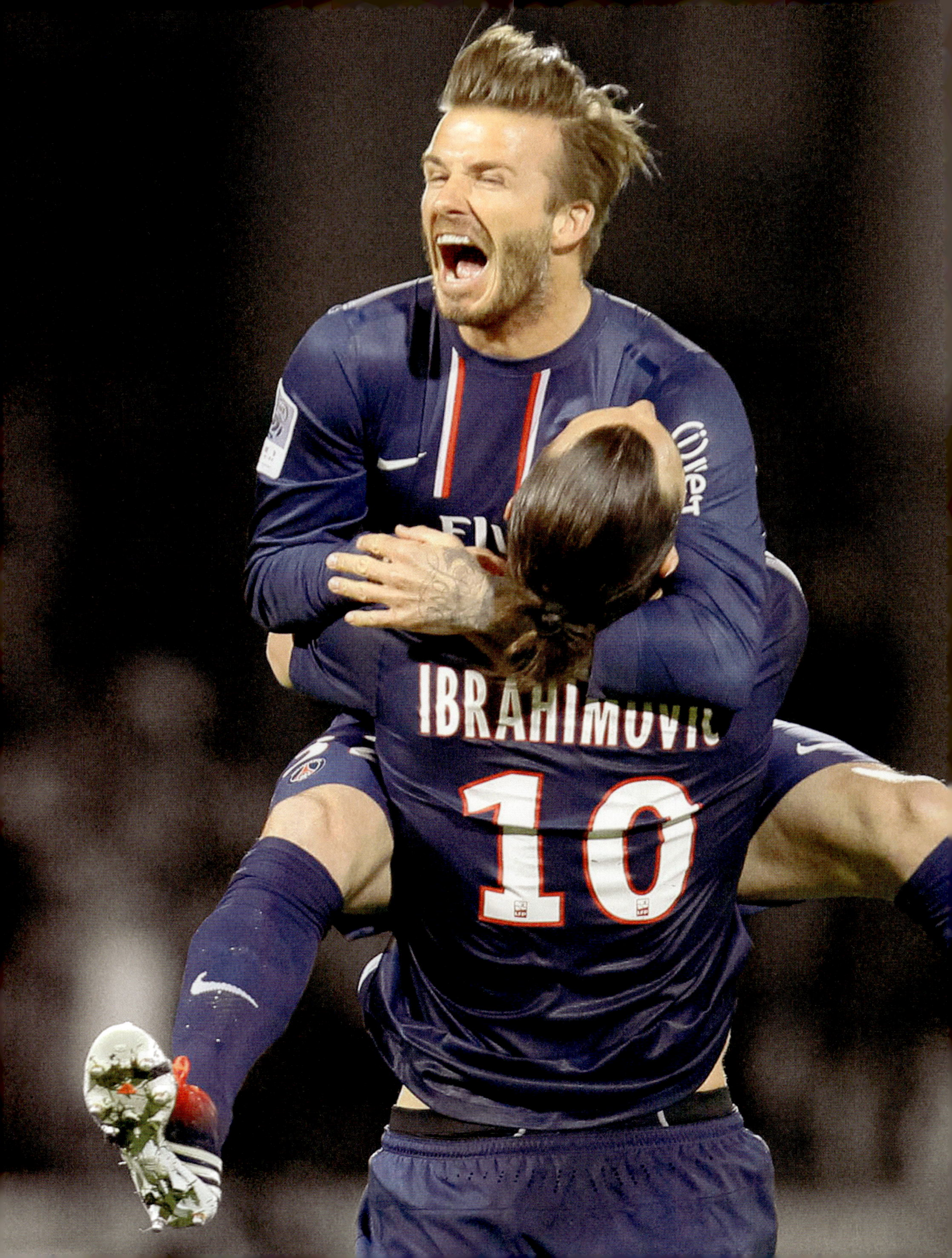
IBRAHIMOVIC
10

パリで、ファンや選手たちに
とても温かい歓迎を受けたことは、
すばらしい思い出の一つさ。

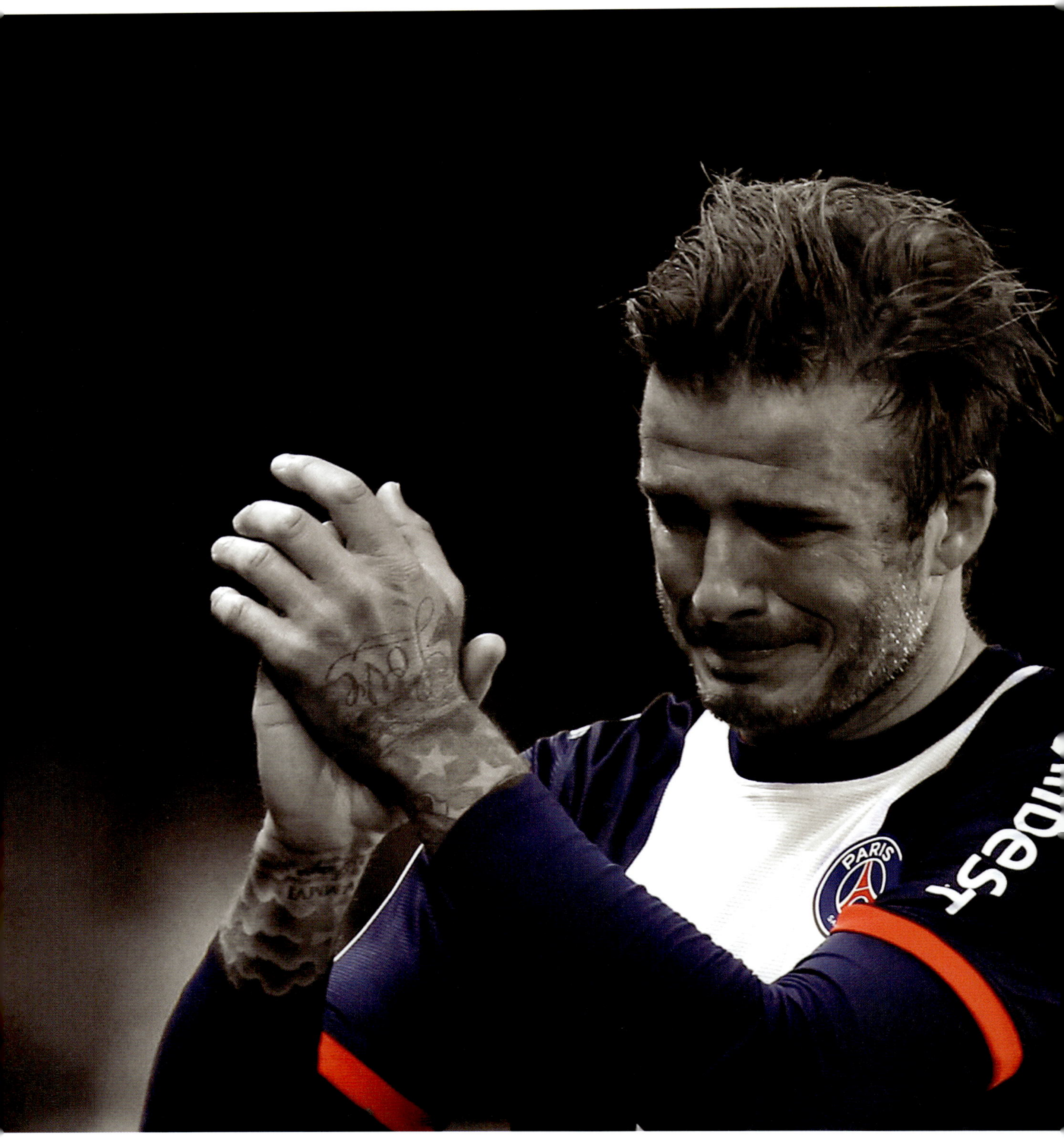
PARIS

この日は落ち着いていられると
思っていたけど、後半22分、
交替を告げられたとき、
僕は冷静さを失ってしまった。

これで本当に終わりなのか？

　僕は、心の中で、この言葉と折り合いがついていなかった。カルロ・アンチェロッティ監督は、このシーズン、ホーム最終戦で僕をキャプテンに指命した。チームメイトも、僕がサッカー選手としてプレーするのは、この試合が最後になるだろうということもわかっていた。イーストロンドンの小さな庭でボールを蹴り始めたサッカー選手の旅は、フランスの首都にあるスタジアムで終わりを迎えようとしていた。

　2013年1月にパリ・サンジェルマン（PSG）に加入し、フランスでの時間を大いに楽しんでいた。チームメイトもすばらしく、給料を地元の子どものチャリティーに充てるということにも満足していた。僕はいつでも優勝したいと思っていたし、PSGでフランス・リーグ1を制覇することによって、その目標を果たしたいと思っていた。そろそろ引退する頃だと思っていたが、そう思うことは怖かった。

　サッカー選手としてのキャリアが終わろうとしていることが信じられなかった。

　最後の試合が感傷的になってしまうことはわかっていた。僕にとっては大きな意味を持つ試合で、情熱やこだわりは想像以上のものがあった。僕の最初のチームであるリッジウェイから始まって、ユナイテッドは僕にとって心のクラブであり続けているし、国際試合でイングランド代表

のユニフォームを着たときは、いつもプライドにあふれていた。小さいときから今まで、サッカーは僕の人生の中心にあり続けた。僕という存在の真ん中にね。

試合が好きだったから、プレーしたいと思った。試合に出て競い合うことも、仲間との親交も好きだし、コーナーキックやフリーキックを蹴るのも好きだった。ユナイテッドの後でプレーしてきたレアル・マドリード、ロサンゼルス・ギャラクシー、ミラン、PSGといったクラブに所属してきたことも楽しかった。サッカーは僕を世界中の、いろんなところへ連れて行ってくれたし、僕に目標も与えてくれた。サッカーの試合をすることは僕の一部みたいなものだった。だから、サッカーをするときはいつも精魂を込めていたし、これからもそうするだろう。

しかし、今、僕は最後のゲームに向かおうとしていて、心の内からさまざまな感情が湧き上がってくるのを感じている。不意打ちを食らったような感覚だ。終演のカーテンが落ち始めていて、めまいを起こしてしまったかのように両足がふらふらしている。もう、戻って来られない。考え直すこともできない。これが最後の試合だ。ステージから去らないといけないと思うと心が痛んだ。それは、まるで胃に穴が空いたような、恋愛が終わってしまうような痛みに似ていた。

前半、僕は現役最後のアシストをした。僕が蹴った左サイドからのコーナーキックから、チームメイトのブレーズ・マテュイディが得点を決めた。彼は左足のボレーを放ち、ボールは弾んでキーパーの頭を越えて、ネットを揺らした。僕はこの試合に出場した証しを示したかったから、最後の瞬間まで全力を出そうとした。それができたから興奮したね。

ベンチでは交替の準備をしていたので、僕の胸は締めつけられそうだった。交替のサインが出されたとき、僕はほとんど息をすることができなかった。感傷的にはなりたくなかったし、泣きたくなかった。時間はまだ25分ほど残っていたので、試合に影響を与えたくはなかった。しかし、僕は感情をコントロールできなかった。集中しようとしていたけど、頭の中では世界中に思いをはせていた。イーストロンドン、ユナイテッドの練習場の「クリフ」、

新しい国でもう一つのトロフィーを掲げた。とても誇り高き瞬間だったね。僕のサッカー選手として最後の試合になった。

オールド・トラフォード、サンテティエンヌ、ウェンブリー、札幌、そして小屋の窓の金網を狙ってフリーキックを蹴って疲れ果てていた子どもの頃の地元の裏庭にね。

ピッチを去るときに涙が流れてきた。チームメイトとハグをし、観衆に挨拶をして、愛するビクトリア、子どもたち、家族の方に顔を向けた。彼らは拍手をしていて、僕のことを誇りに思っているということがわかった。そして、現役最後になる、グラウンドの白いラインをまたいだ。カルロ（・アンチェロッティ監督）と抱き合って、そしてベンチに座った。

次は何をするのか？　僕の人生でサッカーに代わるものがあるのだろうか？　新たなチャレンジがあり、新たな目標があり、楽しみに待っているワクワクすることもある。僕はきっと、そういったことをするだろう。僕にとっては、すべてと言っても大げさではない、家族の中心に居続けるだろう。しかし、サッカーに取って代わるものなんて何もない。何がサッカーの代わりになるのだろうか？　サッカーの試合以上のものはない。引退後に、試合のときのような感情や興奮を味わうことができると思っている人は、自分をごまかしているだけだ。引退してしまったら、試合と同じような気持ちになれるはずはない。

サッカーをやってきて、僕はとてもすばらしい、魅力ある、感情豊かな旅をすることができた。特に自分自身のことについて、多くのことを学ぶことができた。チャレンジはいつも簡単だとは限らなかった。時には圧倒されそうになったときもあった。しかし、深く自分について考えて、自分を信じることができるようになった。重要な教訓を得られて、いつも感謝している。サッカーを通して学んだことの積み重ねで、現在の僕という存在があるのさ。

今、僕は自分の人生という物語の、次の章に進めることを楽しみにしている。一方で、悲しみもいっぱい感じているけど、今まで成し得たこと、今まで学んできたこと、経験してきたすべてに満足している。ピッチの上には何も忘れ物を残してこなかった。しかし、僕が思うに、今でも変わらない、たった一つの真実がある。子どもに伝えたい、個人的なモットーのようなものさ。

人生において、たとえどんなことに直面したとしても、笑顔で一生懸命やった方がいいってね。

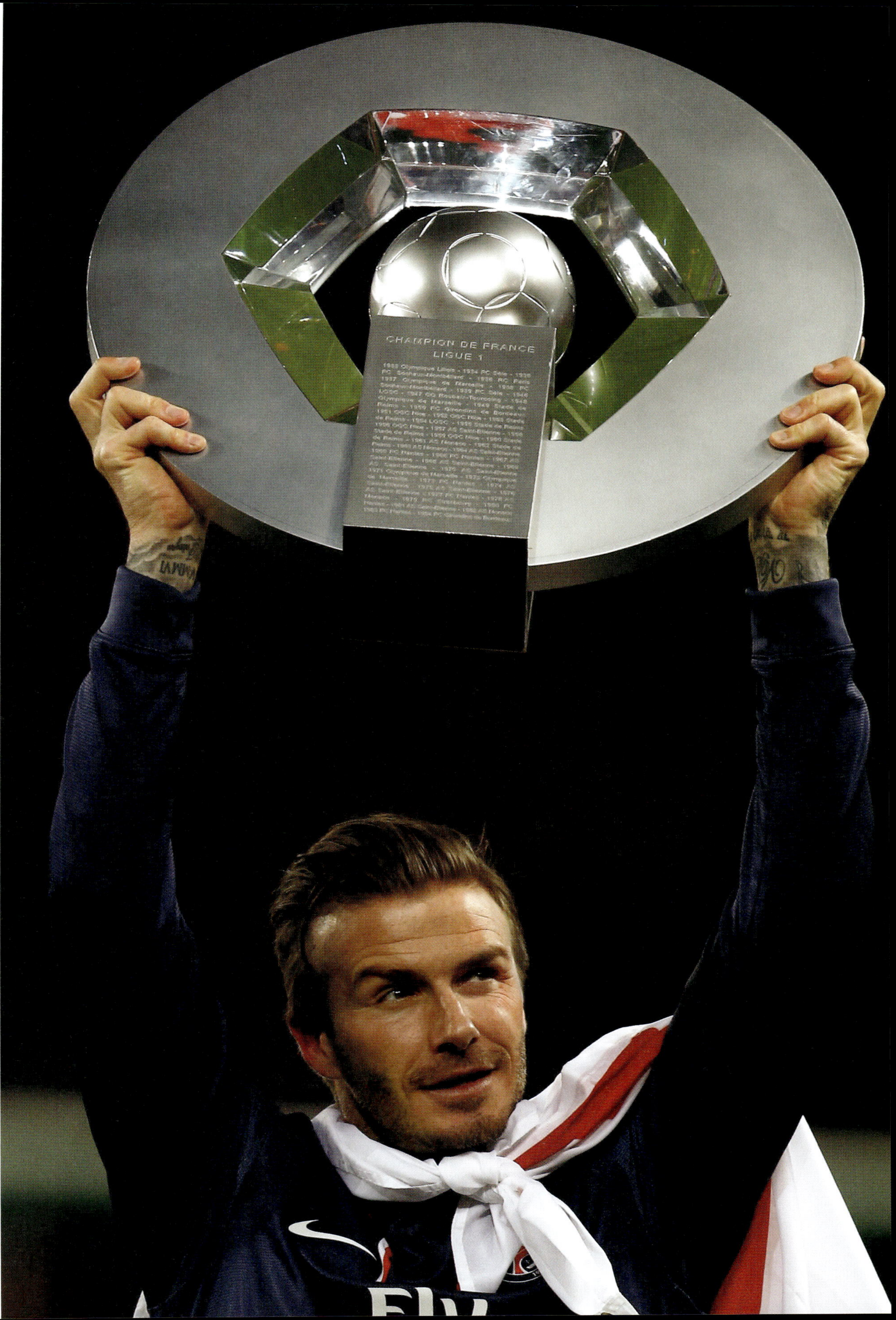
CHAMPION DE FRANCE
LIGUE 1

家族にとっても感傷的な日になった。

261

胴上げされたとき、
こういう選手たちから愛されているなんて、
僕は何て幸せなやつなんだと思ったんだ！

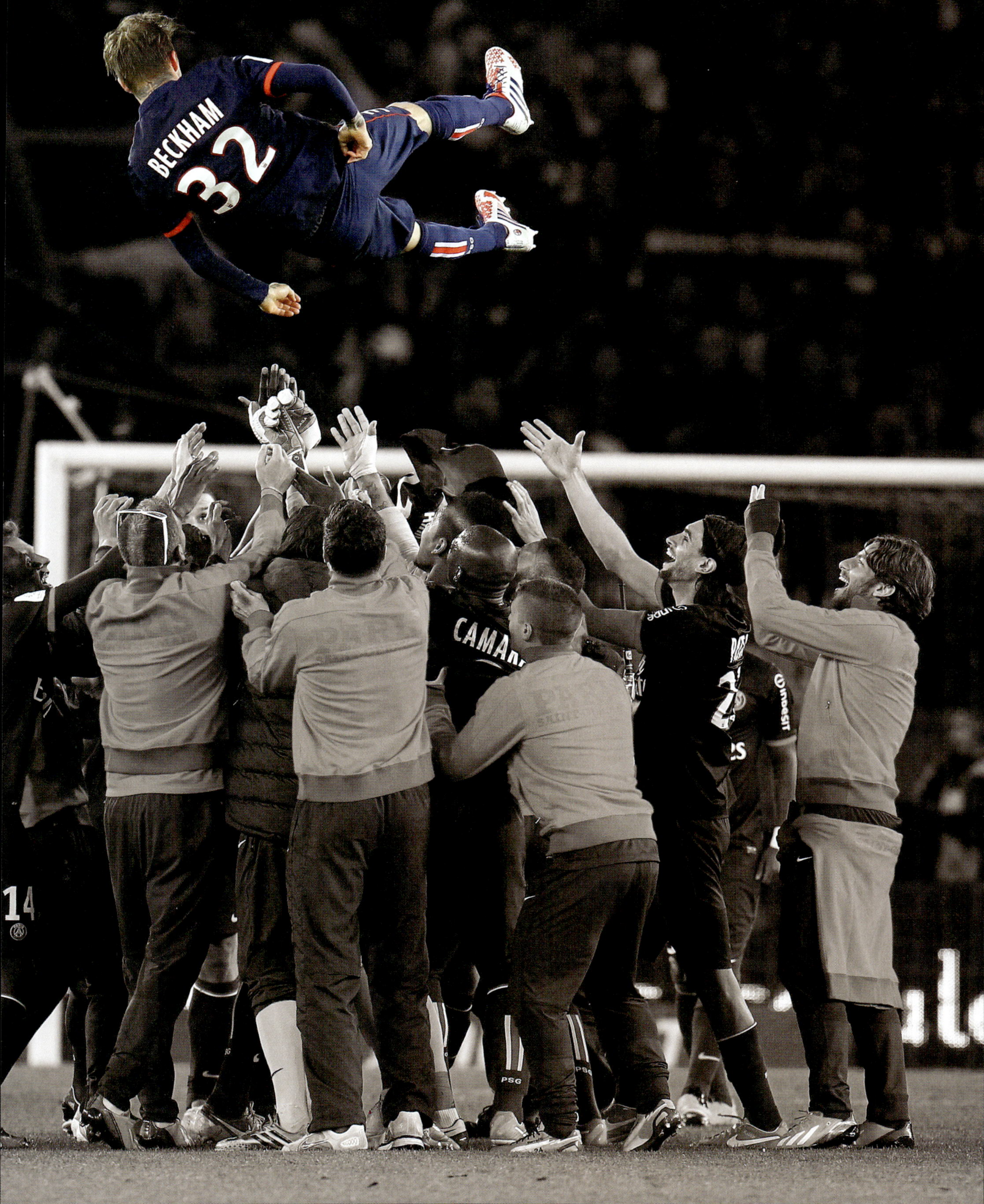
BECKHAM
32

優勝したときに子どもたちと撮った最後の一枚さ。
僕の人生とサッカー選手のキャリアの中で、
このような特別な瞬間を彼らと共有できて感謝している。
これ以上のことはない。君たちを愛しているよ。

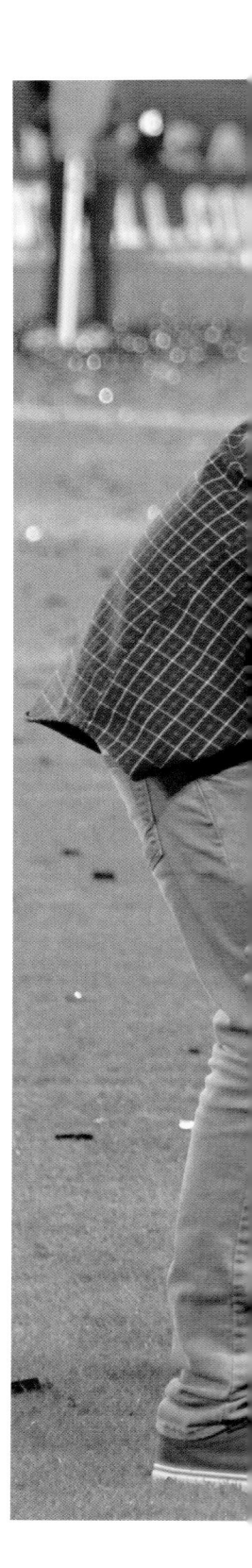

265

266

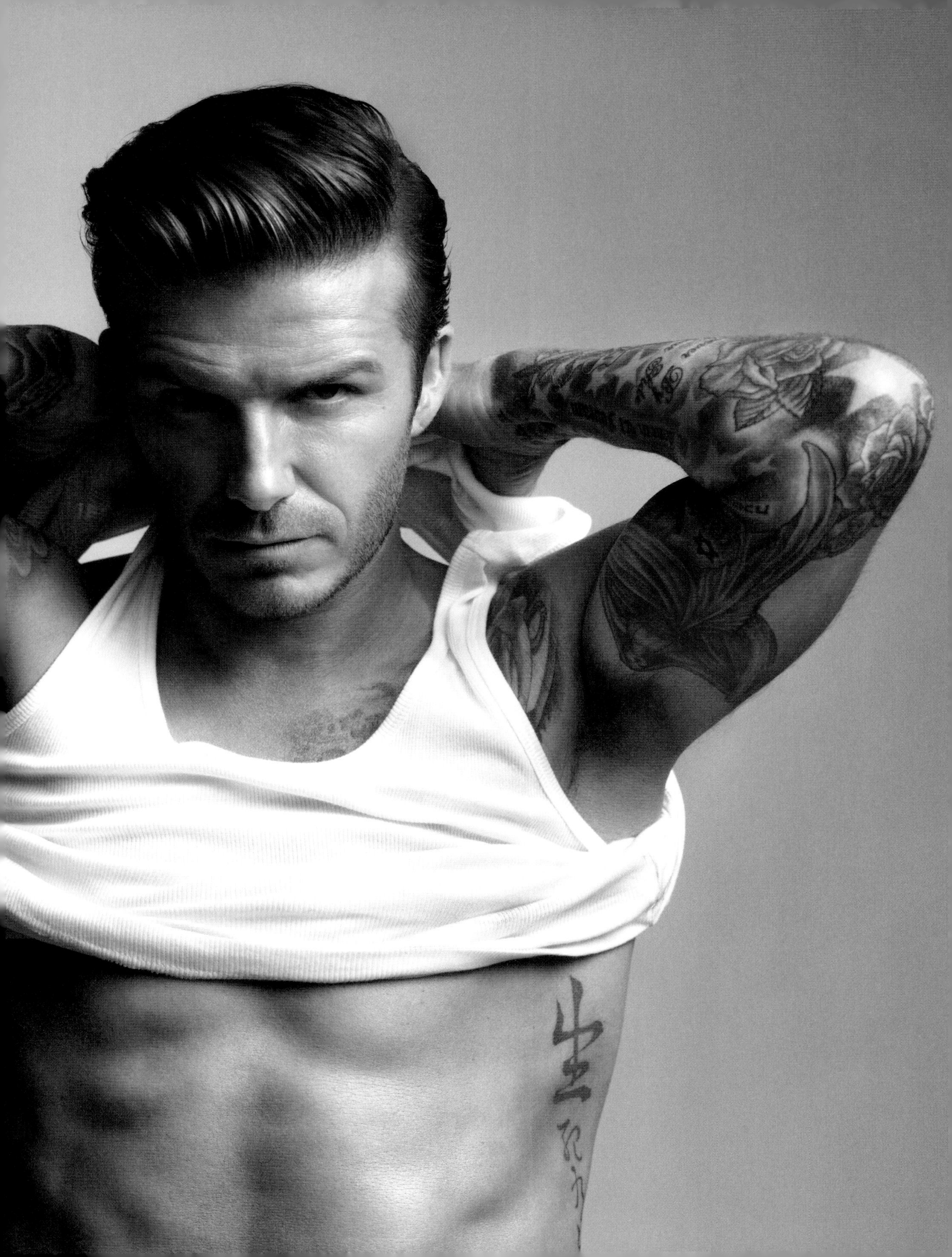

268

269

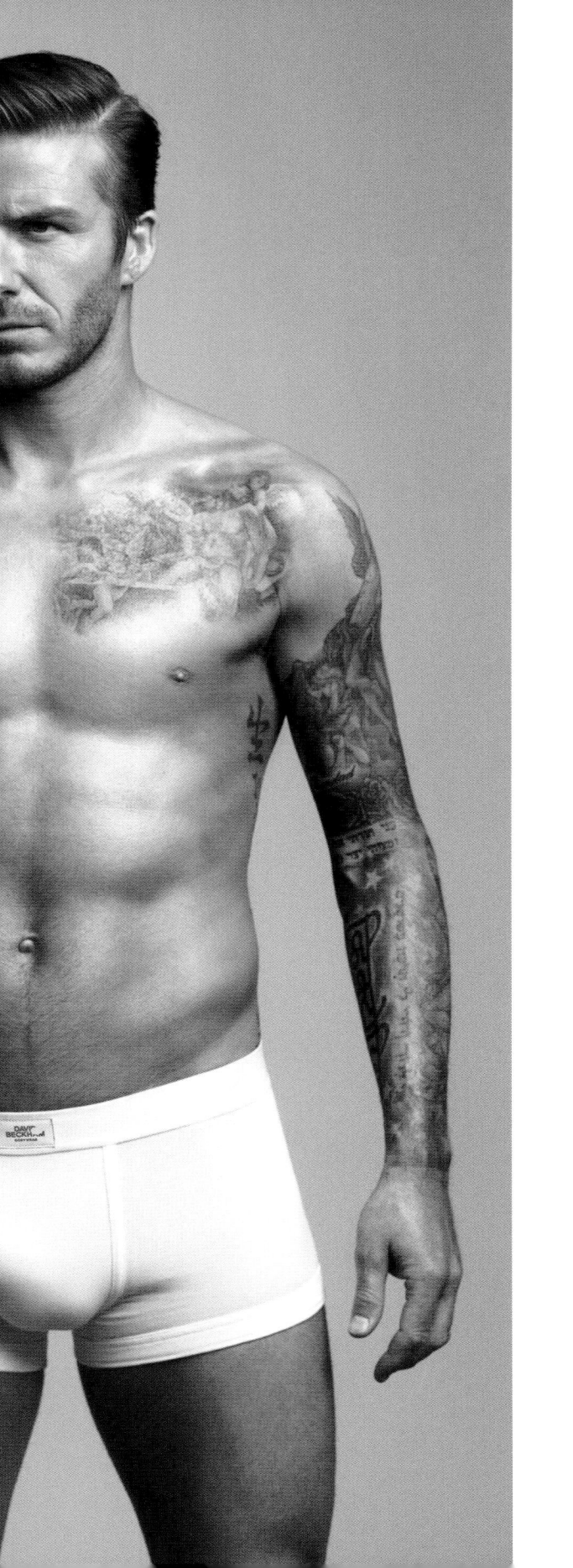

270

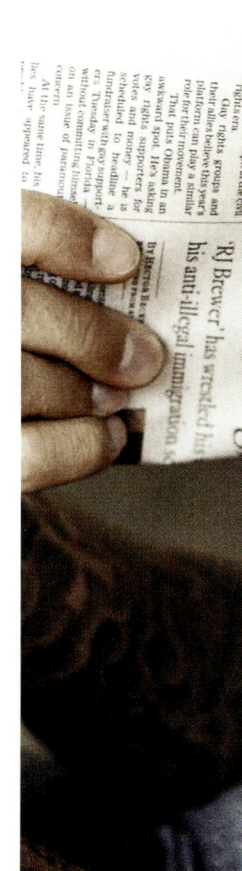

271

273

274

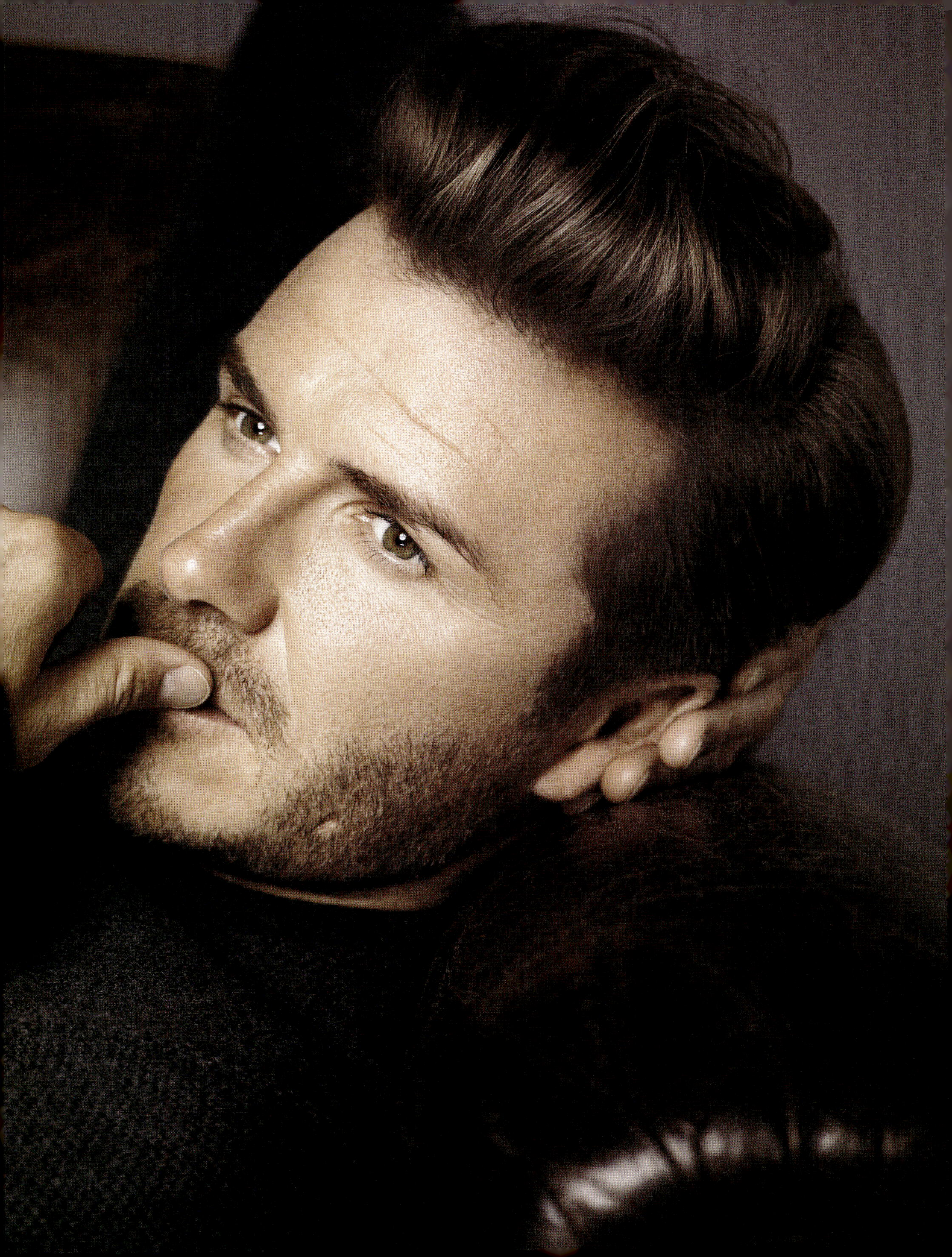

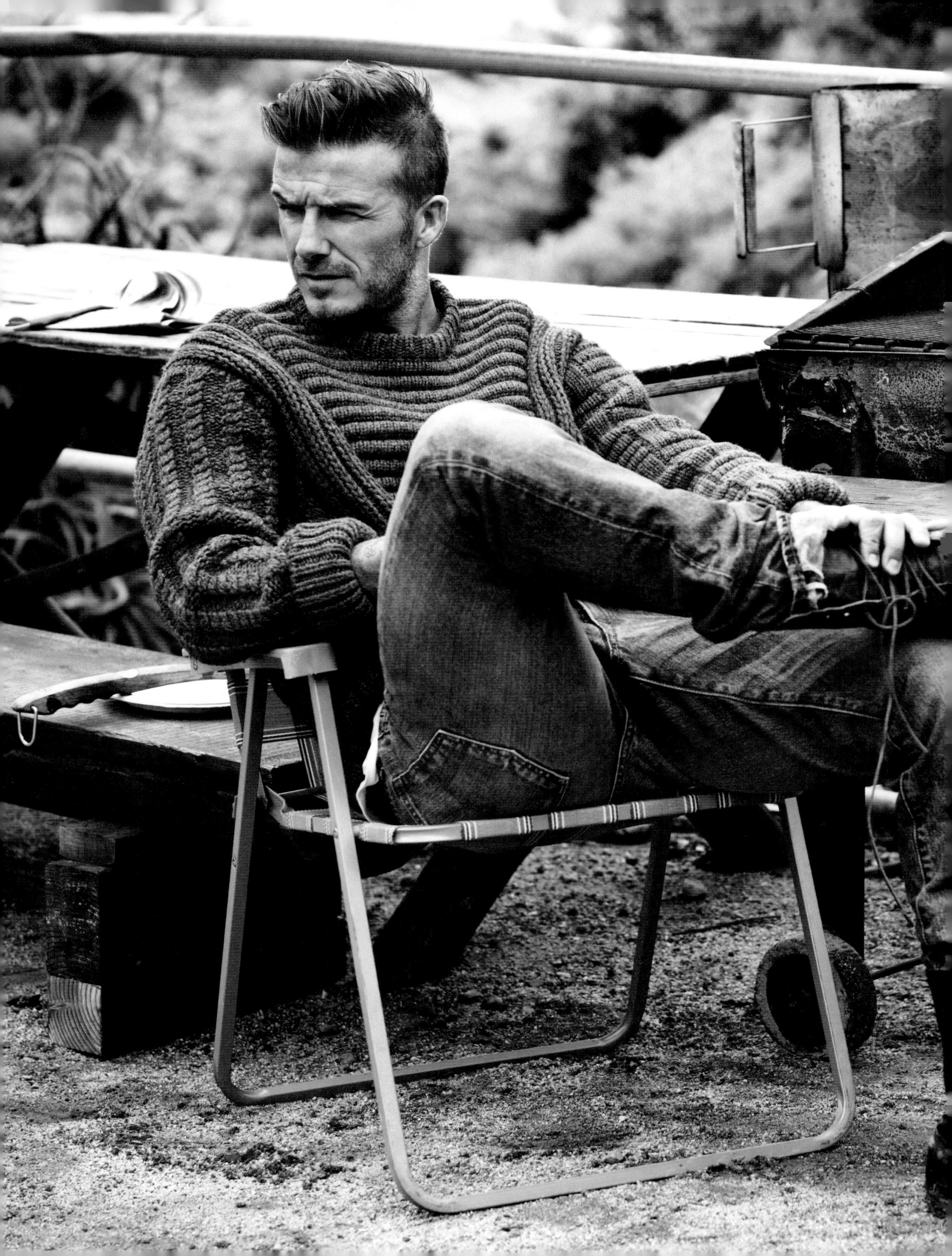

277

279

280

281

サッカーシューズの進化の過程がわかるね。

282

283

284

「ファンズ・フェイシズ・プロジェクト」。この写真は10,000人以上のファンの顔写真で作り上げたものさ。一人ひとりのファン、そしてサッカー人生を通じて僕をサポートしてくれたすべての人に感謝したい。

出 典

1 London, England, 3 September 2013. © *Alasdair McLellan*
2 London, England, 3 September 2013. © *Alasdair McLellan*
5 London, England, 3 September 2013. © *Alasdair McLellan*
6 London, England, 3 September 2013. © *Alasdair McLellan*
8/9 © *Karim Sadli, Art + Commerce*
10 © *Doug Inglish, Trunk Archive*

ENGLAND (PART ONE)

14/15 England v Moldova, World Cup qualifier, Republican Stadium, Kishinev, Moldova, 1 September 1996. © *Stuart MacFarlane, Colorsport*
17 England v Moldova, World Cup qualifier, Republican Stadium, Kishinev, Moldova, 1 September 1996. © *Mark Leech, Offside*
18/19 England v Colombia, World Cup finals group match, Stade Félix-Bollaert, Lens, France, 27 June 1998. © *Sean Dempsey, Press Association*
20/21 England v Colombia, World Cup finals group match, Stade Félix-Bollaert, Lens, France, 27 June 1998. © *Sean Dempsey, Press Association*
22/23 England v Greece, World Cup qualifier, Old Trafford, Manchester, England, 6 October 2001. © *Mike Egerton, EMPICS Sport*
26/27 England v Greece, World Cup qualifier, Old Trafford, Manchester, England, 6 October 2001. © *David Ashdown, REX/The Independent*
28/29 England v Greece, World Cup qualifier, Old Trafford, Manchester, England, 6 October 2001. © *Mike Egerton, EMPICS Sport*
30/31 England v Greece, World Cup qualifier, Old Trafford, Manchester, England, 6 October 2001. © *Tony O'Brien, Action Images*
33 England v Greece, World Cup qualifier, Old Trafford, Manchester, England, 6 October 2001. © *Tony O'Brien, Action Images*
35 England v Greece, World Cup qualifier, Old Trafford, Manchester, England, 6 October 2001. © *Ben Radford, Getty Images Sport*
36/37 England v Argentina, World Cup finals second round, Stade Geoffroy-Guichard, Saint-Étienne, France, 30 June 1998. © *Andrew Cowie, Colorsport*
47 (top) England v Argentina, World Cup finals second round, Stade Geoffroy-Guichard, Saint-Étienne, France, 30 June 1998. © *Mark Leech, Offside* (below) England v Argentina, World Cup finals second round, Stade Geoffroy-Guichard, Saint-Étienne, France, 30 June 1998. © *Mark Leech, Offside*
48/49 England v Argentina, World Cup finals second round, Stade Geoffroy-Guichard, Saint-Étienne, France, 30 June 1998. © *ZDC/JES, Reuters, picture supplied by Action Images*
50/51 England v Argentina, World Cup finals second round, Stade Geoffroy-Guichard, Saint-Étienne, France, 30 June 1998. © *Alexander Hassenstein, Bongarts/Getty Images*
52/53 England v Argentina, World Cup finals second round, Stade Geoffroy-Guichard, Saint-Étienne, France, 30 June 1998. © *Andrew Cowie, Colorsport*

LONDON

54 Ridgeway Rovers Under-11s team photo 1985-86 team photo. *Courtesy of Sandra Beckham*
56/57 With Ridgeway Rovers team-mates c.1985. *Courtesy of Sandra Beckham*
58/59 With Ridgeway Rovers team-mates c.1985. *Courtesy of Ted Beckham*
60/61 Ridgeway Rovers team group c.1985. *Courtesy of Ted Beckham*
62/63 Childhood images. *Courtesy of Sandra Beckham*
64/65 Meeting Bobby Charlton, 1986. © *John Jones, courtesy of Sandra Beckham*

MANCHESTER

66/67 Manchester United v Tottenham Hotspur, Premier League, Old Trafford, Manchester, England, 16 May 1999. © *Andrew Cowie, Colorsport*
69 *Courtesy of Sandra Beckham*
70/71 Signing apprentice forms for Manchester United, Old Trafford, Manchester, England, July 1991. *Courtesy of Ted Beckham*
75 Manchester United v Crystal Palace, FA Youth Cup Final second leg, Old Trafford, Manchester, England, 15 May 1992. © *Christian Cooksey, Mirrorpix*
76/77 Manchester United v Blackburn Rovers, Lancashire Youth Cup Final, Old Trafford, Manchester, England, 24 April 1993. © *Christian Cooksey, Mirrorpix*
78/79 With Chris Casper, Gary Neville and Nicky Butt, Manchester, England, c.1992. *Courtesy of Sandra Beckham*
80/81 With Eric Harrison, Ryan Giggs, Nicky Butt, Gary Neville, Phil Neville and Paul Scholes, The Cliff training ground, Manchester, England, c.1994. © *Mirrorpix*
82/83 Manchester United v Manchester City, Premier League, Maine Road, Manchester, England, 6 April 1996. © *Mark Leech, Offside*
84 Manchester United v Newcastle United, FA Charity Shield, Wembley Stadium, London, England, 11 August 1996. © *Colorsport*
89 Manchester United v Galatasaray, UEFA Champions League group match, Old Trafford, Manchester, England, 7 December 1994. © *John Giles/PA Wire, Press Association Images*
90/91 Manchester United v Wimbledon, Premier League, Selhurst Park, London, England, 17 August 1996. © *Tony O'Brien, Action Images*
93 (both images) Manchester United v Wimbledon, Premier League, Selhurst Park, London, England, 17 August 1996. © *Andrew Cowie, Colorsport*
95 Manchester United v Wimbledon, Premier League, Selhurst Park, London, England, 17 August 1996. © *Michael Cooper, Getty Images*
96/97 Manchester United v Arsenal, FA Cup semi-final replay, Villa Park, Birmingham, England, 14 April 1999. © *Stuart MacFarlane, Colorsport*
98/99 Manchester United v Arsenal, FA Cup semi-final replay, Villa Park, Birmingham, England, 14 April 1999. © *Clive Brunskill, Getty Images*
100/101 Manchester United v Arsenal, FA Cup semi-final replay, Villa Park, Birmingham, England, 14 April 1999. © *AS Reuters / picture supplied by Action Images*
102/103 Manchester United v Internazionale, UEFA Champions League quarter-final first leg, Old Trafford, Manchester, England, 3 May 1999. © *Mike Egerton, EMPICS Sport*
104/105 Manchester United v Bayern Munich, UEFA Champions League final, Camp Nou, Barcelona, Spain, 26 May 1999. © *Matthew Peters, Man Utd via Getty Images*
109 Manchester United v Bayern Munich, UEFA Champions League final, Camp Nou, Barcelona, Spain, 26 May 1999. © *Phil Noble/PA Archives, Press Association Images*
110/111 Manchester United v Bayern Munich, UEFA Champions League final, Camp Nou, Barcelona, Spain, 26 May 1999. © *Andrew Cowie, Colorsport*
113 Manchester United v Bayern Munich, UEFA Champions League final, Camp Nou, Barcelona, Spain, 26 May 1999. © *Jed Leicester, Backpage Images*
114/115 Manchester United v Bayern Munich, UEFA Champions League final, Camp Nou, Barcelona, Spain, 26 May 1999. © *Action Images*
117 Manchester United v Bayern Munich, UEFA Champions League final, Camp Nou, Barcelona, Spain, 26 May 1999. © *Ben Radford, Getty Images*
118/119 Manchester United v Bayern Munich, UEFA Champions League final, Camp Nou, Barcelona, Spain, 26 May 1999. © *L'Equipe/Offside*
120/121 Manchester United v Bayern Munich, UEFA Champions League final, Camp Nou, Barcelona, Spain, 26 May 1999. © *Andrew Cowie, Colorsport*
122/123 Manchester United v Chelsea, Premier League, Old Trafford, Manchester, England, 23 September 2000. © *Paul Roberts, Colorsport*

125 Manchester United v Tottenham Hotspur, Premier League, Old Trafford, Manchester, England, 6 May 2000. © Stuart MacFarlane, Colorsport

127 Manchester United v Derby County, Premier League, Old Trafford, Manchester, England, 5 May 2001. © Matthew Impey, Colorsport

129 Manchester United v Chelsea, Premier League, Stamford Bridge, London, England, 23 August 2002. © Robin Hume, Rex Features

131 Manchester United v Real Madrid, UEFA Champions League quarter-final, second leg, Old Trafford, Manchester, England, 23 April 2003. © Colorsport

133 Manchester United v Juventus, Gary Neville Testimonial, Old Trafford, Manchester, England, 24 May 2011. © Nigel Roddis, Reuters, picture supplied by Action Images

134/135 Manchester United v Everton, Premier League, Goodison Park, Liverpool, England, 11 May 2003. © Ian Hodgson, NMB Reuters, picture supplied by Action Images

137 Manchester United v Everton, Premier League, Goodison Park, Liverpool, England, 11 May 2003. © Martin Rickett, PA Archive, Press Association Images

ENGLAND (PART TWO)

138 England v Iceland, FA Summer Tournament, City of Manchester Stadium, Manchester, England, 5 June 2004. © Alex Livesey, Getty Images Sport

140/141 Italy v England, International Friendly, Stadio Delle Alpi, Turin, 15 November 2000. © Tony O'Brien, Action Images

142/143 England v Argentina, World Cup finals group match, Sapporo Dome, Sapporo, Japan, 7 June 2002. © Matthew Ashton, EMPICS Sport

150/151 England v Argentina, World Cup finals group match, Sapporo Dome, Sapporo, Japan, 7 June 2002. © Horacio Villalobos, Corbis

152/153 England v Argentina, World Cup finals group match, Sapporo Dome, Sapporo, Japan, 7 June 2002. © Marc Aspland, The Times, News Syndication

154/155 England v Argentina, World Cup finals group match, Sapporo Dome, Sapporo, Japan, 7 June 2002. © Andy Hooper, Daily Mail, Rex Features

156/157 England v Argentina, World Cup finals group match, Sapporo Dome, Sapporo, Japan, 7 June 2002. © Matthew Ashton, EMPICS Sport

158/159 England v Argentina, World Cup finals group match, Sapporo Dome, Sapporo, Japan, 7 June 2002. © Matthew Ashton, EMPICS Sport

161 England v Argentina, World Cup finals group match, Sapporo Dome, Sapporo, Japan, 7 June 2002. © Dan Chung PA, JP Reuters, picture supplied by Action Images

162/163 England v Croatia, International Friendly, Portman Road, Ipswich, England, 20 August 2003. © Matthew Impey, Colorsport

164/165 England v Ecuador, World Cup finals second round, Gottlieb-Daimler Stadium, Stuttgart, Germany, 25 June 2006. © Anders Wiklund, Scanpix, Action Images

167 England v Portugal, World Cup finals quarter-final, Veltins Arena, Gelsenkirchen, Germany, 1 July 2006 © Patrik Stollarz, AFP, Getty Images

169 England v Portugal, World Cup finals quarter-final, Veltins Arena, Gelsenkirchen, Germany, 1 July 2006. © Kai Pfaffenbach, Reuters, picture supplied by Action Images

170/171 England v Mexico, International Friendly, Pride Park Stadium, Derby, England, 25 May 2001. © Andrew Cowie, Colorsport

173 France v England, International Friendly, Stade de France, Paris, France, 26 March 2008. © Shaun Botterill, Getty Images Sport

175 England v Germany, World Cup finals second round, Free State Stadium, Bloemfontein, South Africa, 27 June 2010. © Jamie Squire - FIFA via Getty Images

177 England v Slovenia, World Cup finals group C, Port Elizabeth Stadium, Nelson Mandela Bay, South Africa, 23 June 2010. © Joe Toth, Back Page Images/BPI

MADRID

178/179 Real Madrid v Levante, Primera Liga, Santiago Bernebeu Stadium, Madrid, Spain, 28 November 2004. © Victor Fraile VF, WS Reuters, picture supplied by Action Images

180/181 Signing for Real Madrid, Madrid, Spain, 2 July 2003. © Matthew Ashton, EMPICS Sport

184/185 Real Madrid v Celta Vigo, Primera Liga, Santiago Bernabéu Stadium, 29 February 2004. © Rex Features

186/187 Real Madrid v Real Mallorca, Spanish Super Cup second leg, Santiago Bernabéu Stadium, Madrid, Spain, 27 August 2003. © Sergio Perez, Reuters, Corbis

189 Making of the 'Pepsi Foot Battle' commercial, Madrid, Spain, 4 July 2003. © Pepsi via Getty Images, photo by Clive Brunskill

190/191 Receiving an OBE, Buckingham Palace, London, England, 27 November 2003. © ROTA/Getty Images

192/193 adidas campaign, 2003.

adidas, the 3-Bars logo and the 3-Stripes trade mark are registered trade marks of the adidas group, used with permission

195 Real Madrid v Barcelona, Primera Liga, Santiago Bernabéu Stadium, Madrid, Spain, 10 April 2005. © MarcaMedia, Offside

196/197 Real Madrid v Real Mallorca, Primera Liga, Santiago Bernabéu Stadium, Madrid, Spain, 17 June 2007. © Adam Davy, EMPICS Sport

198/199 Real Madrid v AS Roma, UEFA Champions League Group B, Olympic Stadium, Rome, Italy, 8 December 2004. © Dylan Martinez, Reuters, picture supplied by Action Images

200/201 Real Madrid v Deportivo La Coruna, Primera Liga, Santiago Bernabéu Stadium, Madrid, Spain, 26 May 2007. © Victor Fraile/Corbis

203 Real Madrid v RCD Mallorca, Primera Liga, Santiago Bernabéu Stadium, Madrid, Spain, 17 June 2007. © Adam Davy, EMPICS Sport

204/205 Real Madrid v RCD Mallorca, Primera Liga, Santiago Bernabéu Stadium, Madrid, Spain, 17 June 2007. © Victor Fraile, Corbis

LOS ANGELES

206/207 Los Angeles Galaxy v Melbourne Victory, friendly match, Etihad Stadium, Melbourne, Australia, 6 December 2011. © Brandon Malone, Reuters, picture supplied by Action Images

208/209 Los Angeles Galaxy v New York Red Bulls, MLS, Red Bull Arena, East Rutherford, New Jersey, USA, 18 August 2007. © Gary Hershorn, Reuters, picture supplied by Action Images

212/213 Los Angeles Galaxy v Chivas USA, MLS Cup Western Conference semi-final, Home Depot Center, Carson, California, USA, 1 November 2009. © Danny Moloshok, Reuters, picture supplied by Action Images

214/215 Los Angeles Galaxy v Newcastle Jets, friendly match, EnergyAustralia Stadium, Newcastle, Australia, 27 November 2010. © Brendon Thorne, Getty Images Sport

216/217 Los Angeles Galaxy v Houston Dynamo, MLS Cup final, Home Depot Center, Carson, California, USA, 1 December 2012. © Lucy Nicholson, Reuters, picture supplied by Action Images

219 Los Angeles Galaxy v Houston Dynamo, MLS Cup final, Home Depot Center, Carson, California, USA, 1 December 2012. © Stephen Dunn, Getty Images Sport

221 Los Angeles Galaxy v Chivas USA, MLS, Home Depot Center, Carson, California, USA, 16 October 2011. © Graham Whitby Boot, Sportsphoto/Allstar

222/223 Los Angeles Galaxy v Houston Dynamo, MLS Cup Final, Home Depot Center, Carson, California, USA, 1 December 2012. © *Icon SMI, Colorsport*
224/225 Los Angeles Galaxy v FC Barcelona, friendly match, Rose Bowl, Pasadena, Los Angeles, California, USA, 1 August 2009. © *Graham Whitby Boot, Sportsphoto/Allstar*
226/227 2011 MLS champions Los Angeles Galaxy with US President Barack Obama, White House, Washington DC, USA, 15 May 2012. © *Larry Downing, Reuters, picture supplied by Action Images*
228/229 Los Angeles Galaxy v Houston Dynamo, MLS Cup final, Home Depot Center, Carson, California, USA, 1 December 2012. © *David Bernal, ISI, Corbis*
230/231 Victoria and Harper Beckham, Los Angeles Galaxy v Real Salt Lake, MLS Western Conference Championship, Home Depot Center, Carson, California, USA, 6 November 2011. © *Lionel Hahn/ABACA USA/ EMPICS Entertainment*
232/233 Los Angeles Galaxy v Houston Dynamo, MLS Cup Final, Home Depot Center, Carson, California, USA, 1 December 2012. © *Icon SMI, Colorsport*

MILAN

234/235 AC Milan v Glasgow Rangers, friendly match, Ibrox Stadium, Glasgow, Scotland, 4 February 2009. © *Jason Cairnduff, Action Images*
236/237 AC Milan v Chievo Verona, San Siro Stadium, Milan, Italy, 14 March 2010. © *Javier Garcia, Back Page Images/BPI*
239 AC Milan v Manchester United, UEFA Champions League, San Siro Stadium, Milan, Italy, 15 February 2010. © *Dan Rowley, Colorsport*
240/241 AC Milan v Siena, San Siro Stadium, Milan, Italy, 17 January 2010. © *Buzzi, Imago, Colorsport*
242/243 AC Milan v Bologna, Serie A, Dall'Ara Stadium, Bologna, Italy, 25 January 2009. © *Tony Gentile, Reuters, picture supplied by Action Images*
244/245 AC Milan v Werder Bremen, UEFA Cup, Weserstadion, Bremen, Germany, 18 February 2009. © *Christian Charisius, Reuters, picture supplied by Action Images*
246/247 AC Milan v Hungary All-Stars, exhibition match, Puskas Stadium, Budapest, Hungary, 22 April 2009. © *Karoly Arvai, Reuters, picture supplied by Action Images*
248/249 AC Milan v Manchester United, Champions League second round, Old Trafford, Manchester, England, 10 March 2010. © *Alessandro Bianchi, Reuters, picture supplied by Action Images*
251 AC Milan v Manchester United, Champions League second round, Old Trafford, Manchester, England, 10 March 2010. © *Mark Robinson, The Sun, News Syndication*

PARIS

252/253 Paris SG v Brest, Ligue 1, Parc des Princes, Paris, France, 18 May 2013. © *Gonzalo Fuentes, Reuters, picture supplied by Action Images*
254/255 Paris SG v Olympique Lyon, Ligue 1, Gerland Stadium, Lyon, France, 12 May 2013. © *Robert Pratta, Reuters, picture supplied by Action Images*
256/257 Paris SG v Brest, Ligue 1, Parc des Princes, Paris, France, 18 May 2013. © *Gonzalo Fuentes, Reuters, Corbis*
259 Paris SG v Brest, Ligue 1, Parc des Princes, Paris, France, 18 May 2013. © *Gonzalo Fuentes, Reuters, Corbis*
261 Victoria and Romeo Beckham, Paris SG v Brest, Ligue 1, Parc des Princes, Paris, France, 18 May 2013. © Wenn.com
262/263 Paris SG v Brest, Ligue 1, Parc des Princes, Paris, France, 18 May 2013. © *Christian Gavelle, Getty Images*
264/265 Paris SG v Brest, Ligue 1, Parc des Princes, Paris, 18 May 2013. © *Imago, Colorsport*

266/267 © *Alasdair McLellan for H&M*
269 © *Alasdair McLellan for H&M*
270/271 © *Doug Inglish, Trunk Archive*
272/273 © *Doug Inglish, Trunk Archive*
274/275 © *Paul Wetherell, Trunk Archive*
276/277 © *Josh Olins, Trunk Archive*
279 © *Josh Olins, Trunk Archive*
280/281 courtesy of Colorsport, Corbis, Getty Images, Sportsphoto and Topfoto
282 top left: FA Youth Cup, Manchester United v Crystal Palace, 15 May 1992 (© *Christian Cooksey, Mirrorpix*); top centre: Charity Shield, Manchester United v Newcastle United, 11 August 1996 (© *Darren Walsh, Action Images*); top right: FA Cup, Manchester United v Liverpool, 11 May 1996 (© *Action Images*); centre left: Premier League Championship, May 1996 (© *John Peters, Manchester United via Getty Images*); centre: Charity Shield, Chelsea v Manchester United, 3 August 1997 (© *UPP, Topfoto*); centre right: Premier League Championship, Manchester United v West Ham United, 11 May 1997 (© *Bradley Ormesher, Mirrorpix*); bottom left: FA Cup, Manchester United v Newcastle United, 22 May 1999 (© *HP Reuters, picture supplied by Action Images*); bottom centre: Premier League Championship, Manchester United v Tottenham Hotspur, 16 May 1999 (© *Action Plus Sports Images/Topfoto*); bottom right: Champions League, Manchester United v Bayern Munich, 26 May 1999 (© *Phil Noble/PA Archive, Press Association Images*)
283 top left: Intercontinental Cup, Manchester United v Palmeiras, 30 November 1999 (© *Popperfoto/Getty Images*); top centre: Premier League Championship, Manchester United v Tottenham Hotspur, 6 May 2000 (© *Action Images*); top right: Premier League Championship, Manchester United v Derby County, 5 May 2001 (© *IH/BR, Reuters, picture supplied by Action Images*); centre left: Premier League Championship, Everton v Manchester United, 11 May 2003 (© *Martin Rickett/PA Archive, Press Association Images*); centre: Spanish Super Cup, Real Madrid v RCD Mallorca, 27 August 2003 (© *Sergio Perez SP/JV, Reuters, picture supplied by Action Images*); Primero Liga Championship, Real Madrid, 18 June 2007 (© *Angel Martinez, Real Madrid via Getty Images*); bottom left: MLS Cup, Los Angeles Galaxy v Houston Dynamo, 20 November 2011 (© *Lucy Nicholson, Reuters, picture supplied by Action Images*); bottom centre: MLS Cup, Los Angeles Galaxy v. Houston Dynamo, 1 December 2012 (© *Danny Moloshok, Reuters, picture supplied by Action Images*); Ligue 1 Championship, Paris SG v Brest, 18 May 2013 (© *Wang Lili/Xinhua Press, Corbis*)
284/285 England v Azerbaijan, World Cup qualifier, St. James' Park, Newcastle, England, 30 March 2005. © *Ross Kinnaird, Getty Images*

DAVID BECKHAM

2014年6月10日 初版発行

著者　デイビッド・ベッカム
訳者　斉藤健仁
発行人　西山哲太郎
発行所　株式会社日之出出版
　　　　〒104-8505 東京都中央区八丁堀4-6-5
　　　　電話 03-5543-2220（販売）
　　　　　　 03-5543-1661（編集）
　　　　振替 00190-9-49075
　　　　http://www.hinode.co.jp
デザイン　藤本孝明、岡本一平（如月舎）
編集　小川敦子（日之出出版）
印刷・製本　凸版印刷株式会社

定価はカバーに表示しています。本書の無断転載・複写は著作権法での例外を除き禁じられています。インターネット、モバイル等の電子メディアにおける無断転載もこれに準じます。乱丁・落丁本はお取り替えいたします。

© HINODE PUBLISHING CO., LTD. 2014
Printed in Japan
ISBN978-4-89198-144-0 C0075